Couvertures supérieure et inférieure manquantes.

CORRESPONDANCE

— 1847-1892 —

E. RENAN et M. BERTHELOT

CORRESPONDANCE

1847-1892

PARIS
CALMANN LÉVY, ÉDITEUR
3, RUE AUBER, 3

1898

Droits de reproduction réservés pour tous les pays, y compris la Suède, la Norvège et la Hollande.

CORRESPONDANCE

ENTRE

MM. RENAN ET BERTHELOT

INTRODUCTION

C'est au mois de novembre 1845 que je vis Renan pour la première fois : il comptait quatre ans de plus que moi, mais il avait peut-être moins d'expérience de la vie, s'il est permis de parler de l'expérience de deux adolescents. Il sortait du séminaire, et il venait de renoncer, non sans quelques vagues velléités de retour, à la vocation sacerdotale. Son air doux et sérieux, son goût pour les choses intellectuelles et morales me plurent tout d'abord, et nous formâmes une liaison, que les années et les péripéties de l'existence ne firent que confirmer et rendre chaque jour plus étroite, jusqu'au moment suprême de la séparation finale. Renan a parlé à plusieurs reprises dans ses livres de cette affection si constante, qui n'a jamais été troublée ni par des conflits de passion, d'intérêt, d'ambition, d'amour-propre, ni par des discordances radicales sur la manière de comprendre la vie privée ou publique.

Cependant nos conceptions fondamentales étaient assez différentes. Si nous étions tous deux également dévoués à la science et à la libre pensée, Renan, en raison de ses origines bretonnes et de son éducation ecclésiastique et contemplative, tournée vers le passé, avait moins de goût pour la démocratie, pour la Révolution française, et surtout pour cette transformation à la fois rationnelle, industrielle et socialiste, dans laquelle est engagée la civilisation moderne. Les anciennes manières d'envisager la protection des sciences, des lettres et des arts, par un pouvoir supérieur et autocratique, l'attiraient davantage : il n'en a jamais fait mystère.

Au contraire, ma descendance parisienne par ma mère, mon enfance, entretenue dès ses premiers jours par les traditions médicales et l'exemple de l'activité incessante de mon père, me portaient d'instinct à sympathiser avec la conception nouvelle de la raison collective, c'est-à-dire de l'évolution scientifique des sociétés humaines.

Mais il y avait entre nous un sentiment profond, qui nous a rapprochés dès le premier jour : nous étions animés, c'est trop peu dire, enflammés par une ardeur commune et désintéressée, qui nous portait à aimer au-dessus de tout et avant tout le bien, l'art et la vérité : c'est là, c'est ce goût de choses pour elles-mêmes qui a constamment maintenu notre intimité, alors que nos carrières se développaient parallèlement, suivant des voies distinctes, que chacun de nous parcourait avec ses directions et son caractère personnel.

Nos mariages, accomplis à quelques années d'intervalle, nous rapprochèrent encore davantage; loin de rompre les affections anciennes par la jalousie exclusive des tendresses récentes, comme il arrive parfois. Nos femmes, dévouées chacune à la carrière et à la vie morale de celui dont elles avaient accepté le nom, ne tardèrent guère à se lier entre elles d'une même amitié.

Notre seul regret à tous quatre a été de ne pouvoir y associer cette chère Henriette Renan, qui entoura la jeunesse de son frère d'une affection si vive et si éclairée. Renan a écrit quelque part que c'est la personne qui a eu la plus grande influence sur sa vie. C'est elle, en effet, qui l'a guidé dans sa première et capitale crise, alors que son indécision naturelle et son goût des tempéraments ne l'aurait peut-être pas amené à se dégager complètement des suggestions toutes-puissantes d'une discipline cléricale. Ceux qui ont lu les lettres d'Henriette adressées à son frère ont pu reconnaître quelles étaient l'élévation et la fermeté admirables de sa nature morale.

C'est seulement à la fin de cette crise, alors que le lien essentiel était rompu, que j'ai connu Renan. Je n'y ai pris aucune part; mais les relations que nous nouâmes alors et l'esprit philosophique propre que chacun de nous communiqua à son compagnon, ne purent que l'affermir dans ses résolutions, en joignant aux ouvertures qu'il possédait déjà sur les sciences des langues et de l'histoire, les perspectives plus vastes et plus précises, les certitudes des sciences physiques et naturelles.

J'avais à ce moment dix-huit ans, Renan en avait vingt-deux. J'étais, — il n'y a aucune vanité à mon âge à rappeler des souvenirs scolaires, — j'étais l'un des plus brillants élèves du collège Henri IV, à qui j'apportais en 1846 la couronne du prix d'honneur de philosophie au concours général. J'habitais une chambre étroite, mais tranquille et bien éclairée, en haut d'une maison de la rue de l'Abbé-de-l'Épée, occupée par une petite pension qui suivait les cours du collège [1]. Doué également, à cet âge, pour les sciences et pour les lettres, j'inclinai vers les premières, d'après des impressions de famille, reçues depuis ma naissance.

Mon père était docteur en médecine, simple praticien, habitant un quartier pauvre, aujourd'hui démoli, au pied de la tour Saint-Jacques-la-Boucherie. Fils lui-même d'un paysan des bords de la Loire, plein de tendresse pour les misérables, il était trop dévoué à ses malades et à sa famille pour avoir jamais pu

---

1. L'emplacement de cette maison existe encore; mais la maison même a depuis été démolie et reconstruite sur place par la fantaisie d'un amateur.

amasser les éléments, je ne dirai pas d'une fortune, mais même ceux de la plus modeste aisance.

Dans ces conditions, Renan et moi, nous abordions tous deux les luttes de la vie sans autre appui que mon père pour moi, sa sœur pour lui. Nous avions notre carrière à faire, avec ces ressources incertaines fondées sur l'existence des nôtres, et que la maladie, déjà suspendue sur ces têtes bien-aimées, pouvait nous enlever d'un jour à l'autre.

Pourtant si la nécessité d'une carrière nous préoccupait, ce n'était pas là une vue obsédante et absolument directrice. Nous avions confiance dans notre énergie et notre puissance de travail. Nous avions même résolu l'un et l'autre de n'entrer dans aucune de ces grandes écoles, si chères à la jeunesse française, et que nos études et notre capacité nous auraient sans doute ouvertes sans trop de difficultés. C'est que nous étions animés par un sentiment d'indépendance personnelle et par une volonté à laquelle nous sommes restés constamment fidèles, alors même que les honneurs et les fonctions officielles étaient venus nous trouver, à l'heure fixée par la destinée.

Ainsi nous étions tous deux jeunes et ignorants de la vie, sérieux, laborieux, animés d'une curiosité non moins vive qu'universelle. Nous logions porte à porte; notre rencontre matérielle, et dès lors notre conjonction intellectuelle et morale étaient inévitables. Le charme de nos relations fut d'autant plus grand que tout égoïsme et intérêt privé en demeura constamment absent. Nous échangions nos idées sur toutes choses, poussés à tout approfondir, mais non sans illusions sur les bornes des connaissances humaines. J'avais entrepris à cette époque, avec la confiance naïve de la jeunesse, de compléter mes études sur les principes de toutes les sciences, et j'avais distribué les heures de mon labeur par jours et par semaines, comptant sur ma grande aptitude au travail et sur ma facilité de transposer mon esprit presque instantanément d'un ordre de notions à un autre. Je n'ai pas besoin de dire que je ne tardai guère à être débordé et à comprendre la vanité de ma tentative.

Renan a décrit cette fermentation incessante et commune de nos esprits, dans la dédicace de ses *Dialogues philosophiques*. Son ouvrage de jeunesse, *l'Avenir de la Science*, fut composé à cette époque; mais il l'a publié seulement dans ses derniers jours, à titre de réminiscence; car ce volume représente le premier produit non mûri du bouillonnement de nos deux jeunes têtes; mélange des vues courantes des philosophes et des savants de cette époque, avec nos conceptions personnelles, alors ébauchées et confuses, mais dont le développement s'est retrouvé plus tard. Depuis longtemps, comme Renan l'a rappelé ailleurs, nous avions renoncé à faire la part distincte de l'influence réciproque que chacun de nous a exercée sur le développement de son ami.

Certes, j'ai eu dans ma jeunesse et dans mon âge mûr d'autres amis que Renan, amis bien chers, associés à mes espérances scientifiques, politiques et philosophiques; nous avons tous réagi les uns sur les autres, dans une certaine mesure. Mais aujourd'hui que presque tous mes contemporains ont disparu, je dois déclarer qu'aucun ne fut réuni à moi par des chaînes aussi étroites, aucun n'a laissé en entrant dans le tombeau une douleur plus vive, une lacune plus grande dans mon individualité morale. Chacun de ceux qui nous quittent emporte avec lui une part de nos opinions, de nos convictions, c'est-à-dire une part de notre personnalité; il y a désormais dans l'esprit et le cœur de celui qui survit des lacunes que rien ne peut combler, des sentiments qu'il ne peut plus échanger avec personne.

Peut-être une autre condition de ma vie morale a-t-elle concouru à resserrer encore davantage l'amitié inaltérable qui nous avait unis.

Je n'ai jamais fait plein crédit à la vie : elle renferme trop de doutes et d'éventualités irréparables. De là une impression de tristesse et d'inquiétude, que je n'ai cessé de porter dans toutes les conditions de mon existence et qui fut plus vive dans ma jeunesse, parce que je n'avais pas alors acquis cette sérénité, que donne la vue du terme de plus en plus prochain de toute joie et de toute douleur. J'ai connu la tendresse d'une mère, l'amour dévoué d'un père, et cependant je n'ai pas gardé le souvenir de ce paradis enfantin, dont tant de gens regrettent les portes d'or fermées. Ma première enfance, un peu maladive, m'a laissé le souvenir des jours pénibles, plutôt que celui des jours heureux. A mesure que ma conscience personnelle s'est développée, elle n'a fait qu'accroître mes incertitudes. De bonne heure, dès l'âge de dix ans peut-être, j'ai été tourmenté par l'insécurité de l'avenir. Depuis, je n'ai jamais joui pleinement du présent; constamment porté à regarder en avant et à tendre ma volonté, pour prévoir et affronter à l'avance les obstacles que j'allais rencontrer. Sans doute, cette prévision inquiète dérive au fond des mêmes facultés qui dirigent l'expérimentateur dans ses découvertes scientifiques : de même qu'il s'efforce de deviner l'action spontanée des forces naturelles, afin de les faire agir dans la direction spéciale qu'il se propose de leur tracer; de même il est sollicité par un continuel esprit de prévision et de combinaison, appliqué aux actes et aux sentiments de la vie courante. Cette tension constante est parfois singulièrement pénible. Aujourd'hui même que ma vie, affermie et consolidée par les années, ne laisse plus guère de jeu à ces ennuis, il est trop tard pour revenir à la joyeuse insouciance de la jeunesse.

La tristesse des enfants et des parents perdus, des amis disparus, le dégoût des trahisons, des déceptions et des abandons, l'impuissance radicale d'atteindre un but absolu, qui se trouve au fond de toute existence humaine, toutes ces causes réunies ne permettent plus à mon âge de s'abandonner à la pleine jouissance du présent. Ce n'est plus d'ailleurs ma propre destinée qui m'inquiète aujourd'hui, c'est la destinée de ceux que j'aime. En tout cas, le souvenir du passé, même heureux, est constamment mêlé de trop d'amertumes pour qu'on puisse s'y laisser aller sans réserve. Voilà pourquoi je me suis toujours réfugié dans l'action pour lutter contre ces désespérances. Voilà aussi pourquoi j'ai toujours éprouvé le besoin de m'appuyer sur de chères et pures affections : celle de Renan a été une des plus vives et des plus profondes.

Pendant les années qui suivirent notre rencontre, notre vie à tous deux se précisa, à la fois dans sa double direction matérielle et intellectuelle. Chacun de nous prit d'abord ses grades universitaires : baccalauréats, licences de divers ordres, doctorats ès lettres et ès sciences. Renan devint agrégé de philosophie; il fit même des leçons comme suppléant au lycée de Versailles et il finit par entrer comme employé à la Bibliothèque nationale. Après quelques années d'études médicales, je devenais moi-même, en janvier 1851, préparateur de chimie au Collège de France. Tels sont les commencements de notre *cursus honorum*.

Ils furent longs et pénibles. Sans sortir de notre rôle modeste de commençants, respectueux pour ceux qui nous enseignaient, et sans avoir tout d'abord la présomption de nous ériger en maîtres, cependant nous évitions de nous mettre à la suite d'aucun patron :

Nullius addicti jurare in verba magistri.

Aussi restâmes-nous longtemps dans nos modestes situations de début. Renan était employé de la Bibliothèque nationale, au département des manuscrits, lorsqu'il composa cette histoire magistrale des langues sémitiques, qui fonda sa réputation de savant : elle obtint d'abord l'un des grands prix de l'Académie des Inscriptions, et l'autorité qu'elle donna à son auteur le conduisit quelques années après à la situation rêvée de membre de cette Académie. Il préludait dès lors à ces Études d'histoire religieuse, qu'il avait assignées comme but fondamental à sa vie scientifique, et qu'il a consacrées par la *Vie de Jésus* et l'*Histoire des origines du Christianisme*.

Quant à l'auteur de la présente notice, il est demeuré pendant dix ans simple préparateur au Collège de France, traité d'ailleurs avec une grande bienveillance par le titulaire Balard. J'étais absorbé par les découvertes qui ont constitué la chimie organique sur une base nouvelle, celle de la synthèse, il y a près de quarante ans.

Pendant toute cette période de fondation, nos relations furent incessantes et elles sont demeurées au même degré d'intensité. Mais depuis, notre vie à tous deux a été publique et les quelques incidents que nous avons traversés sont connus, au moins dans le monde particulier où nous avons vécu : dès lors, il ne paraît pas utile de les rapporter en détail.

J'aurais aimé cependant à décrire ici la seconde

grande crise morale, qui décida de la vie de Renan et qui transforma le savant auteur de l'histoire des langues sémitiques dans l'écrivain poétique et génial de la *Vie de Jésus*. Ce changement a été l'origine de sa grande réputation et de son influence universelle : à la fois par la nature des problèmes religieux, au cœur desquels il se plaça hardiment, et par la forme littéraire admirable de ses nouveaux écrits. On pourra entrevoir les débuts de cette évolution de son esprit dans ses lettres d'Italie. Mais elle fut surtout déterminée et accélérée par l'entrée de Renan au sein du milieu artistique qui entourait Ary Scheffer et par son mariage avec mademoiselle Cornélie Scheffer. Renan a indiqué lui-même toute cette crise en quelques mots, ainsi que certaines de ses péripéties les plus délicates, dans la notice consacrée à sa sœur Henriette.

Il ne m'appartient pas d'en dire davantage. Les deux femmes exceptionnelles qui se disputaient le cœur de Renan avaient une nature trop élevée pour ne pas finir par s'entendre, dans le désir commun de le rendre heureux. Peut-être la confiance qu'elles voulurent bien m'accorder toutes deux rendit-elle plus étroits, à la fois, mes liens avec celui qu'elles aimaient et les liens mêmes qui les tinrent unies. La délicatesse des sentiments féminins donne quelque chose de plus solide et de plus doux aux amitiés viriles.

Au point de vue de la présente publication, je rappellerai seulement que mes relations avec Renan ont été de deux ordres : les unes, directes et orales, entretenues en toutes circonstances, n'ont guère laissé de trace que dans mes souvenirs, aujourd'hui que monsieur et madame Renan ont disparu. Les autres font précisément l'objet de la correspondance que j'imprime en ce moment. C'est pourquoi il importe de dire qu'une semblable correspondance, surtout au point de vue presque impersonnel où nous l'avons conçue, ne donne qu'une idée partielle et imparfaite de notre intimité. Dans une amitié comme la nôtre, il est bien des choses qui ne sont jamais écrites. Il y a des périodes entières pendant lesquelles nous étions trop voisins pour penser à nous adresser des lettres; car nous nous voyions sans cesse et nous nous disions tout. Les lettres privées, quand elles portent sur de pures circonstances individuelles, ont d'ailleurs de notre temps moins de valeur peut-être qu'autrefois. On écrit moins aujourd'hui, parce que l'activité sociale, toujours plus intense, laisse moins de loisir à la méditation et à l'échange des sentiments particuliers.

Les courants généraux d'opinion, en tout ordre, qui entraînent chacun de nous, lui enlèvent une partie de sa spontanéité originale et de son action propre sur les autres. On a moins le temps de s'occuper de ce que pensent les contemporains et de s'intéresser à leur vie privée. C'est là un état d'esprit qui ne paraît pas destiné à se modifier dans le cours des temps qui vont venir : l'importance des individus ira sans cesse en diminuant.

Ce fut après la mort de Renan que madame Renan, pressentant qu'elle ne lui survivrait pas longtemps, me remit les lettres que j'avais écrites à son mari pendant le cours de notre amitié d'un demi-siècle : elle me pria de publier notre correspondance. J'avais conservé la plupart de celles que Renan m'avait adressées depuis 1847. Le lecteur reconnaîtra aisément que nombre de mes propres lettres, qui répondaient aux siennes, font défaut. A cette époque, Renan vivait tantôt à l'hôtel, tantôt en voyage, livré à des déplacements continuels, où beaucoup de ses papiers furent perdus.

En raison de ces circonstances, la plupart des lettres que j'avais écrites à Renan avant son mariage n'ont pas été retrouvées, à l'exception de celles qui vont figurer dans le présent recueil. Plus tard, il existe plus d'équilibre et de contre-parties entre les lettres que nous avons échangées et que je possède. Est-il besoin d'ajouter que je reproduirai seulement celles qui peuvent offrir quelque intérêt pour le lecteur? il me semble inutile d'imprimer ces petites notes officieuses, échangées au jour le jour et relatives uniquement à la vie privée.

M. BERTHELOT

Paris, 1898.

LETTRE DE MADAME RENAN A MONSIEUR BERTHELOT

Paris, 15 mai 1894.

Cher monsieur et ami,

Je vous remets la correspondance que vous avez eue avec mon cher mari pendant les longues années de votre affection mutuelle. Je vous transmets en même temps tous les droits que me donne le testament de mon mari sur ses propres lettres et vous autorise à les publier sous la forme que vous jugerez la meilleure.

L'intention que vous m'exprimez de les publier avec celles que vous lui avez adressées me touche profondément. Je vous en remercie en mon nom et au nom de mes enfants. C'était le plus grand désir que mon cœur pût former.

Croyez à mes sentiments les plus affectueux.

CORNÉLIE E. RENAN

PREMIÈRE SÉRIE

(1847-1856)

PREMIÈRE SÉRIE

(1847-1856)

1

A MONSIEUR MARCELLIN BERTHELOT

Rue des Écrivains, 22, Paris.

Saint-Malo, 28 août 1847.

Mon cher ami,

Voilà déjà une semaine que je suis arrivé au but de mon voyage, et j'ai encore trouvé bien peu d'instants où je puisse en toute liberté vivre avec moi-même et m'entretenir avec vous. Les premiers jours qui suivent l'arrivée sont bien à mes yeux les plus désagréables des vacances, tout encombrés qu'ils sont de visites reçues et rendues. Cette vie me deviendrait bien vite ennuyeuse, si elle ne se passait dans le milieu si aimable de la famille, lequel a tant de charmes pour celui qui, comme moi, en est habituellement privé. Il est certain, cher ami, qu'il y a là une source de jouissances douées d'un grand pouvoir améliorant et adoucissant! La famille sous ses diverses faces est le milieu naturel de la vie humaine, et il faut de sérieuses raisons pour s'en séquestrer. Mais ces raisons, nous le savons, peuvent être décisives et arriver même à constituer un devoir.

Le pays que j'habite n'est rien moins que travaillé par des besoins philosophiques. Tous les hommes y passent au même moule, et représentent tous un type remarquable de bon sens, d'esprit positif et modéré. Toute excursion hardie dans le pays des idées y passerait pour folie ou non-sens. Les *ultra* de toutes les sortes y sont mal venus. Le sérieux et la probité, le médiocre en tout, excepté en bon sens et en sagesse pratique, y forment le milieu habituel de la vie. De là on fait de croyances religieuses, une orthodoxie raisonnable, mais bornée et au fond ignorante, telle que nous la savons, et, en politique, des instincts éminemment conservateurs. C'est un petit monde comme un autre, et je me garderai bien de le comparer à d'autres pour le préférer ou le déprécier. Que chacun vive dans sa sphère et laisse les autres vivre dans la leur; car, bien que chacun doive croire que la sienne est de beaucoup la meilleure, les autres le croient aussi, et qui sait qui a raison?... Au fond, cher ami, la tolérance, ou, ce qui revient au même, la liberté, est fille du scepticisme critique. Le dogmatique, qui regarde comme hors la raison ceux qui ne pensent pas comme lui, doit être intolérant; on n'arrive à l'idée de pure indépendance intellectuelle que lorsque chacun tient assez peu à ses résultats pour croire que tel autre qui voit tout autrement peut avoir raison. C'est là notre état, cher ami. Là est la cause de notre libéralisme, et de la rage sainte que nous éprouvons contre quiconque veut imposer aux autres sa forme ou sa pensée. Nous pardonnons volontiers ce travers aux siècles passés. Mais quand nous voyons des hommes modernes, et censés trempés aux idées modernes, des hommes qui même ont pu contribuer pour leur part à leur divulgation, reprendre la folie du passé, et vouloir à leur tour imposer comme absolue une pensée dont l'essence est de juger les autres comme relatives et de se croire elle-même relative; oh! alors, nous ne nous possédons plus, et je vous avoue que, depuis quelques jours surtout, cela me donne des accès de mauvaise humeur intérieure, qui me font beaucoup souffrir. Ces répressions absolutistes chez un pouvoir qui s'est constitué en tant que libéral, cette avide personnalité, qui anéantit toute idée devant l'instinct de la conservation, m'exaspèrent, et me causent un douloureux refoulement à la vue de mon impuissance. Je voudrais pouvoir crier à tout le monde l'absurdité et la contradiction d'un pareil système; je voudrais l'imprimer à la vue de tous en caractères aussi gros que l'évidence. Taisons-nous, pauvre ami, nous ne sommes encore que des enfants et les murs nous entendent.

Voici encore un joli petit scandale[1], n'est-ce pas? La pensée qui m'a le plus préoccupé au milieu de ce drame délicat est de savoir ce qu'avait fait cet assassin pour être pair de France! maintenant que tous le reconnaissaient pour un homme nul et brutal. Il avait un grand nom; voilà tout. C'est surtout à ce point de vue que le *résultat* de ce forfait peut être utile; il pliera un peu cette dédaigneuse aristocratie, qui a fait de l'immoralité un mot machinal qu'elle n'applique qu'aux classes inférieures.

Je pense beaucoup à vous, très cher ami, et au bonheur que nous avons eu de nous rencontrer. Isolés comme nous sommes, obligés de tout créer autour de nous, combien nos forces individuelles eussent été amoindries, si elles ne s'étaient multipliées par leur union! Nous nous devons désormais trop l'un à l'autre pour que nous puissions désormais être séparés, au moins de cœur et de pensée; d'autant plus que les résultats que nous nous sommes réciproquement prêtés se sont si bien croisés, que rien ne pourra jamais analyser ce réseau et y discerner la propriété de chacun. Aussi bien, n'y a-t-il plus de propriété entre nous, cher ami, et je ne conçois pas comment nous pourrions désormais nous disputer sérieusement sur un point : au bout de cinq minutes, nous nous entendrions et serions d'accord.

La grave difficulté que nous prévoyions relative-

---

[1] Affaire Praslin.

ment au dissentiment religieux entre moi et ma famille n'a eu aucune suite. Ma mère s'est montrée d'une largeur très libérale et est entrée pleinement dans le système que la convenance me prescrit en ce pays : ne rien dire, ni ne rien faire qui témoigne affection ou antipathie pour les croyances dont j'ai fait autrefois profession. Nous avons eu, maman et moi, des conversations des plus piquantes sur ce sujet; je l'ai amenée très facilement à dire qu'il faut laisser les gens croire ce qu'ils veulent... La confusion de la religion positive et de la morale, laquelle est si complètement irrémédiable dans l'idée commune, a aussi son bon résultat. Si d'une part elle fait croire que l'homme qui ne croit pas au christianisme ne saurait être moral; de l'autre aussi, elle amène chez les personnes faciles cette conclusion qu'une personne morale est religieuse autant qu'il faut l'être; car avec les idées vagues et superficielles qu'on se fait sur cela, il ne faut attendre que des à peu près. Qu'une personne affiche l'incrédulité, on ne croira pas à la possibilité de sa moralité; mais aussi qu'elle se montre morale et grave, on conclura de plain-pied qu'elle est orthodoxe : ainsi vont les choses. Du reste, inutile de vous dire, cher ami, que mes opinions à cet égard sont toujours les mêmes. Il est désormais pour moi aussi évident que le jour que le christianisme est mort et bien mort, et qu'on n'en saurait plus rien faire qui vaille; au moins, en refusant de le transformer. Ce ne sera qu'un effet de la dépression intellectuelle dont nous sommes menacés qui pourra y jeter les masses; mais je verrais tout le monde redevenir chrétien que je n'en croirais pas davantage. Plus j'avance, plus aussi je vois poindre dans le présent les éléments d'une religion nouvelle. La révolution, par exemple, n'est-elle pas déjà la personnification de tout un ordre d'idées, devenues pour nous saintes et objet de vénération? Je la vois marcher de plus en plus à la religionification (excusez ce barbarisme que je ne veux nullement faire adopter). Déjà qui la blasphème passe pour un insensé, et viendra bientôt un temps où on ne dira plus que notre *sainte révolution*. Pour ma part, cependant, je ne fais pas consister la religion moderne uniquement dans la foi à la Révolution française. Il est certain qu'il y a dans les idées modernes tout un ensemble de vues auxquelles nous sommes forcés de nous conformer, et dont la réunion formera cette religion. Ces vues que nous avons conquises peu à peu depuis bientôt quatre siècles ont entre elles une admirable liaison, bien que produites isolément et souvent exclusivement, mais toujours en réaction du passé. La réforme, l'émancipation populaire, l'émancipation de la science, l'émancipation de la philosophie, l'avènement de la critique, l'adoucissement de la morale publique, etc., tout cela forme un ensemble qui est l'esprit des temps modernes, et ce qui me confirme dans cette vue, et me donne tout espoir dans la vie de ces idées, ce sont les persécutions auxquelles elles ont été exposées. Il n'est pas un seul de ces éléments dont les premiers promulgateurs n'aient été en butte aux attaques des hommes du passé. Que l'on cite un seul libre penseur, un seul homme moderne, soit pour la science, soit pour la philosophie, soit pour la politique, qui, avant la fin du xviii° siècle (et depuis!...), n'ait été l'objet ou d'une persécution ouverte, ou de tracasseries vexatoires, de la part des rétrogrades. Ce sont les martyrs de la religion moderne, analogues exacts de ceux qui souffrirent pour l'établissement du christianisme. Il serait facile de retrouver dans l'avènement de ces idées tous les phénomènes qui accompagnent l'apparition lente et graduelle des religions. La coalition lourde, massive, aveugle, décidée des hommes du passé contre elle est sans doute le symptôme le plus caractéristique. Là aussi est le garant de leur triomphe. Des idées que les hommes du passé répriment par la force, qui restent immuables et toujours présentes, tandis que leurs adversaires ne font que voltiger autour d'elles, en changeant tous les jours le tour de leur futile dialectique; des doctrines obligées à un certain secret par la maladroite contrainte que leur imposent leurs persécuteurs, sont destinées à régner. Aussi, voyez-les déborder de toutes parts et emporter les digues mêmes. Aurait-on pu l'espérer? Ainsi donc, cher ami, il n'y a rien de sérieux à craindre. Il y a là, ou nulle part, des garanties d'avenir. Je suis frappé, par-dessus tout, de l'impossibilité d'un retour définitif dans le mouvement de l'esprit humain. L'idée la plus avancée est la plus vraie et la plus viable. Honneur à quiconque aura poussé à la roue, et aura contribué pour sa part à avancer l'avènement de ce qui doit venir !

Je travaille activement au lourd travail de mes thèses. Je vous expliquerai dans ma prochaine lettre une modification importante que je compte introduire dans mon plan d'études pour l'an prochain, et vous demanderai conseil sur ce point. J'ai trouvé dans les bibliothèques de ce pays, et spécialement dans celle d'Avranches, des manuscrits du plus grand prix et qui vont directement à mon travail. Toutes les bibliothèques particulières de ce pays sont formées des débris de celles des abbayes savantes de la Basse-Normandie, telles que le Mont-Saint-Michel, etc.; ce qui leur donne une grande valeur.

J'attends dans quelques jours, cher ami, une lettre de vous; croyez bien que rien ne saurait m'être plus doux, et que je l'attends comme un heureux événement.

Pourriez-vous me rendre un service? Monter dans ma chambre, ouvrir la petite armoire où sont mes manuscrits et, pour cela, prendre la clef qui se trouve dans un des petits tiroirs du bureau, prendre la liasse de correspondance et chercher vers le milieu une lettre qui me fut adressée de la sous-préfecture de Lannion relativement à la conscription. On m'y notifiait que j'étais libéré. Vous me l'enverrez avec votre prochaine lettre : cette pièce m'est nécessaire pour un éclaircissement que je désire prendre à cet égard. — Si vous en avez l'occasion, vous me feriez bien plaisir de passer rue Taranne, 12, au bureau de la Société Asiatique, et de dire de m'envoyer mon journal à ma nouvelle adresse. Mais ne vous dérangez pas, je vous en prie; c'est peu important.

Tout à vous, cher ami, en attendant votre lettre bien désirée.

E. RENAN

II

A MONSIEUR MARCELLIN BERTHELOT

Saint-Malo, 16 septembre 1847.

Mon cher ami,

Merci de votre bonne lettre [1], qui est pour moi une conversation intime à laquelle je reviens sans cesse. Elle supplée pour moi à nos agréables colloques, dont le vide m'est bien sensible. Il est si doux de remuer ensemble les idées vraiment capitales, quand, par une longue habitude, on a appris à se comprendre! Aussi bien est-ce là une condition nécessaire, et rien n'est à mon sens plus insipide et plus hasardeux que de parler des choses supérieures avec des gens avec lesquels on n'a point eu préalablement des contacts

1. Perdue.

prolongés : on risque de ne pas parler la même langue et, en employant les mêmes mots, de commettre les plus singuliers malentendus.

Depuis quelques jours, cher ami, je suis dans un état intellectuel assez pénible. L'inévitable imperfection, la relativité de tout ce qui tient à la politique et à l'organisation pratique des choses me dégoûte de cet ordre de spéculation. Nous croyons être plus avancé que tel parti, et, probablement, nous le sommes, et en vertu de notre conviction, nous voudrions voir réalisé ce que nous regardons comme le mieux. Mais, sérieusement, à quoi cela avancerait-il les choses? Croyez-vous que, le lendemain de cette révolution, on serait content? La loi, en politique, c'est de marcher toujours. L'opinion ne peut rester un instant stationnaire. Elle triomphe de temps en temps et s'exprime le jour de son triomphe par une forme gouvernementale qui est l'expression de son besoin actuel. A ce moment, l'opinion et le gouvernement établi sont d'accord. Mais l'opinion marchant toujours et le gouvernement étant nécessairement stationnaire et conservateur, le lendemain de la révolution l'accord est rompu, et une nouvelle révolution est nécessaire. Elle ne se fera pas, et cela fort heureusement, parce que l'opposition n'a pas encore la force; cela arrivera plus tard, quand le désaccord sera trop criant; alors, une nouvelle révolution, puis à recommencer. En un mot, j'imagine l'opinion comme avançant d'un mouvement continu et les gouvernants avançant par soubresauts, en sorte qu'ils ne peuvent que par instants se trouver de front. Au fond, est-ce un malheur? Oui et non. Oui, parce que le plus parfait et le plus durable est qu'il faut souhaiter que le mieux qui doit se faire se fasse de suite. Non, parce que l'opposition est folle et juvénile. Si on la laissait faire, elle battrait la campagne, et les formes de l'humanité ne seraient pas représentées avec une largeur et une durée suffisantes. Ce serait comme un navire sans lest, ballotté par chaque coup de vent. Car, enfin, si le gouvernement n'a pas par lui-même une certaine pesanteur, s'il ne fait qu'obéir à la traction instantanée et capricieuse de l'opinion, ce sera un revirement perpétuel sans loi et sans raison. L'opposition est donc nécessaire; généralement elle a raison; il faut qu'elle triomphe; mais il est heureux qu'elle ait derrière elle une lourde et inerte masse à remorquer. Croyez-vous donc que si nos idées triomphaient nous ne deviendrions pas conservateurs et nous ne chercherions pas à maintenir la forme que nous concevons nécessairement comme la meilleure? Or, pourtant, il est bien sûr qu'il se formerait immédiatement contre ce nouveau système une opposition plus avancée : je ne parle pas d'une opposition rétrograde qui, étant radicalement impuissante, ne mérite pas qu'on en parle. Ainsi, je me figure tous les partis d'une certaine façon nécessaire et mécanique, qui m'empêche de prendre à cœur aucun d'eux. Je les conçois comme engagés à une certaine place dans certaine machine, et suivant les mouvements de la machine, suivant la nécessité de leur place. Oh Dieu! consentirions-nous jamais à être ainsi un jouet mécanique? Il n'y a pas d'imagination qui me fasse plus d'horreur. Les exaltés me font l'effet de badauds qui se laissent jouer et prennent à plein une jonglerie. Plus que jamais le gouvernement actuel me fait l'effet d'une pièce lourde et sotte. Une borne, une momie, un moraliste qui veut la morale pour les autres et n'en use pas, type odieux. L'opposition me fait l'effet d'un jeune homme écervelé, capricieux, ne rêvant qu'amélioration, quand ces améliorations ne sont souvent que le rêve d'aujourd'hui que renversera le rêve de demain. Et l'un et l'autre sont nécessairement ce qu'ils sont, en vertu du type qu'ils représentent. Cela me met de mauvaise humeur contre tout le monde; tous les partis m'agacent, je ne sais à qui me vouer: car voilà ce qui complique le nœud inextricable, c'est que nous avons besoin d'être d'un parti. La solitude nous effraie et nous avons une peine extrême à nous contenter du point de vue purement critique. Pourtant, cher ami, en pouvons-nous sérieusement prendre un autre? Il faut une bonne dose de bonhomie pour prendre désormais fait et cause, de cœur et de tête, pour quelque chose. Tout homme d'action devant être dogmatique et afficher un drapeau, il me semble qu'il faut renoncer pour cela au point de vue critique. Aussi, tous les politiques pratiques me font-ils le même effet de lourdauds, de paysans, que les dogmatiques en religion, ou en philosophie. Qu'est-ce donc que la vie humaine? Où trouver quelque chose que nous puissions pleinement prendre à cœur? Il faut du courage au critique pour se séparer de tout, quant à l'affection, et se tenir froid, au moment où son enthousiasme allait s'allumer devant telle ou telle forme. C'est pour cela que je m'abstiens d'énoncer devant qui que ce soit (*exceptis excipiendis*) aucune opinion politique; une minute après, je me mets au point de vue contraire; je vois que ma vue, ou au moins mon expression, a été partielle, et je suis fâché. Je ne crois pas que je me batte jamais bien fort pour ces sortes de choses.

Je viens, cher ami, d'exhaler avec vous toute ma mauvaise humeur; vous me corrigerez; je sais bien en effet que je ne suis pas dans mon état normal, mon état physique y contribue sans doute. J'éprouve un malaise général, et un mal qui me remplit d'idées noires et de fâcheux pressentiments, je ne sais pourquoi; ce n'est peut-être rien. Je suis pressé d'être à Paris pour m'en éclaircir, car je n'en veux parler ici à personne. Ce sont des douleurs très peu vives, mais continues à une cicatrice que j'ai au côté, et qui provient d'un abcès que j'eus dans cette partie à l'âge de sept ou huit ans. Jamais depuis ce temps je n'y avais rien ressenti. Laissons cela. — Je sors, il y a quelques instants, du cabinet de lecture, où je viens de voir les merveilleuses nouvelles d'Italie; décidément le mouvement est donné. Je partage tout à fait vos opinions sur le rôle du pape. C'est un des faits les plus remarquables de notre siècle. Savez-vous que c'est le premier acte du reniement du passé dans le sein de l'orthodoxie : non pas, il est vrai, quant au dogme, mais quant au principe politique et pratique. Je ne sais si vous avez vu une pièce curieuse que la *Gazette de France* a rapportée dans sa polémique avec l'*Ami de la Religion*, sur la question de savoir si la conduite du nouveau pape était réellement en opposition avec celle de son prédécesseur. La susdite gazette apporta comme pièce de conviction pour l'affirmative une encyclique de Grégoire XVI, où la liberté de la presse et toutes les idées modernes étaient expressément traitées de folies et presque d'hérésies. Nul ne peut savoir où s'arrêtera ce mouvement inattendu. En vertu de la connexité des idées et vu que tout l'ensemble des idées modernes est inséparable de la négation de l'orthodoxie, il s'ensuit que le pape serait amené à abandonner le vieux système. O merveille! — Ce que vous me dites du nouvel emploi du mot sectaire est bien frappant : il faudra que nous gardions cela, et que dans notre polémique nous frappions de ce mot nos adversaires, les rétrogrades; c'est la seule manière de tourner contre eux leurs armes. Au fond, cher ami, nous sommes dogmatiques, comme il y a désormais possibilité de l'être; c'est-à-dire que nous n'embrassons pas telle et telle chose comme vraie, mais comme plus avancée.

Comment avec tout cela se prendre tout de bon d'enthousiasme? Ma foi! je n'en sais rien, à moins que ce ne soit par une sorte d'abstraction dont je conçois encore la possibilité. On se figure pour l'action que l'affaire est d'une bonté et d'une vérité absolue; sauf à la critiquer par le côté de réserve. Car enfin il est clair que l'homme qui s'en tiendrait au point de vue critique n'agirait jamais avec nerf. Il faut pour cela être rondement dogmatique, croire que ce pourquoi on travaille c'est le bien absolu, que les adversaires ont absolument tort; alors on se bat avec cœur. Je conçois très bien que si j'étais porté dans la vie active, je deviendrais aussi dogmatique pour l'action, et que pourtant je conserverais mon *a parte* critique.

Je ne suis pas de votre avis relativement aux observations que vous me présentez sur la religionification de la Révolution française. Vous m'opposez ses horreurs, qui la feront à jamais détester par un côté. Songez donc que cela sera bientôt oublié. Un point de vue effacera l'autre. Dans les premières années qui suivirent on ne pensait qu'aux horreurs, et on traitait la Révolution d'atrocité. Maintenant on ne songera qu'aux sublimités et aux résultats, et on oubliera les horreurs. Le critique comptera les deux; mais les religions ne seront jamais critiques. Voyez le christianisme. Je mets en fait qu'il y avait dans le christianisme naissant une proportion aussi forte de superstitions et de petitesses qu'il y a eu dans la

Révolution française de cruautés et de fureurs. Si on eût présenté le christianisme naissant à un rationaliste d'alors, à un Horace, par exemple, la seule impression qui lui en fût resté eût été celle d'une étroite et ridicule superstition. Il n'eût pas vu les sublimités. Nous autres, nous ne voyons plus les petitesses, et ne songeons qu'aux sublimités, qui effacent pour nous les premières. Le critique voit les deux. Si le sublime du christianisme a effacé sa petitesse, pourquoi le sublime de la Révolution n'effacerait-il pas ses horreurs ? — Je suis forcé de finir par un singulier motif : je n'ai pas d'enveloppes. J'aurais pourtant beaucoup à vous parler de mon plan de religiogénie, que j'appelle maintenant religionomie, pour plus d'exactitude. Ce sera pour ma prochaine lettre. Or, cher ami, cette lettre vous arrivera à la fin de la semaine prochaine, presque en même temps que moi, car je dois être à Paris mardi 28 septembre. Mais je ne descendrai pas chez M. Crouzet. Ma prochaine vous expliquera tout cela et vous donnera l'adresse où vous pourrez me voir dès mon arrivée. J'espère une lettre de vous dans le courant de la semaine. Croyez, cher ami, à ma tendresse.

E. RENAN

III

A MONSIEUR MARCELLIN BERTHELOT

Paris, 10 avril 1848.

Je suis désolé, cher ami, de n'avoir pu vous avertir d'avance de mon absence forcée. Pour comble de malheur, le billet que vous avez trouvé sur ma table a dû vous sembler une mystification. Je devais en effet remplacer M. Crouzet (ce qui ne nous eût pas empêchés d'avoir notre séance d'allemand), quand j'ai su un quart d'heure avant l'heure qu'il fallait encore remplacer M. Jacques. N'y aura-t-il pas moyen de remplacer la séance perdue? Je souhaite que vous le puissiez.

Je supplée encore demain; mais je ne pense pas que vous eussiez été libre à cette heure. Voulez-vous jeudi, dans l'après-midi, avant mon cours d'arabe? Enfin, quand vous voudrez, excellent ami; vous savez l'affection de votre ami tout dévoué.

E. RENAN

IV

A MONSIEUR MARCELLIN BERTHELOT

17 avril 1848.

Excellent ami,

Je reçois une invitation de M. Jacques pour le suppléer pendant les trois jours qui restent jusqu'aux vacances. Quand nous verrons-nous? Quand vous voudrez, cher ami. Je ne prévois aucune sortie cette semaine, en dehors des classes susdites, si ce n'est mardi, où nous devons aller porter notre pétition pour l'école des langues orientales au ministre. J'y vais par curiosité, non par intérêt ni enthousiasme pour le projet, croyez-le. Venez le plus tôt possible. Si vous venez avant mercredi, voudriez-vous avoir la bonté de m'apporter le volume de votre traduction de Platon où se trouve le *Phèdre*? J'en lirais quelque chose à mes élèves.

A revoir, cher ami, croyez à mon affection vive et sincère.

E. RENAN.

V

A MONSIEUR MARCELLIN BERTHELOT

Saint-Malo, 31 août 1849.

Cher ami,

Me voilà depuis quelques jours auprès de ma famille et dans un milieu bien différent de celui où nous vivons d'habitude l'un et l'autre. J'ai cru passer d'une planète dans une autre quand je me suis trouvé transporté en quelques heures de ce foyer brûlant de la vie parisienne dans ce coin oublié du monde, qui est encore pourtant le point de la Bretagne où la vie est le plus active.

Vous n'imaginerez jamais, cher ami, l'état de ce pays, et je ne saurais vous le peindre, car les catégories y sont radicalement différentes de celles que nous avons habituellement sous les yeux. Est-on légitimiste? Non. La portion de la population qui est attachée à la branche aînée ne forme pas un quart, un cinquième. Est-on orléaniste? Pas davantage. On regrette Louis-Philippe, voilà tout. Est-on bonapartiste? On n'y pense pas. Et avec tout cela, les candidats légitimistes ont passé avec cinquante mille voix de majorité. L'évêque fait la liste avec ses curés de canton, on la prêche au prône, les bourgeois l'acceptent, et elle passe sans opposition. Hélas! cela ne s'explique que trop bien, et je n'ai jamais mieux compris que la nullité intellectuelle et administrative des provinces est le plus grand obstacle au progrès des idées modernes. Soit Saint-Malo par exemple. La masse de la population, le peuple plus encore que les bourgeois, n'a qu'un but, gagner de l'argent, vivre à l'aise et tranquille. Ces gens-là sont indifférents à toutes choses, pourvu que les affaires marchent. Il y a bien, à côté de cette grande masse de l'opinion publique, d'imperceptibles minorités (vingt, trente, par exemple, dans la ville que j'habite) de bourgeois manqués, à peu près aussi nuls que les autres, souvent moins honnêtes, qu'on appelle rouges. Mais gardez-vous de croire que cette classification corresponde à une nuance politique. Nullement. Les rouges n'ont pas plus d'opinion que les autres; ce sont les casseurs d'assiettes, les trimbaleurs du pays qui prennent ce genre-là, par manière et pour se donner un ton. Quant au socialisme, le croiriez-vous? Il n'excite ni amour ni haine, car il est absolument inconnu; le nom même ne révèle aucune idée, et quant au peuple, je ne sais même si on trouve chez lui l'aspiration vague à un état meilleur. Il est vrai que ce pays est peut-être celui de France où il y a le moins de misère : mais la position du peuple serait cent fois pire qu'il l'accepterait comme la fatalité, sans s'en prendre à personne, ni sans songer qu'il y a un remède possible. Eh bien! croyez-vous qu'avec tout cela, ce pays soit précisément réactionnaire, qu'on y haïsse les institutions républicaines, qu'on puisse en craindre quelque chose pour un mouvement royaliste? Nullement. On y aime assez l'état actuel, on le trouve tolérable, on s'intéresse à Ledru-Rollin et surtout à Louis Blanc (sans savoir le premier mot, bien entendu, de ses idées) : on idolâtre encore Lamartine, qui seul y est bien compris par instinct; on n'est nullement opposé aux réformes sociales; on aime beaucoup M. Dufaure et M. Passy, et on s'indigne de l'opposition que leur font les blancs, opposition que ces bonnes gens ne peuvent comprendre. Ce qui manque radicalement à ce pays (et j'ai pu m'assurer que ce mouvement s'applique à tout l'ouest), c'est l'initiative, l'éveil. La vie s'y passe dans la somnolence et on ne s'indigne que contre ceux qui viennent troubler ce nonchalant repos. S'indigner, c'est trop dire :

s'impatienter, voilà tout ce dont sont capables ces consciences à peine éveillées. La décentralisation sera, je vous l'affirme, un puissant instrument de démocratie. Partout où on créera des centres analogues à Paris, le mouvement moderne se reproduira d'après des phases analogues.

V (*suite*)

4 septembre 1849.

Mille causes indépendantes de ma volonté ont interrompu ma lettre; je m'en réjouis, car dans l'intervalle j'ai reçu votre bonne lettre qui m'a fait un vif plaisir. Cette voix de l'autre monde a ravi mon âme et m'a fait revivre dans le vrai. Ici la vie est si étroite, si factice... J'aime beaucoup cette vie du paysan, de l'homme simple, absorbé dans son petit objet; la femme, par exemple, absorbée en son enfant, ayant là son univers, ne cherchant rien au delà.

Mais cette vie bourgeoise ne m'apparaît que comme le gaspillage pur de la vie humaine; une chose aussi me frappe beaucoup, c'est l'affaiblissement physique de cette race. Elle n'a pas encore un siècle de civilisation et elle est usée. Entre toutes les personnes que je vois ici, à peine en puis-je compter deux ou trois vraiment énergiques. Tous les enfants que j'ai sous les yeux (mes petits-neveux font heureusement exception) sont faibles, maladifs, ne vivent qu'à force de remèdes et de cautères. Cela m'attriste et me fait craindre pour l'avenir de la civilisation, car si toute civilisation doit aboutir là, mieux vaudrait la barbarie. Cette vie est frivole et n'a rien de beau, et je ne puis m'empêcher de lui reconnaître quelque ressemblance avec celle de cette génération fatiguée, au bout de cent cinquante ans de réflexion, qui vit la fin de la république romaine et se rua dans la servitude. J'ai trouvé une frappante simultanéité entre les idées de décadence qui vous poursuivent et celles auxquelles je suis moi-même en proie depuis quelques jours. Je me console pour le moment par les considérations que voici :

D'abord, jusqu'à quel point n'en a-t-il pas été ainsi dans le passé? Croyez-vous que nos paysans fussent plus libéraux en 89? Croyez-vous qu'ils soient *devenus* égoïstes? Hélas! non. Nos paysans sont aujourd'hui ce qu'ils étaient au xvie siècle. Tous leurs souvenirs datent de là. Ce xvie siècle a été un admirable siècle de révolution. Et pourtant quelle abominable époque! Quelles malédictions les contemporains lançaient contre ce siècle de fer! D'ailleurs, en supposant même que les nations européennes, la France entre autres, fussent destinées à ce qu'on peut appeler une décadence, il ne faudrait pas s'en effrayer, car l'humanité a des réserves de forces vives. Si le slavisme, par exemple, envahissait l'Europe occidentale, il est indubitable que le changement de climat, l'influence de notre civilisation, et la marche fatale de l'esprit humain les amèneraient à des idées analogues aux nôtres, qu'ils prendraient sans doute avec plus d'originalité et de vigueur. Qu'importe par qui le bien se fait! Nous sommes maintenant pour les barbares contre les Romains. Il n'y a pas de *décadence* au point de vue de l'humanité. Ce mot, d'ailleurs, a besoin de tant d'explications! Les pédagogues classiques en font un étrange abus! A les en croire, Lamartine serait en décadence sur J.-B. Rousseau, et saint Augustin en décadence sur Cicéron. Certes, il faut respecter le principe des nationalités : remarquez pourtant que nous n'en appelons à ce principe que quand la nation opprimée est supérieure à la nation qui l'opprime. Il y a quelque chose de bien étroit dans l'école exclusivement nationaliste; c'est la négation du point de vue de l'humanité.

Comme vous, j'ai vivement souffert de la catastrophe madgyare, moins pour la question de cette petite nationalité, qui, à ce qu'il semble, n'a rien de mieux à faire que de s'attacher en satellite à la confédération danubienne qui s'appelle Autriche, et qui peut bien n'avoir quelque raison d'exister que pour les principes vraiment modernes, et même un peu cosmopolites, qui combattaient avec eux. Cela est profondément triste; mais il n'est pas temps que ces principes combattent à nu : ils auront besoin longtemps encore de combattre sous le couvert de nationalités. Ce qu'il y a de plus clair en tout cela, c'est la position toute nouvelle de la Russie vis-à-vis de l'Europe occidentale.

Je suis dans une position bien ambiguë relativement à cette proposition de voyage en Italie, qui m'avait été faite. M. Genin, sans tenir compte de mes répugnances, qui équivalaient à un refus, a envoyé l'affaire à l'Académie des Inscriptions, qui l'a prise de la manière la plus favorable. Une commission a été nommée pour faire un rapport : tous les membres s'étaient montrés très favorables au projet; M. Leclerc, qui avait pris le plus chaudement l'affaire, est chargé du rapport. Jugez de mon embarras; car ce voyage dérange radicalement tous mes projets. Je mets mon espoir dans les événements, qui rendront, j'espère, la réalisation de ce plan impossible, et aussi dans le choléra : car M. Daremberg est l'homme le plus peureux du monde, et il a juré de ne pas aller en Italie tant que le choléra y serait. A cela près, et dans une, deux années, ce voyage, comme vous pouvez croire, me sourirait infiniment. Je n'ai senti jusqu'ici que sous ce climat humide et froid; je n'ai vu que ces côtes dentelées, hérissées. J'imagine que sous ce ciel qui, dit-on, révèle tant de choses, j'éprouverais des sensations plus complètes et que cela ferait époque dans ma vie esthétique et physique. Je ne saurais vous dire combien la seule différence de Paris et de ce pays influe sur mon état normal. Le ciel ici est gris et atone, le soleil n'est jamais net, la mer seule est vivante : mais vous savez que dans la sensation qu'on éprouve au bord de la mer, il y a quelque chose de dur et de cassant, le contraire du *Mordet aqua taciturnus amnis*.

Tout cela fait une physionomie, qui m'est devenue un peu antipathique; précisément parce qu'elle répond à mon défaut et à un état qui trop souvent m'est habituel. Je suis ici sous une influence dure, étroite, sans pensée; comme une musique où il n'y aurait que deux ou trois tons, une voix à courte haleine, quelque chose d'agaçant, mais sans grande irritation, atonie et incapacité de produire.

Écrivez-moi, cher ami, votre lettre me fera revivre; je continuerai cette causerie un de ces jours, selon que j'en sentirai le besoin.

Tout à vous, excellent ami.

E. RENAN

Mes respects à toute votre famille, et spécialement à monsieur votre père. Toute ma famille est fort bien. Ma mère vous aime sans vous connaître, et me dit sans cesse qu'il faudra que vous veniez quelque année avec moi.

VI°

A MONSIEUR MARCELLIN BERTHELOT

Rome, 9 novembre 1849.

Que de choses ont passé sous mes yeux, que de sentiments se sont croisés dans mon âme, cher excellent ami, depuis le jour où nous nous dîmes adieu[1]. Je serais inexcusable d'avoir tardé si longtemps à vous en entretenir, si la foule des impressions qui assiègent l'étranger sur cette terre enchanteresse n'enlevait durant les premiers jours toute autre faculté que celle de sentir. Ce changement a été chez moi prompt comme l'éclair.

J'avais parcouru tout le midi dans ma pleine activité, et en réagissant très vivement contre ce que je voyais; j'étais français encore, je pensais, je jugeais, je critiquais. Durant la traversée, j'étais plein de verve et de doctrine : je passais de longues heures à causer avec les officiers et les passagers du déplorable pays que nous allions voir et des affaires de France, non moins déplorables.

Le jour d'attente que je passai à Civita-Vecchia fut pour moi un jour de colère; ces croix partout dominatrices, ces armes papales, cet étendard blanc, ces moines à l'air de maître, ces capucins mendiants et dégradés, ces troupeaux de prêtres, de monsignors, de clercs en habit demi-laïque, demi-clérical, cette population pâle, souffreteuse, à l'air fiévreux, abattu, profondément immoral, m'irritaient à un point que vous comprendrez sans doute par la colère que vous auriez vous-même éprouvée. Mes premières heures de Rome furent de même très pénibles; mais je n'y avais pas passé une journée que la séduction opérait déjà.

1. A Narbonne, après avoir descendu le Rhône et visité Arles et Nîmes.

Cette ville est une enchanteresse, elle endort, elle épuise ; il y a dans ces ruines un charme indéfinissable, dans ces églises qu'on rencontre à chaque pas une quiétude, une fascination comme surnaturelle. Le croiriez-vous, cher ami, je suis tout changé, je ne suis plus français, je ne critique plus, je ne m'indigne plus, je n'ai plus d'opinion ; sur toute chose je ne sais que dire. Il en est ainsi ; ainsi vont les choses. Oh! que ne puis-je vous voir à côté de moi sur les hauteurs de Saint-Onufre, sous ce pauvre cloître où je vais faire ma promenade de tous les jours! que ne puis-je vous interroger sur mes propres sentiments, m'éclaircir mes sensations par les vôtres! Vous le savez, les impressions religieuses sont chez moi très puissantes, et, par suite de mon éducation, elles se mêlent dans une proportion indéfinissable aux instincts les plus mystérieux de notre nature. Ces impressions se sont réveillées ici avec une énergie que je ne puis vous décrire. Je n'avais pas compris ce que c'est qu'une religion populaire, prise bien naïvement et sans critique par un peuple ; je n'avais pas compris un peuple créant sans cesse en religion, prenant ses dogmes d'une façon vivante et vraie. Ne nous faisons pas illusion, ce peuple est aussi catholique que les Arabes de la mosquée sont musulmans. Sa religion c'est *la* religion ; lui parler contre sa religion c'est lui parler contre un intérêt qu'il sent en lui-même, tout aussi réellement que tel autre besoin de la nature. Je suis venu dans ce pays étrangement prévenu contre la religion méridionale, j'avais des phrases toutes faites sur ce culte sensuel, mesquin, subtil; Rome était pour moi la perversion de l'instinct religieux; je prétendais rire à mon aise des niaiseries du Gesù et des superstitions de ce pays. Eh bien! mon ami, les Madones m'ont vaincu; j'ai trouvé dans ce peuple, dans sa foi, dans sa civilisation, une hauteur, une poésie, une idéalité incomparables. Comment vous exprimer tout cela? Comment vous initier à cette vie nouvelle où je me plonge avec passion? Notre idéalisme est abstrait, sévère, sans images; celui de ce peuple est plastique, tourné vers la forme, invinciblement porté à se traduire et à s'exprimer. On n'a pas marché un quart d'heure dans Rome qu'on ne soit frappé de cette prodigieuse fécondité d'images. Partout des peintures, des statues, des églises, des monastères; rien de banal, rien de vulgaire, l'idéal pénétrant partout. Au point de vue français, ce pays est horrible. Le confortable y est aussi arriéré que chez nous, il y a deux siècles; les boutiques sont des échoppes ignobles, les restaurants sont de véritables estaminets, les hôtels, à l'exception de deux ou trois tenus et occupés par des Français et des Anglais, sont d'abominables auberges! Nulle ressource, pas d'industrie, pas de commerce, pas de fonctions, en dehors de l'état ecclésiastique; pas d'agriculture. Nous vivons ici au milieu de Français que l'expédition a amenés à Rome; toutes les conversations ne sont qu'une exclamation perpétuelle contre cet intolérable état de

choses ! La question que tous s'adressent — à la vue
de ces horribles quartiers, qui forment les trois quarts
de Rome et dont le faubourg Saint-Marcel ne peut
vous donner qu'une faible idée, surtout après avoir
traversé le désert de la campagne de Rome, — est
celle-ci : Comment et de quoi vit-on dans ces horribles
repaires de faim et de misère? Eh bien! cher ami, il
y a dans ce jugement bien du superficiel. Ce peuple
n'entend rien à la vie pratique, au bien-être de la
vie : c'est tout simple. Le *farniente* est plus doux ici
que les commodités; l'Italien aimera mieux rester
accroupi sur le seuil de sa cabane et vivre de quelques
poignées de maïs, que de se donner la peine de se
bâtir une maison et de cultiver régulièrement le sol.
Que dire de cela? C'est une affaire de goût; il est bien
maître. Mais que ce peuple vit bien plus dans l'idéal,
que sa rêverie est belle, que ces têtes demi-barbares
révèlent de puissance et d'idéalité !

Entrez dans une église à l'heure de la prière, vous
la trouverez toujours pleine de femmes. Elles sont là
assises, voilées à la manière du pays, les lèvres closes,
l'œil vague, mais facile à détourner. Que font-elles?
Ce qu'elles entendent n'est pour elles qu'un son
vague, un ton donné auquel elles se mettent; elles
ne prient pas dans le sens de notre pays; ce mot est
un *acte* : elles sentent, elles aspirent. Telle est la vie
de ce pays, le ressort de l'action s'use. On reçoit tant
du dehors qu'on se dégoûte de réagir. On ne pense
pas; car penser, spéculer, c'est agir intellectuelle-

ment : on sent, on se laisse aller aux mille impressions qui font la vie de ce beau pays. L'aspect de Rome, mon cher ami, est unique et révèle des sensations tout à fait incommunicables. Que n'êtes-vous avec moi, oh! que n'êtes-vous avec moi! telle est ma pensée de tous les jours. Quoi! me dis-je, serait-il dit que mon ami ne sentira jamais ce que je sens? que nous, qui nous entendons si bien en toutes choses, car nous avons foulé le même sol dans la région de l'esprit, ne pourrons-nous comprendre sur ce point? J'ai confiance, cher ami, qu'un jour vous expérimenterez ce que j'expérimente. Rien de vulgaire, rien de profane, tel est le mot sous lequel je résume mon impression la plus générale. Montez au-dessus de Paris, qu'est-ce qui vous frappe? Partout la vie profane : où est l'esprit? Je vois bien quelques statues. quelques colonnades. Mais quelle comédie, grand Dieu! Pourquoi ces statues? nul n'en sait rien, elles ne disent rien à personne, on les plante là, parce que c'est une chose convenue que dans une grande ville il faut de ces sortes de choses. Ici au contraire, mon ami, l'esprit se montre à chaque pas. Dans toutes les boutiques, sans exception, même dans les cabarets, les lieux publics, partout la madone avec son entourage de peintures, de sculptures, de lumière. Sur toutes les maisons un signe religieux, souvent du plus beau caractère. A tous les angles de mur, des peintures souvent fort expressives, bien que populaires. Et puis, entrez dans ces églises (il y en a à la lettre à chaque pas, quatre cents environ), vous y trouverez un tableau de Raphaël, du Dominiquin, de l'Albane, une madone de Pietro de Cortone, une statue de Michel-Ange. Soit, par exemple, ce petit couvent qu'on voit là-haut : de loin on dirait un groupe de cabanes en ruines. Les fenêtres n'ont pas de carreaux; les portes sont quelques planches mal jointes; le tout paraît à peine soutenu par quelques mauvais piliers, qui furent jadis les colonnes d'un temple païen, et qui menacent ruine. Sous ces colonnes en plein air, défendues seulement par quelques carreaux cassés, vous trouvez d'admirables peintures du Dominiquin; des cénobites, des vierges, des extases, saint Jérôme, sainte Eustochie. Sonnez le portier du couvent, un vieux moine en guenilles : il vous introduira dans l'église; elle est vieille et poudreuse, mais cette madone est d'Annibal Carrache; cette abside au fond d'or sur laquelle se dessinent des têtes célestes, est de Pinturicchio, et respire ce charme infini de la peinture du xvi⁰ siècle, qui fait passer les heures dans un regard prolongé et indéfini. Ces tombeaux sont ceux de poètes célèbres, pour ce pays, cette petite pierre carrée recouvre les os du Tasse. Suivez le moine, il vous montrera un cloître peint à fresque par le cavalier d'Arpino.

Toujours la vie monastique, toute la poésie du moyen âge se révélant par de grandioses images. Dans l'intérieur du monastère, à l'angle d'un corridor, vous vous arrêtez devant un visage céleste :

c'est, dit le moine, une madone de Léonard de Vinci. Cette chambre est celle où le Tasse est mort : ces objets sont les siens, voilà ses papiers, son secrétaire, son fauteuil, le masque pris sur son cadavre. De là on voit Rome entière, et au pied le ravissant cimetière San-Spirito, que je vous décrirai une autre fois, car rien ne m'a plus touché. Au fond du tableau, les Apennins, offrant d'incomparables jeux de lumière, des teintes qui ne peuvent se décrire. Cher ami, celui qui demeurerait dans ce lieux, renonçant à l'action, à la pensée, à la critique, ouvrant son âme aux douces impressions des choses, celui-là ne mènerait-il pas une noble vie, et ne devrait-il pas être compté parmi ceux qui adorent en esprit?

Je sais très bien, cher ami, et je m'en soucie peu, que la plupart des sentiments que j'éprouve en ce pays sont fondés sur une connaissance fautive de la réalité. Je m'en soucie peu, dis-je, car le sentiment a sa valeur, indépendamment de la réalité, de l'objet qui l'excuse. Toutefois j'ai reconnu que j'avais porté un jugement très erroné sur la religion de ce pays. Je ne l'envisageais que dans les prêtres, dans les chefs ecclésiastiques, prélats, etc... (caste odieuse et que j'abhorre plus que jamais, je vous en dirai des nouvelles); je ne voyais pas le peuple, j'envisageais cette religion comme imposée et par conséquent odieuse. Je considérais le concile de Trente, Charles Borromée, les Jésuites comme ayant enseveli ce peuple. C'était une erreur. Le peuple a fait sa religion, ou du moins la prend très spontanément. C'est le peuple qui a fait une église du temple de Rémus, qui a collé une mauvaise madone dans le temple de Vesta, mis deux ou trois cierges à l'entour et un pauvre à l'entrée qui demande l'aumône. C'est le peuple qui a planté une croix au milieu du Colisée, et qui tous les jours en passant par là s'arrête au pied pour la baiser. Ces capucins qui courent les rues, le sac sur le dos, nupieds et vêtus de guenilles, c'est le peuple; le peuple les aime, cause avec eux, les amène au cabaret, leur donne quelques morceaux de bois, ou quelques morceaux de pain, et plus loin le capucin partage à son tour. Mais ce vilain troupeau noir à la mine fière, au visage pâle et dégoûté, ces élèves du Collège romain, ces futurs intrigants, oh! ne m'en parlez pas; aussi le peuple n'a rien avec eux et commence même à apprendre à les insulter. Il y a une immense distinction à faire en ce pays en fait de religion, vous la sentirez. J'ai assisté le jour de la Toussaint aux offices du Gesù, l'église des jésuites, l'église la plus caractéristique de la dévotion moderne, et deux sentiments bien opposés se dessinaient en moi : d'une part sympathie pour ce peuple, qui prend naïvement et simplement la religion qu'il trouve sous sa main et y donne en plein pour satisfaire son besoin d'idéal; de l'autre, colère et mépris contre ces chorèges qui trônent là-haut, docteurs scolastiques qui faussent toute science et toute critique pour des dogmes absurdes. En toutes choses, cette antithèse se poursuit.

Le Panthéon d'Agrippa, une des plus belles idées religieuses de l'humanité, transformé *officiellement* en église, ce portique incomparable, plaqué de tableaux et d'indulgences, me révolte. Mais un capucin prêchant au Colisée, grimpé sur quelques tréteaux, chacun assis par terre, faisant son ménage à sa guise, pendant que le père leur répète à chaque mot pour toute éloquence : *Fratelli miei;* les mères allaitant leurs enfants sur les marches de la croix, les autres femmes imitant machinalement les gestes du prédicateur; ah! voilà l'humanité vraie, la voilà belle et aimable. La voilà telle que la dégradation religieuse de notre pays ne la montre jamais.

Que je regrette de ne pouvoir cette fois vous dire plus complètement mes impressions! Ces lignes auront, je le crains, peu de sens pour vous : la suite les éclaircira. Écrivez-moi bien vite, et rappelez-moi à la France. Mon adresse : *à l'hôtel de la Minerve, place de la Minerve.* Je m'aperçois que je ne vous ai pas dit un mot de la politique; je n'y pense plus, je ne lis plus le journal, j'ai bien assez à faire à mettre au net avec moi-même ce que je sens en ce pays. Qui est ministre? que dit-on à la Chambre? à Versailles? dites-moi tout cela et tenez-moi pour un chartreux, qui entend tous les ans des nouvelles du siècle. Croyez surtout à mon éternelle amitié. Jamais elle n'a été plus vive que depuis que je suis privé de nos chers entretiens qui me seraient maintenant si doux.

E. RENAN

VII

A MONSIEUR MARCELLIN BERTHELOT

Rome, 4 décembre 1849.

Que votre lettre m'a fait de joie, cher ami! j'y réponds sur l'heure même. Oui, j'ai regret d'avoir attendu votre réponse; désormais je vous écrirai suivant l'occurrence, et je vous prie de faire de même. Je voudrais bien avoir une lettre de vous tous les huit jours. Je tâcherai de vous envoyer aussi chaque semaine un petit mot. Grâce à l'intermédiaire de la poste militaire, les lettres ne coûtent que le prix de France. Je vous dirai plus bas comment il faut adresser vos lettres pour qu'elles me parviennent avec cette franchise.

Je crois bien comme vous que ce qui tue l'Italie c'est d'être trop exclusivement artiste et poète, de vivre uniquement par le sentiment et l'esthèse. Non, vous ne sauriez croire à quel point ce peuple vit dans le monde imaginatif. Quand on parle de l'état moral, religieux, politique de ce peuple, il faut toujours faire trois classes :

1° Le clergé, dans lequel il faut ranger une nuée de fonctionnaires (occupant des fonctions réelles, ou des fonctions fictives; ces dernières s'achètent et ne sont que des titres de rente) mariés, mais portant l'habit clérical et vivant de l'ordre ecclésiastique;

2° Le peuple, la grande masse, les paysans, les ouvriers, les mendiants, les marchands;

3° Un rudiment de bourgeoisie; gens d'une certaine fortune et d'une certaine intelligence, gros marchands, avocats, médecins.

L'état du clergé est facile à se représenter, et je n'ai réformé aucune idée à cet égard. L'état de la bourgeoisie est net aussi. Elle est révolutionnaire, et très décidément lancée dans les idées modernes, comprenant les choses absolument à la manière française. Mais elle est infiniment peu nombreuse. Il n'y en a trace que dans les grandes villes, et là, dans une proportion presque imperceptible. D'ailleurs, ces gens ont mauvaise façon, un faux air de malcontents et de casseurs, qui est la conséquence de la position qui leur est faite. Car ce sont ceux-là qui souffrent. Pas de ressources, aucune issue, une administration intolérable, une justice tout arbitraire, le chemin à une grande fortune tout à fait intercepté, une sujétion humiliante à des autorités détestées. Vous imaginerez bien ceci, ce me semble. Quant au peuple, comment vous le faire comprendre? Je n'ai aucun analogue auquel je puisse me référer, cher ami. Je puis vous affirmer, sur ma conscience, qu'il n'y a pas dans cette masse aucune trace d'idées modernes. Comment donc, direz-vous, ce peuple a-t-il fait la Révolution? Comment a-t-il acclamé la République et tenu devant une armée ennemie? Hélas! cher ami, disons-le entre nous, il y avait infiniment peu de Romains dans l'affaire. Tous les gens que je vois autour de moi sont fort avancés d'opinion; tous m'ont affirmé qu'il n'y avait pas mille Romains portant les armes durant le siège, qu'il n'y en avait pas trois cents qui servissent activement pour la bataille. Il est bien vrai que ce peuple s'est laissé emporter par ce grand coup de vent, qu'il est très réellement devenu révolutionnaire un instant, qu'on est entré chez lui malgré lui, qu'en ce moment encore il se trouve opprimé. Mais ne vous y trompez pas, cela est bien superficiel. Cela ne va pas à quelques pouces de profondeur. L'état moral et religieux de ce peuple est exactement le même qu'auparavant; or, qu'est-ce qu'un mouvement politique venant d'une impulsion extérieure, qui ne pose sur un changement moral ni religieux? Après cela, il faut le dire, le gouvernement papal a fait tout ce qu'il fallait pour se faire détester. Les mesures financières surtout, la dépréciation du papier-monnaie d'un tiers de la valeur a frappé immédiatement le bas peuple et produit un effet inimaginable. Je crois bien que le pouvoir temporel, dans ses formes anciennes, est fini; mais, ce que je maintiens, c'est que la révolution n'a pas de racines en ce pays. En aura-t-elle jamais? Étrange question, n'est-ce pas, cher ami? Vous allez croire que j'ai perdu *la foi*, que je deviens tout à fait sceptique. Non, mon bon ami; plus que jamais je crois à l'avenir de l'humanité. Mais prenons garde de nous formuler trop exclusivement l'avenir dans des cadres français. Nos idées françaises reposent comme première base sur la transmutation, disons plus franchement, sur la destruction du catholicisme. Or, le catholicisme est l'âme même de ce pays; le catholicisme est aussi nécessaire à ce pays que la liberté, la démocratie (telle qu'elle existe de fait, quoi qu'on en dise et quoi qu'on fasse) l'est au nôtre. Ce peuple est religieux, je veux dire catholique, comme il est enclin au plaisir de l'imagination et des sens. Le jour où l'on mettrait la main sur les objets de la plus grossière superstition, il y aurait ici une révolution plus sérieuse que le jour où toutes les Constitutions du monde seraient violées. Vous ne sauriez croire toutes les légendes qui se débitent déjà en complaintes et autrement sur la punition surnaturelle de tel garibaldien peu révérencieux envers les choses saintes, sur telle madone préservée miraculeusement des bombes, qui se sont déviées de leur chemin, etc., etc. Est-ce à dire que la religion de ce peuple ne doive pas changer? Ce serait là, cher ami, une trop grande absurdité pour que vous supposiez que j'aie pu le penser, et, au fond, tout ce culte n'est pas ancien : il n'a pas encore trois siècles; il date de la grande réaction dévote qui signala la fin du xvi° siècle et se fit sentir en France au commencement du xvii° (Concile de Trente, Pie V, Charles Borromée, les Jésuites, tous les ordres modernes, saint François de Sales, toute la dévotion moderne, en un mot). Il changera donc; mais l'essentiel restera : l'élément sensible, acritique, voluptueux, amolli, devenant par un côté art et poésie, par l'autre superstition et crédulité.

La pose de l'armée française au milieu de tout cela est le spectacle le plus étrange et parfois le plus amusant. S'il est un moyen efficace pour organiser parmi ce peuple la propagande française, c'est celui qu'on a pris; il opère sur une échelle immense. Les officiers sont tous voltairiens et démocrates, plusieurs tout à fait rouges. Ils ne s'en cachent pas, et cherchent d'autant plus à faire parade de libéralisme qu'on leur fait servir une cause qui les dépite et les humilie. En tout ils font cause commune avec la bourgeoisie, qui déteste le gouvernement papal, et mettent une sorte d'ostentation qui, à nos yeux et en d'autres circonstances, serait de mauvais goût, à se moquer de la religion du pays. J'ai vu dans beaucoup de circonstances, surtout dans les enterrements qui se font ici de la façon la plus étrange, le mécontentement du peuple se trahir d'une manière presque dangereuse à la vue de ces étrangers qui viennent ainsi railler leurs usages nationaux. Cette sympathie voltairienne de l'armée et de la bourgeoisie se voit surtout dans les cafés et aux théâtres; ces deux endroits sont ici les deux grands centres de propagande moderne. Le théâtre surtout fait un effet étrange par le contraste qu'il offre avec la population qu'on a habituellement sous les yeux. Là, c'est un autre peuple qu'on ne voit point ailleurs : aussi pas une occasion de faire opposition au vieux régime ne passe inaperçue. A ne voir que le théâtre, on dirait que la fibre patriotique est encore très forte chez ce peuple.

En somme l'armée et la population font assez bon ménage ensemble : la conduite de l'armée est pleine de délicatesse. Ils sentent le rôle impossible qu'on leur fait jouer, et se piquent d'honneur pour éviter tout ce qui ressemblerait à un excès. Cette pose digne, fière, noble, modérée aura fait grand effet sur ce peuple, et aura contribué à lui donner ce qui lui manque par-dessus toutes choses, l'ordre, la dignité, le sérieux. Oui le sérieux, le sérieux est ce qui manque le plus à l'esprit italien. Sa poésie est ravissante de coloris, de fraîcheur; mais rien de profond, l'antipode de l'Allemagne. Ici l'âme, l'idéalisme; là, la surface, la forme, le sensible. C'est quelque chose d'admirable qu'un opéra italien; c'est un flot d'harmonie qui enivre les organisations les moins sensibles. Mais pas un opéra qui soit sérieux, profond, qui fasse toucher l'infini; on pleure en riant, on rit en pleurant. Le personnage comique ne traverse pas la scène comme dans Shakspeare et le théâtre allemand; il l'encadre, il ne la quitte pas, il est derrière celui qui pleure, il partage l'âme du spectateur, il attire plus d'yeux et d'attention que le côté sérieux.

Je me délecte beaucoup le soir en lisant les *Rimes* de Pétrarque. Il y a quelque chose d'incomparable dans ses éternelles variations toujours plus suaves d'une même note. Mais ce n'est pas sérieux, ce n'est pas profond, c'est subtil. Les églises font un effet ineffable; je vous défierais d'entrer à l'Ara Cœli, à Santa Maria in Cosmedin, à Sainte-Cécile sans avoir envie de tomber à genoux. Et pourtant ce n'est pas sérieux, c'est de mauvais goût, c'est surchargé, c'est subtil, c'est une complainte populaire de *mauvais goût*; tout ce qui est populaire est de mauvais goût.

La prochaine fois, excellent ami, je vous parlerai de la Rome antique et de la nouvelle façon de comprendre l'antiquité qui résulte de la vue de ce pays. Adieu, excellent ami.

E. RENAN

P.-S. — Afin de profiter du bénéfice de la poste militaire, nous nous faisons adresser nos lettres sous le couvert de *M. Lacauchie, chirurgien en chef de l'armée expéditionnaire d'Italie.*

Vous mettrez cette adresse sur l'enveloppe, et dedans, sur la lettre, une seconde adresse pour moi. Il importe de mettre en caractères saillants : *armée expéditionnaire d'Italie.* Sans cela la lettre serait envoyée à la poste civile, où elle pourrait rester longtemps, car il n'y a pas de facteurs en ce pays, on va chercher ses lettres soi-même.

Si vous passez par hasard sur le boulevard, près de l'hôtel des Capucines, vous trouverez chez un libraire un petit livre intitulé *Rome vue en huit jours.* Prenez-le et faites-le passer à maman sous bande. Elle m'a demandé quelque chose sur ce sujet.

VIII

A MONSIEUR MARCELLIN BERTHELOT
Rue des Écrivains, 22, Paris.

Rome, 12 décembre 1849.

Aujourd'hui, cher ami, je vous parlerai de Rome ancienne : du premier coup d'œil jeté sur cette ville, on arrive tout d'abord à classer sous quatre chefs les souvenirs et les impressions qu'elle réveille. Il y a la Rome païenne; il y a la Rome protochrétienne, les catacombes, la vieille basilique constantinienne. Il y a la Rome des xve et xvie siècles, celle de Jules II et Léon X, la Rome italienne, le pape prince italien. Il y a la Rome dévote du Concile de Trente, Pie V, Charles Borromée, etc. Je vous expliquerai comment et pourquoi il n'y a pas de Rome du moyen âge. Il n'y a pas une seule ogive gothique, pas une rosace, pas une fenêtre à jour, dans ces quatre cents églises, dans ces monastères, dans ces forteresses. Cela tient à cette formule que j'étais arrivé à me faire avant d'avoir vu ce pays et dans laquelle j'ai été tout à fait confirmé : il n'y a pas eu de moyen âge pour l'Italie.

La Rome antique, celle qui finit à Constantin, se touche encore de très près, et ce qui frappe d'abord, cher ami, c'est l'immense différence qu'il y a entre la physionomie des antiquités de ce pays et celles du nôtre. Nous n'avons pas dans la France du nord de ruine insigne et vraiment expressive de l'antiquité; nous avons des bribes, d'insignifiants débris. L'antiquaire qui se passionne pour les choses, non pour ce qu'elles signifient, non pour ce qu'il y a en elles en beauté, mais parce qu'elles sont antiques, est chez nous un être passablement ridicule, et le goût des antiquités une vraie niaiserie. Voici un vieux mur : il n'a rien de plus beau que telle masse que les maçons démolissent sans scrupule, il n'apprend rien, ne signifie rien; n'importe, il a seize ou dix-huit siècles; cela suffit, il a du prix aux yeux de l'antiquaire. On l'entourera d'une grille et l'on mettra un factionnaire pour le garder. Cela est ridicule. Quel fut mon étonnement, mon ami, moi qui n'avais vu l'antiquité que dans ces débris sans valeur, quand j'arrivai à Nîmes, où je trouvai des monuments entiers complets, aussi frais qu'il y a dix-huit siècles, des monuments ayant encore leur sens, leur beauté; beaux, non parce qu'ils sont antiques, mais parce qu'ils sont beaux. La Maison Carrée, vrai petit bijou; les Arènes, admirablement conservées, d'un effet incomparable; le Temple de Diane, avec ses niches, ses cachettes, ses escaliers secrets; la Tour Magne, vieille ruine colossale, grecque ou phénicienne, qui domine toute la contrée; le Pont du Gard. Il y a là une Rome anticipée, qui fait une très grande et très réelle impression.

Mais que la vraie Rome en fait bien plus encore!

Toujours le même trait distinctif, cher ami : ce sont des ruines insignes, des ruines belles, réellement belles; tandis que les nôtres ne sont belles que par l'imagination et le prix que l'antiquité leur donne. Permettez-moi une comparaison. Vous savez la singulière habitude que le christianisme moderne a eu de scier le corps de ses saints pour en faire des reliques. Quel est celui qui a jamais éprouvé la moindre émotion devant une poussière d'os qu'on lui a dit avoir appartenu à saint Vincent de Paul, ou à sainte Thérèse, lors même que cela serait authentique? Au contraire, qui est-ce qui resterait indifférent devant le corps de ces grandes âmes? De même, que m'importent vos bouts de maçonnerie, vos fragments de statues, vos morceaux de pots cassés? Montrez-moi des édifices, des statues, des vases. — C'est ce qu'on trouve ici à chaque pas, des monuments vrais, bien réels, ayant leur beauté native. J'ai là, à deux pas, cette grande masse, la relique la plus insigne du siècle d'Auguste, le Panthéon d'Agrippa. C'est bien lui, ce n'est pas l'emplacement, ce n'est pas la ruine, ce n'est pas une restauration; c'est bien la base et la forme des colonnes, c'est lui encore. Voilà le fronton du Jupiter Tonnant, voilà le fronton du temple de la Paix, voilà le pavé du temple de la Concorde. Voilà la colonne de Phocas, voilà les restes de la basilique julienne, voilà tout le pourtour du temple d'Antonin et Faustine, le temple de Remus, la Græcostasis, encore debout, les arcs de Titus et de

Septime Sévère, à peu près comme au premier jour. Mais que dire du Colisée? Le Colisée, mon ami, c'est la Rome des empereurs tout entière : là, on la touche, on vit en elle. Vous ne sauriez croire combien cette impression de l'antiquité est vive et actuelle. La façon dont les monuments antiques y sont traités y est pour beaucoup. Chez nous, sitôt qu'on trouve un pavé antique, on le porte en un musée; ici, on le laisse à son usage, à sa place : dans une foule d'endroits, c'est encore le pavé romain qu'on foule aux pieds. Dans une foule de quartiers, les murs et les fondations sont des temples d'Auguste et des Antonins ; à chaque pas on rencontre des constructions antiques servant à des usages modernes, ou plutôt il est très peu de constructions antiques qui n'aient été ainsi accommodées à la vie réelle et usuelle. Le Mausolée d'Auguste est devenu un manège; le Mausolée d'Adrien, c'est le château Saint-Ange; tous les temples anciens sans exception sont devenus des églises. Les Thermes de Dioclétien sont devenus un monastère; les égouts de Tarquin l'ancien servent encore à leur usage; les aqueducs, qui faisaient une des magnificences de la Rome impériale, alimentent encore les fontaines de Rome, et en font encore la ville des belles eaux par excellence. Ces murs qui, au XIX° siècle, ont servi à défendre ce misérable peuple contre une armée française, ce sont les ruines d'Aurélien ou de Bélisaire. Certes, je sais tous les inconvénients de ce système :

la conservation en souffre beaucoup. Ces belles statues antiques, qui décorent encore la place du Capitole, ne seraient pas ainsi noircies par la pluie, dégradées par les enfants ou les oisifs, si elles étaient bien gardées dans un musée, avec consigne de n'en pas approcher. Mais que ce système du musée est faux et artificiel! Que me font ces statues, forcément rapprochées dans vos salles, étiquetées, entassées? Laissez-les donc à leur place. Ce qui frappe en ce pays, c'est l'absence complète de consigne de police. On va partout, toutes les portes sont ouvertes; je parcourus un jour le Vatican depuis les Loges de Raphaël jusqu'aux combles, sans trouver une porte fermée, ni un concierge qui pût me dire où était la bibliothèque. Je le répète, cela a de graves inconvénients : les étrangers en profitent pour piller et casser bêtement des nez de statues, des feuilles de chapiteaux, des morceaux de marbre, qui, prétendent-ils, seront pour eux des souvenirs. S'il y avait une sentinelle aux Colombaria, on n'en aurait pas enlevé l'une après l'autre toutes les urnes funéraires, et ces charmantes peintures antiques, dont il ne reste plus que de misérables débris. S'il y avait une grille au temple de Vénus, il ne serait pas devenu un vrai cloaque, une sorte de latrine publique. Mais que j'aime mieux ce laisser-aller, qui laisse au monument sa vérité, le laisse pour ce qu'il est, n'en fait pas un objet de curiosité ou de conservation officielle! Le monument n'a son prix que quand il est vrai. Dès que vous le mettez sous verre, ce n'est plus qu'un objet de curiosité assez vaine. La fontaine des Innocents serait certainement mieux conservée si, au lieu de servir aux marchands de légumes à laver leurs herbes, elle était transportée, comme quelques-uns le voulaient, au milieu d'un espace réservé; dans la cour du Louvre, par exemple. Eh bien! je dis que cette fontaine, ainsi privée de son usage naturel pour ne devenir qu'un objet de montre, eût perdu toute sa beauté. De même, j'aime mieux la ruine laissée pour ce qu'elle est, que soignée, peignée, déchaussée, sauvegardée; toutes choses qui ne respirent qu'un esprit curieux et scientifique mais qui effacent la couleur native et réelle. Les choses ne sont belles qu'en tant que vraies, qu'en tant que correspondant aux besoins réels de l'humanité, sans aucune vue rétrospective de fiction, ni de critique. A ce point de vue, le changement des temples païens en églises semble profondément regrettable. Mais non : c'est un fait, une réalité, une absence de fiction de plus. On a trouvé ces édifices, on les a pris, voilà tout. On *s'en sert* encore pour un usage analogue. On ne saurait croire à quel point la Rome moderne est ainsi composée des débris de l'ancienne. Tous les matériaux des églises antérieures au XVIe siècle sont pris à des temples, les colonnes sont toutes anciennes; il n'est guère entré de marbre à Rome dans les temps modernes. Tout ce qu'on voit chez les marbriers, tous les meubles, cheminées, consoles, etc., on peut être sûr que ce sont de vieux marbres pris aux catacombes, dans les cimetières, les temples. Cette hérédité de matériaux est un des faits les plus frappants en ce pays. Cette curieuse église de l'Ara Cœli est, jusqu'à la dernière pierre, composée des débris du temple de Jupiter Capitolin. Ces colonnes sont celles du vieux temple, et ces colonnes, les Romains eux-mêmes les avaient enlevées du temple de Jupiter Olympien. Voilà bien les religions, n'est-ce pas? Bâtir avec des matériaux anciens des combinaisons nouvelles; piler, triturer les vieux éléments pour qu'ils sortent sous une nouvelle forme. La prochaine fois, je vous parlerai de la Rome chrétienne.

Adieu, cher ami.

IX

A MONSIEUR MARCELLIN BERTHELOT
Rue des Écrivains, 22, Paris.

Rome, 26 décembre 1849.

Cette fois, je serai bien bref, cher ami, je pars demain matin pour Naples; il est minuit et tous mes préparatifs sont encore à faire. Mais je ne veux pas partir sans vous dire un petit mot. Tout ce que vous me dites de la France m'intéresse vivement. Ce peuple marche bien, mais je crains que la ligne qu'il suit en ce moment ne l'éloigne momentanément de l'idéal, du religieux. Certes, la société que je vois ici autour de moi est bien inférieure à la nôtre. La paresse, l'insouci des améliorations (insouci du peuple pour les réclamer, insouci d'en haut pour les donner), le peu de cas de la vie réelle est porté à son comble. L'Italien n'est pas sensible à sa misère; ce qui est le pire état pour le progrès, car la misère sentie est un puissant levier. Et pourtant la part de l'idéal dans la vie de ce peuple est bien plus forte. Ah! que n'étiez-vous hier et aujourd'hui avec moi à l'Ara Cœli, à voir cette foule naïve, toute ébahie devant la *Madonna* et le *Bambino*! Vous me croiriez à peine, cher ami; mais je vous affirme bien sérieusement que j'ai observé à des marques indubitables que ces bonnes gens prennent ces figures en cire pour des personnes réelles, et croient bien réellement voir de leurs yeux le mystère de la nativité. J'avais déjà fait cette observation à l'occasion des représentations qu'on voit ici dans les cimetières, à l'époque de la fête de la mer. Je n'oublierai jamais le ton d'une femme qui se trouvait près de moi et me demanda avec l'air le plus possédé : *Questa è la Maddalena?* Il est certain que pour le peuple comme pour les enfants, la limite de l'image et de la personnalité réelle n'est pas du tout arrêtée. Hegel a rassemblé de curieux faits là-dessus, dans son *Esthétique*, et j'ai moi-même beaucoup d'observations analogues sur les enfants. — Quoi qu'il en soit, j'ai vu là des scènes ineffables, tout un moyen âge, l'église lieu de réunion populaire; liberté entière, absence complète d'ordre, de police; des mystères comme au moyen âge joués par des enfants de six à sept ans, sur des tréteaux dressés dans l'église, aux grands éclats de joie de l'assistance. Religion populaire, voilà ce que j'ai apprécié, voilà le tableau qui me remplit et qui me possède. Je n'admets pas que les anciens Romains aient différé des modernes sur l'article de la superstition. Les armées romaines étaient les plus superstitieuses (θεοσέβεις, δεισιδαίμονες) des hommes. Aujourd'hui un spirituel voltairien de ce pays, M. de Mattheis, avec lequel nous causons quelquefois, nous contait que dans sa jeunesse il avait encouru les menaces du Saint-Office pour avoir imprimé dans sa dissertation sur le culte de la déesse Febris chez les Romains, que ce pays avait toujours été travaillé par deux grandes maladies, la fièvre et la superstition.

Il ajoutait et je crois qu'il avait raison, au moins pour la seconde, que ces deux maladies avaient été au moins aussi fortes chez les anciens que chez les modernes.

Il faut que je m'arrête, cher ami. Continuez à m'adresser vos lettres à Rome, à la Minerve, mais plus à M. Lacauchie; il est parti; — à moi directement. On me les enverra ensuite d'après mes indications; car pendant ce mois notre vie va être bien nomade. Je vous écrirai dès mon arrivée à Naples.

Tout à vous.

E. RENAN.

Évitez autant que possible, si vous voulez, cher ami, de mettre des enveloppes; cela fait payer ici double port. Du reste, à notre retour, nous nous arrangerons pour profiter de nouveau de la franchise militaire. Vous savez qu'à Naples toutes les lettres sont ouvertes : ainsi précautions!

X

A MONSIEUR RENAN

Hôtel de la Minerve, place de la Minerve, Rome.

Paris, 28 décembre 1849.

Mon cher ami,

Je suis triste aujourd'hui, comme il m'arrive assez souvent; je ne sais pas comme vous prendre la vie telle qu'elle est et en harmoniser toutes les parties : c'est un défaut de ce temps-ci. L'expérience de nos pères et l'esprit critique ne nous permettent plus de nous éprendre d'une belle ferveur pour tel ou tel idéal, partiel et absolu, et alors la vie n'a plus qu'une fin vague et presque indéterminée. Il n'y a plus pour l'animer l'illusion fiévreuse du sectaire, de l'homme d'action. Malgré toute la bonne volonté, le découragement vient par moments : accepter les choses dans leur réalité et leur grandeur; savoir laisser sur l'inconnu, sur l'avenir ce demi-voile, si doux pour l'âme quand elle a le courage de ne pas le déchirer; critiquer toute connaissance, tout sentiment, non de cette analyse aride et desséchante du xviii° siècle, mais en aspirant le parfum de la rose sans l'effeuiller, puis concentrer tous ces résultats et en tirer la vie, voilà l'idéal. Mais trop souvent le détail est aride et, en apparence, sans lien avec le tout; et puis surtout notre activité individuelle demeure partout latente : c'est partout l'objet, l'étranger, l'extérieur, qui absorbe l'attention et qui prédomine; presque jamais notre action propre ne se trouve à nu; presque jamais nous ne nous sentons vivre, et c'est là pourtant une des plus douces jouissances de l'homme. Que faire? Changer de route n'est plus entre nos mains; ce serait frapper à l'avance d'impuissance tous nos efforts en les limitant à la poursuite de l'une de ces causes, de ces buts partiels que nous critiquions tout à l'heure.

Ce sentiment, cette souffrance, vous m'avez paru l'éprouver rarement et c'est cependant chez moi l'une des choses les plus habituelles. Le mot est inexact; seulement les intermittences de ce sentiment sont assez fréquentes pour moi. Cela vient-il de ce que je n'ai pas encore abordé la vie réelle, la vie scientifique proprement dite, de ce que j'en suis encore à l'étude scolastique? je ne sais. Mais je me demande parfois si cette ardeur réfléchie, si vive en France il y a une vingtaine d'années, si cette veine critique, au début si brillante, ne tend pas un peu à s'épuiser.

Elle a tué l'élan scientifique, si spontané, si vigoureux au début du siècle; ou pour parler plus exactement, elle lui a succédé. Mais, à part quelques individus isolés, qu'est devenu ce courant de critique qui avait produit tout d'abord de si belles œuvres, surtout sous le rapport historique? N'a-t-il pas tourné à la sophistique et à l'impuissance, au scepticisme? Il nous laisse des méthodes, des idées, des tendances que nul esprit éclairé ne peut désormais rejeter; mais il ne constitue pas toute la science : lui aussi a été trop exclusif et je ne sais si le rôle de critique pur a un grand avenir. — Voilà ce que j'avais sur le cœur, cher ami, voilà ce que je voulais vous communiquer.

Je vous remercie de votre lettre sur les monuments et sur l'histoire de Rome; mais parlez-moi un peu des hommes, de la vie de ce peuple. Je commence à la saisir un peu mieux depuis vos lettres; mais je n'y vois pas encore complètement clair. — Il y a surtout une chose sur laquelle je désirerais votre sentiment : la question de la nationalité italienne. Rome était défendue par des étrangers, dites-vous; mais ces étrangers, n'étaient-ce pas des Italiens? ne représentaient-ils pas, avec ou sans les Romains, une idée, un sentiment moderne?

Avez-vous quelques fêtes à Rome? Où en est surtout la vie de famille, cette vie si éteinte, si décolorée à Paris? Ici, la vie publique, le côté sérieux, je dirai plus, la direction anglo-américaine des partis, étouffent, de plus en plus, tout le reste.

Adieu, mon cher ami, portez-vous bien et n'oubliez pas votre dévoué

MARCELLIN BERTHELOT.

XI

A MONSIEUR MARCELLIN BERTHELO

22, Rue des Écrivains, Paris.

Naples, 7 janvier 1850.

Excellent ami,

Il y a longtemps que nous n'avons causé ensemble. Je n'ai rien reçu depuis mon arrivée à Naples, et je n'ai pu trouver encore une soirée bien libre pour vous communiquer quelques-unes des réflexions que ce pays m'a inspirées. Ce n'est pas dans les limites d'une lettre, ni avec les réticences qui me seraient imposées, que je pourrais le faire librement. Qu'il me suffise de vous dire que s'il est au monde deux atmosphères qui inspirent une manière différente de juger les choses divines et humaines, c'est assurément celui (*sic*) de Rome et de Naples. Prenez à peu près l'opposé de tout ce que je vous disais de mes impressions à Rome, vous aurez la vérité sur mes impressions à Naples. Je vous disais que Rome m'avait fait comprendre pour la première fois la grandeur d'une religion maîtresse et monopolisant la vie spirituelle d'un peuple. Je puis vous dire que Naples m'a fait comprendre pour la première fois le souverain ridicule, l'horrible mauvais goût d'une religion dégénérée et avilie par un peuple dégradé. Vous n'imaginerez jamais, non jamais, ce que c'est que la religion de

Naples, Dieu est aussi inconnu dans ce pays que chez les sauvages de l'Océanie, dont la religion se réduit à la foi aux génies. Il n'y a pas de Dieu pour ces gens, il n'y a que des saints. Et les saints que sont-ils? Non pas des modèles de religion ou de morale : des thaumaturges, des espèces de magiciens surnaturels, par lesquels on peut se tirer d'embarras, quand on est malade ou dans quelque mauvais pas. Il y a des saints pour les voleurs, et j'ai vu de mes yeux des *ex-voto* où le voleur est représenté délivré par le saint, du moins des gendarmes. Je ne vous exprimerai jamais le profond dégoût que j'éprouvai la première fois quand j'entrai dans une église de Naples. Ce n'est plus l'art, ce n'est plus l'idéalité. C'est la plus grossière sensualité, les instincts les plus vils qui ne se nomment pas. La religion de Naples pourrait se définir une curieuse variété de perversion de l'instinct sexuel. Vous êtes assez psychologue pour comprendre ceci par analogie; mais jamais vous n'imaginerez la chose sous des traits aussi vifs que si vous aviez vu cette ville indescriptible. Imaginez un peuple radicalement dépourvu du sens moral; religieux pourtant, parce que la religion est plus essentielle à l'humanité dans ses étages inférieurs que la morale, et songez ce que cela peut être.

L'Italie, pour moi, est désormais bien classifiée; il y a trois Italies : 1° Italie du Nord, où l'élément intellectuel, rationnel, sérieux, domine comme dans le reste de l'Europe. Là il y a, comme dans les autres pays civilisés, activité politique, esprit pratique, bon sens, esprit scientifique (Piémont, Lombardie, École de Padoue, Venise, philosophie du xvi° siècle, etc.); 2° Italie du centre, où l'élément rationnel et l'élément sensuel sont combinés dans cette belle proportion qui fait l'art de la religion, mais exclut à peu près la science, la philosophie, l'esprit critique et sérieux; ou du moins ne le laisse pas dominer (Toscane et surtout Rome). Ces pays sont enivrants d'esthèse, mais inhabiles à la vie politique, à l'amélioration sociale. C'est le pays des arts, un peu le *Græculus*, l'homme cultivé, mais affaibli; 3° l'Italie du midi, Naples, où l'élément sensuel domine tout à fait, étouffe non seulement la science et la pensée, mais l'art. C'est le pays du plaisir, rien de plus. A Naples, on n'a jamais fait, on ne fera jamais que jouir.

On ne peut comprendre l'étrange contraste que forme à cet égard cette ville avec Rome. Le premier effet, l'effet dominant que produit Rome (et je pense Florence de même), c'est l'enivrement artistique. On est possédé, dominé, rempli, débordé par ce torrent de plastiques, de formes, de sensible qui frappe les yeux et tous les sens, à chaque pas sur cette terre sacrée. L'art est dans l'atmosphère, dans le ciel, dans les monuments, je dirai même dans les hommes. Ici, au contraire, il n'y a pas de trace d'art, rien qui puisse s'appeler de ce nom : pas une manifestation religieuse un peu poétique, des églises qui font éclater de rire, un culte grotesque, des monuments du plus suprême mauvais goût. Pas un tableau, pas une statue qui mérite un regard. (J'excepte, bien entendu, le musée borbonien, le plus riche du monde en chefs-d'œuvre antiques, supérieur même au Vatican ; mais ces chefs-d'œuvre ne sont pas de Naples.) Naples n'a pas produit un artiste, un poète ; le mauvais goût y a toujours régné en maître, et, à vrai dire, ce n'est qu'ici que j'ai bien compris ce que c'est que le mauvais goût. Tout cela, je le répète, parce que l'idéal n'a pu se faire de place : la sensation étouffe tout. Le Priape, voilà le dieu, voilà tout l'art de ce pays. Allez à Pompéï, allez à Baïa, allez à Misène, vous trouverez que Naples est la ville du monde la plus molle, la plus béotienne, parce qu'elle est la ville du monde où l'instinct de la jouissance est le plus dominant. Cet instinct est nécessaire pour la grande sensibilité artistique ; mais, s'il l'emporte sur la juste proportion, la formule supérieure est violée, il n'y a plus que la matière, la jouissance brutale, l'avilissement, la nullité : voilà Naples.

Vous ne sauriez croire, cher ami, l'enivrement que cette baie incomparable porte dans tous les sens. Oui, ce coin de terre est bien le temple de la Vénus antique. Songez donc : Ischia, Procida, Nisida, Caprée, Misène, Baïa, le lac Averne, Cumes, Pouzzoles, Portici, le Vésuve, Castellamare, Sorrento, Somma, Pompéï, les lieux les plus enchanteurs du monde, tout cela groupé dans un espace de six ou sept lieues, autour de ce beau fer à cheval formé par la mer.

Et puis ce sol étrange : à chaque pas un cratère éteint, un volcan dont la date vous est donnée, un lac aux figures mystérieuses, une étuve naturelle, un antre antique et sibyllin, une solfatare. Tout cela étonne et fait physionomie. On ne saurait croire à quel point ce sol a été en ébullition jusqu'aux temps historiques : c'est encore une vraie fournaise. Ce Monte Nuovo, qui domine la baie de Baïa, a surgi il y a quelques siècles sur le lac Lucrin; ce Vésuve, qui depuis quelques semaines mugit et bouillonne d'une façon terrible, était autrefois l'île de Circé. Cette terre à la lettre fume par tous ses pores.

Le lac Averne est admirable : là seulement j'ai bien compris les idées des anciens sur l'autre vie et les lieux souterrains. Le croiriez-vous : aujourd'hui encore le peuple de ce pays a les mêmes idées. Il y a, sur le flanc des collines qui bordent ce lac, remplissant le cratère d'un volcan éteint, des étuves d'où sort une vapeur brûlante, et au fond un bassin d'eau presque bouillante. Le custode a coutume de s'enfoncer dans ce lieu devant les voyageurs et de faire cuire dans cette eau un œuf qu'il leur offre, avec ces paroles sacramentelles : « *Voilà un œuf cuit en Enfer.* » Il est évident par l'inspection des lieux que cet aspect volcanique, cette chaleur souterraine, les solfatares voisines, les courants d'eau souterrains qu'on remarque dans l'antre de la Sibylle, creusé là même, ont donné lieu à un de ces enfers locaux, si communs dans l'antiquité.

Hier et avant-hier nous avons fait la course de Salerne, Pœstum. Quel a été mon étonnement, cher ami, de me trouver de suite en pleine barbarie. Quoi! j'ai si peu parcouru d'espace, je ne suis qu'à six jours de Paris, et je suis déjà au bout de la civilisation. Nous autres, à Paris, au centre, nous nous imaginons que la limite est très loin; nous ne jetons jamais les yeux au delà de cet horizon, il semble à l'infini. Hélas! non, je l'ai touché : Salerne peut être considéré comme la limite de la civilisation du midi : cette ville est déjà demi-sauvage; au delà c'est la barbarie pure; des vrais sauvages, n'ayant presque aucun culte, à peine vêtus, pas de culture, rien que des troupeaux, pour tout vêtement des peaux de bêtes; partout un horrible jargon local, sans presque aucune idée morale. Oh! non, jamais je ne vous dirai ce que j'ai senti sur les ruines de cet antique Pœstum. Figurez-vous une ville dorienne, du viie ou viiie siècle avant l'ère chrétienne, parfaitement conservée dans ses temples et ses édifices, une ville grecque dans son type le plus pur et le plus primitif, un site admirable, d'un côté la montagne, de l'autre la mer, trois temples encore presque intacts, de ce style bizarre et sans aucune autre analogie qui porte le nom même de cette ville, la civilisation de la Grande Grèce respirant là tout entière; et aujourd'hui, au xixe siècle, des sauvages habitant quelques huttes, au milieu de cette vaste enceinte cyclopéenne encore debout. J'ai vu les limites de la civilisation et j'en ai été effrayé : comme un homme qui heurterait du pied un mur qu'il croyait à l'infini. Oui, j'ai éprouvé là le sentiment le plus triste de ma vie. J'ai tremblé pour la civilisation, en la voyant si limitée, assise sur une faible assiette, reposant sur si peu d'individus dans le pays même où elle est régnante. Car combien y a-t-il d'hommes en Europe qui soient vraiment du xix° siècle? Et que sommes-nous, nous autres éclaireurs, avant-garde, devant cette inertie, ce troupeau de brutes qui nous suit. Ah! si un jour ils se jetaient sur nous et refusaient de nous suivre! Il faudra que j'aie revu Paris pour que Pæstum sorte de ma mémoire. Et Pompéï? Ah! je ne puis vous en parler. Nous en causerons, je vous écrirai le plus tôt possible; continuez à m'adresser vos lettres à la Minerve. Mes respects à monsieur votre père.

Tout à vous, cher ami,

E. RENAN

XII

A MONSIEUR MARCELLIN BERTHELOT
22, Rue des Écrivains, Paris.

Mont-Cassin, 20 janvier 1850.

Vous êtes d'une charmante fidélité à tenir votre parole, cher ami, et moi je suis d'une inexactitude en apparence impardonnable. Mais si vous saviez quelle est dans ces voyages la tyrannie des nécessités extérieures!... Et puis je regardais, je vous l'avoue, comme à peu près perdues les lettres que je vous aurais écrites de Naples. Il me paraît peu probable que la lettre que je vous ai écrite de cette ville vous soit parvenue. Les relations les plus simples de la vie sont, dans ce pays, l'objet d'une inquisition difficile à imaginer. Vos lettres m'arrivent, irrégulièrement il est vrai quelquefois et à la fois; mais enfin elles m'arrivent, toujours par des voies particulières. Lacauchie est de retour à Rome; ainsi recommencez à les adresser suivant l'ancien système. Cette lettre, bien qu'écrite sur les terres de Naples, ne sera mise à la poste qu'à Rome. Je puis donc vous parler en toute liberté et sans craindre que la sincérité de nos lettres nuise à leur régularité.

De quoi vous parlerai-je, cher ami? de l'affreuse dégradation morale de ce pays? du culte infâme de Naples? de l'abominable tyrannie qui pèse sur ce pays? de nos mécomptes et de nos mésaventures? de notre entrevue avec Pie IX? Non, cher ami, j'ai sous les yeux un trop curieux et trop étrange spectacle pour qu'il me soit possible de vous parler d'autre chose que du Mont-Cassin. De toutes les surprises que l'Italie m'a réservées, celle-ci a été sans contredit la plus douce, parce que cette fois l'émotion morale s'est jointe à celles que produit la beauté de la nature. Si Sorrente et Pausilippe, Baïa et Misène n'ont pu dissiper le nuage de tristesse que l'horrible avilissement de ce pays répandait autour de mon esprit, je doute que les beautés mâles des Apennins m'eussent trouvé plus indulgent, si je n'avais rencontré ici que de grossiers ou ridicules adeptes d'institutions surannées. Mais c'est là le miracle, c'est là ce qui fait en ce moment du Mont-Cassin un des lieux les plus curieux du monde, et sans doute celui où l'on peut le mieux connaître l'esprit italien dans ce qu'il a d'élevé et de poétique. Grâce à l'influence de quelques hommes distingués, grâce surtout aux sérieuses études qui ont toujours caractérisé les Bénédictins, le Mont-Cassin est devenu, dans ces dernières années, le centre le plus actif et le plus brillant de l'esprit moderne en ce pays. Les doctrines qui ont dernièrement été condamnées sous le nom de Rosmini, de Gioberti, de Ventura avaient envahi toute l'école et avaient un de leurs plus brillants organes dans le Père Tosti, l'auteur de la *Ligue lombarde*, du *Psautier du Pèlerin*, du *Voyant du xix⁰ siècle*, espèce de Lamennais italien, ayant toutes les allures du nôtre, avec la différence toutefois de l'esprit italien et de l'esprit français. Le Mont-Cassin n'eut pas, dans sa longue histoire, de plus beaux jours que les premières années de Pie IX, alors que l'Italie s'ouvrait si naïvement à ses mystiques aspirations de patriotisme et de liberté. Rosmini, le père de l'abbaye selon l'esprit, s'approchait de Rome pour recevoir le chapeau et les fonctions de secrétaire d'État. Tosti ne quittait pas Pie IX ; Pie IX lui-même, après l'assassinat de Rossi, songeait à se conformer à la bulle de Victor III, qui a donné au Mont-Cassin le privilège exclusif de donner l'hospitalité au pape quand il se retire vers le sud de l'Italie. Mais le roi de Naples l'emporta : le faible pontife consentit à venir couvrir de sa robe blanche les infamies de ce tyran, et pendant que le roi des consciences occupait ses loisirs à voir bouillir tout exprès pour lui le sang de saint Janvier, il laissait persécuter ses meilleurs amis.

Un jour un escadron de cavalerie gravit la longue rampe qui mène à l'abbaye; Tosti reçut l'ordre de s'éloigner dans les vingt-quatre heures. Rosmini put rester, mais sous une garde à laquelle il ne voulut pas se soumettre; les scellés furent mis sur l'imprimerie coupable d'avoir mis au jour les mystiques aspirations de Tosti, qu'on traitait de pamphlets socialistes et de révolutionnaires. Je les y ai vus encore, sauf un seul que le tremblement de terre de novembre a rompu : ce qui fit une grosse affaire. Depuis ce temps, il n'est pas de vexation qu'on n'ait fait subir à ces religieux, coupables de sentir noblement et de réprouver la corruption religieuse de ce pays. Le père Papalettere est en prison à Naples, comme coupable de rationalisme et de panthéisme (nous savons ce que cela veut dire). Tosti est à Rome, traité comme un hérétique ; les autres sont menacés à chaque instant de se voir chassés de leur belle abbaye, pour la voir livrer aux Jésuites, à leurs plus mortels ennemis.

Étrange surprise, cher ami! C'était au fond des Apennins, loin de tous les chemins battus, que je devais retrouver l'esprit moderne, la France, dont rien depuis si longtemps ne m'avait offert l'image. Le premier livre que je rencontrai dans la cellule du père Sebastiano, le bibliothécaire, fut la *Vie de Jésus*, de Strauss!!! On ne parle ici que de Hegel, de Kant, de G. Sand, de Lamennais. Entre nous soit dit, mon ami, les Pères sont aussi philosophes que vous et moi : l'étude les a menés là où aboutit forcément l'esprit moderne, au rationalisme, au culte en esprit et en vérité. Aussi, quelles colères contre la superstition, l'hypocrisie, *les prêtres* (c'est le mot ici), le roi de Naples surtout! Nulle épithète, depuis celle de Néron jusqu'à celle du roi des Lazzaroni, ne lui est épargnée. En politique, ces moines sont du rouge le plus foncé; ils y portent cette naïve confiance, cette absence de nuances et de tempéraments qui caractérise les premiers pas dans la vie politique, Garibaldi est le héros du couvent; j'ai entendu de mes oreilles faire l'apologie de l'assassinat du Roi, par ce principe que quand l'ennemi est entré sur le territoire, tout droit est périmé, l'état de guerre est permanent, tout moyen est permis. Imaginez la plus parfaite réalisation de Spiridion [1], vous aurez l'idée exacte du Mont-Cassin. Ah! quels beaux types de résignation morale, d'élévation religieuse, de culture intellectuelle désinté-

---

1. De George Sand.

ressée j'ai trouvés dans ces moines! Des jeunes gens surtout, j'en ai trouvé un ou deux, vraies natures d'élite, une finesse, une délicatesse admirables. Jugez, cher ami, si nous étions bien faits pour nous comprendre. Non, l'image de ces belles âmes ne sortira jamais de ma mémoire; comme aussi la mienne ne leur sera, je crois, jamais indifférente. J'ai fait ce que je devais faire étant Français, et je crois qu'ils font ce qu'ils doivent faire étant Italiens. Le salut de l'Italie viendra des moines. Ils me portent envie, et me parlent souvent de la France, où, probablement un jour, ils devront chercher un asile. Et moi je leur dis qu'en toute position on peut mener la noble vie, que pour faire de belles choses en Italie, il faut être poète ou moine. Ils me lisent et me font admirer les *Inni* de Manzoni, admirables expressions de ce christianisme moral, qui a captivé toutes les nobles intelligences de l'Italie contemporaine, abstraction faite de toute idée dogmatique. Ils sont moines pourtant, oh! oui, bien moines italiens frénétiques, vrais énergumènes rêvant encore, Dieu me pardonne! l'Italie reine du monde; croyant bien sérieusement qu'avec les Italiens de mai 1848 on eût pu conquérir le monde. Nous nous regardions les uns les autres, quand le sous-prieur nous déclarait que si on les chassait de leur abbaye, ils y mettraient le feu en emportant leurs archives, comme les moines du moyen âge les os de leurs saints. Raides, inflexibles, sans cette souplesse, cette entente des nuances que donne la vie séculière. Enfin, cher ami, mon séjour sur cette belle montagne aura été une des époques les plus douces de ma vie. Notre journée se passe à l'*Archivio*, au milieu de ces bons moines qui ne peuvent se rassasier de nous. Songez qu'il y a plus d'un an qu'ils n'ont reçu ni journaux, ni revues de l'étranger. Eux qui ne vivaient que de cela! Des moines devaient m'apprendre ce que c'est que la tyrannie de la conscience, et le dur martyre de ceux que le sort a doués de nobles aspirations au milieu d'un peuple avili.

J'ai beaucoup trouvé à l'Archivio, entre autres un long fragment inédit d'Abélard, assez curieux. A Naples, tout était *sous les scellés!!* Le musée, sous les *scellés!!!* C'est la Terreur; là seulement j'ai compris la Terreur. Tous se cachent, impossible d'avoir une adresse : sur huit à dix personnes pour qui nous avions des lettres, toutes se sont trouvées malades à la première visite, parfaitement bien portantes à la seconde. *Trente mille* détenus politiques attendent depuis deux ans leur procès. Chacun vivant sous le coup de la crainte, tous les mois à peu près une nouvelle razzia de suspects, afin de maintenir sur tous la terreur. Une armée fanatisée, une infâme exploitation de la religion, et avec cela, en plein soleil, en pleine place publique, des infamies que ma plume se refuse à nommer. Dieu nous garde! Adieu, bon ami.

E. RENAN

Rome, 26 janvier.

Me voilà de retour à Rome, cher ami ; nous partons dans trois jours pour Florence. Mais adressez toujours à la Minerve, par Lacauchie. La situation est grave à Rome. L'armée est presque soulevée : le général en chef menace de chasser les cardinaux. L'acquittement de Czernowski et l'évasion d'Achilli, favorisés par les autorités françaises, ont fait une profonde sensation. Le procès de Czernowski s'est fait dans la maison que j'habite ; il y a eu sur la place des manifestations très énergiques ; il est probable que le pape ne rentrera *jamais* à Rome.

XIII

A MONSIEUR MARCELLIN BERTHELOT

Florence, 5 février 1850.

Je n'ai bien compris, cher ami, la question italienne que depuis que je suis à Florence. Rome est dans une situation trop excentrique ; la question romaine est compliquée de particularités trop exceptionnelles pour qu'il soit permis de tirer quelque induction du spectacle de cette ville étrange. Naples, c'est la terreur, on n'y vit pas. Mais Florence, c'est bien l'Italie moderne, et le vrai criterium de la question. La Toscane d'ailleurs offre une physionomie toute particulière et une activité de vie qui surprend, quand on sort de Rome ou de Naples. La Toscane ne permet qu'une seule pensée, cher ami, c'est l'étonnante localisation de la vie qui continue l'Italie. Chez nous, la centralisation est naturelle, et la conséquence naturelle de la complexité du pays. Ici la vie est partout diffuse, ou du moins groupée autour de cinq ou six centres très distincts. La vieille histoire toscane, Florence, Sienne, Pise, Arezzo, Pistoïa, respire encore ici tout entière. A chaque pas, c'est un souvenir de cette vie si prodigieusement active du xiv° et du xv° siècles, d'où est sortie la civilisation moderne. Quel état social que celui où de petites villes de vingt à cinquante mille âmes, toujours ennemies et en guerre pour le plaisir d'être ennemies, créaient des chefs-d'œuvre que rien n'égale en originalité, avaient chacune leur littérature, leur art, des pléiades de génies! Pise par exemple, une toute petite ville qui fait figure dans l'histoire du monde, qui crée avec le produit de ses métiers à tisser le Dôme, le Baptistère, la Tour penchée, l'église della Spina, le Campo-Santo, et cela sans modèle, tout cela avec des *artistes pisans*. Et Florence! une ville de cinquante mille âmes, qui produit plus de grands hommes que toute la France entière à pareille époque : Dante, Giotto, Cellini, Cimabué, Michel-Ange, Brunelleschi, Vespuce, Machiavel, Guicciardini, Boccace, Savonarole, les Médicis, Galilée, Angelico dit de Fiesole, Marsile Ficin, Villani, Brunetto Latini, Orgagna, Pinturicchio, Léonard de Vinci, Andrea del Sarto. Et quelle vie, grand Dieu! que celle qui respire dans ce *Palais Vieux*, dans ces palais des Strozzi, des Uberti, des Capponi, etc... Tout cela dans l'étroit horizon d'une ville, l'artiste n'ayant d'autre idée que de plaire et de faire honneur à ses concitoyens, ne voyant au monde que Florence; le tribun ne songeant pas à un autre auditoire ou à un autre champ d'action que Florence. Je visitais hier le couvent de Savonarole, *ses reliques*, des tisons de son bûcher, sa cellule. J'avais vu, la veille, la salle qu'il fit improviser pour les quinze cents députés de sa constitution démocratique, et le lieu où s'éleva son bûcher et qui, l'an dernier encore, le 23 mai, se trouva couvert de fleurs. Voilà donc ce moine ardent qui sort de sa cellule. Quel est son but, sa mesure d'action, sa proposition intérieure? Florence, rien que Florence.

De là une énorme exaltation de l'activité individuelle. Que sommes-nous, perdus dans ces trente-cinq millions, que sera notre coup de rame dans cette mer? Je suis frappé de l'effroyable béotisme de ces villes de trente et quarante mille âmes en province, qui ne renferment pas un homme distingué, souvent pas un homme instruit, pas une œuvre d'art indigène, d'affreux pastiches, des horreurs modernes, sans âme, sans vie, sans empreinte, faites parce qu'il faut faire quelque chose pour mairie ou préfecture. Certes je ne veux pas dire que la condition de la France soit inférieure, que cette grande pièce qu'on appelle *France* ne soit une admirable et capitale figure dans l'humanité; mais je constate un fait. Ici la vie est peut-être aussi active, aussi créatrice, tout en étant locale, municipale. Et ce qui a été est encore. Vous ne sauriez croire, cher ami, à quel point les rivalités de ville à ville sont ardentes ici. D'abord la Toscane a fait et fait toujours *pays* à part, c'est une *patrie*. Et en Toscane, Livourne et Sienne détestent Florence : Pise déteste Livourne. Certes la dernière révolution eut bien pour mobile principal les idées modernes qui s'agitent dans toute l'Europe; il faut pourtant reconnaître qu'elle doit être en grande partie, sinon uniquement, expliquée par la rivalité de Livourne et de Florence. Ce n'est pas tout : chaque ville est divisée en quartiers, avec leurs bannières, leurs privilèges, leur *carroccio*, comme au moyen âge. Ces quartiers font corps à part. Sienne a quarante mille habitants et dix-sept quartiers, dont chacun porte le nom d'un animal : la Licorne, la Louve, etc. Ces quartiers ont leurs armoiries, représentées par l'animal dont ils portent le nom, et nourrissent entre eux des rivalités qui datent des guelfes et des gibelins : l'un de ces quartiers, celui de l'*Oca* (l'oie), habité par des teinturiers, par des corroyeurs, gens de petits métiers, est une république à part, qui ne reconnaît aucune autre autorité que la sienne. Tous les habitants de ce quartier se soutiennent si bien qu'il est impossible d'y arrêter qui que ce soit. Quand on veut prendre quelqu'un, il faut l'attirer hors de son quartier. Ils sont tout à fait ingouvernables et ne reconnaissent d'autre autorité que sainte Catherine de Sienne, née d'un teinturier de ce quartier. Durant toute l'année, on n'y rêve qu'aux courses du Pallio, qui ont lieu chaque année sur la place del Campo entre les dix-sept quartiers, et qui sont le grand événement de la vie du pays.

Tout cela est bien ridicule, n'est-ce pas? tout cela est bien peu rationnel. Mais tout cela tient à ce fait de la constitution interne de ce peuple, que naturellement il limite son horizon, et fait étroit le champ de sa vie, pour l'y concentrer plus vive. Cela a eu d'immenses avantages, et, à vrai dire, les civilisations ne naissent que dans ces États, sur ces théâtres petits, voisins, distincts, antagonistes (la Grèce, l'Italie de la fin du moyen âge, etc.). L'esprit moderne interdira sans doute à l'Italie les folies qui sont la conséquence naïve de cette disposition d'esprit; mais il ne changera pas la nature de l'esprit italien. La centralisation serait la mort de l'Italie. Rome, Naples, Florence, chefs-lieux de départements! C'est bon pour Dijon, Bordeaux, etc., qui n'ont jamais vécu. Mais Florence a vécu, Florence n'accepterait jamais ce rôle. Laissez l'Italie libre, Florence se séparera, Sienne se séparera, Gênes se séparera, la Sicile se séparera, Venise se séparera..., et pourtant l'idée de l'unité italienne germe de toutes parts. Il faut s'entendre : les théoriciens imbus d'idées françaises et cosmopolites seraient les premières dupes et victimes et les premiers déçus, si l'Italie devenait libre de l'étranger. Mais il est vrai pourtant que l'Italie a un sentiment commun de haine contre l'étranger, et même un vague sentiment de son unité intellectuelle et morale. Cela serait assez fort pour créer une ligue contre l'étranger. Cela serait-il assez fort pour créer un État compact? Non, mille fois non. Cela serait-il assez fort pour produire une confédération de républiques italiennes? Je ne le crois même pas. Ces villes se redéchireraient à belles dents, et, au bout d'un an, rappelleraient, contre leur rivale, la France ou l'empereur. Cela soit dit seulement du présent, sans parler des destins qu'un avenir ultérieur peut réserver à ce pays.

Écrivez toujours à la Minerve. Adieu, bon ami.

E. RENAN

XIV

A MONSIEUR RENAN

Hôtel de la Minerve, place de la Minerve, Rome.

Paris, 8 février 1850.

Cher ami,

Ma lettre était déjà à la poste quand la vôtre est venue me tirer d'inquiétude. Elle m'a fait bien du plaisir et cela doublement, comme vous allez voir. Ma mère m'a demandé de lui lire vos lettres, il y a quelque temps (que cela ne vous gêne en rien, j'en suis quitte pour passer au besoin quelques lignes). Celle-ci lui a fait grand plaisir, mais ceci n'est rien encore : le soir est venue à la maison une personne dont je crois vous avoir parlé quelquefois : c'est une vieille amie, d'une religion charmante : nous ne l'appelons que *ma bonne dame*. On me pria de relire votre lettre. Si vous saviez comme toutes les nuances des sentiments qu'elle exprime ont été bien saisies et relativement à vos hôtes et relativement à vous-même, cher ami : cela m'a procuré une jouissance aussi vive que celle que vous deviez éprouver en l'écrivant. Votre type a été parfaitement bien compris : les femmes ont réellement un tact admirable pour ces sortes de choses. Vous voici à présent presque l'enfant de la maison et l'on a ici autant de sympathie pour vous que votre mère en a montré pour moi, d'après ce que vous m'avez dit. Il y a longtemps que je n'ai été aussi heureux. Ce n'est pas là seulement que vous avez conquis votre droit de cité. J'ai prêté à un jeune homme qui dirige le laboratoire[1], un petit bossu que vous avez vu sans doute, d'une instruction limitée, mais d'un grand sens, vos historiens critiques de la *Vie de Jésus* : et là aussi j'ai eu le plaisir de vous voir parfaitement compris, de voir que l'on se rendait bien compte du type que vous voulez réaliser.

Vous parlerai-je de notre vie quotidienne à Paris ?

---

1. Laboratoire de M. Pelouse, rue Dauphine, où j'étudiais alors.

Tout cela est bien petit, bien mesquin, au moins quant à l'officiel ; et puis vous devez, à présent que le monde extérieur vous absorbe moins complètement par sa nouveauté, vous devez pouvoir rentrer un peu, au moins en esprit, dans notre vie française. Les journaux ne manquent sans doute pas à Rome. Nous avons eu une petite émeute, moins que cela, s'il se peut : il y a eu une intention provocatrice, cela est crié par tous les journaux libéraux jusque sur les toits. Mais il y a eu là aussi un symptôme fâcheux : un symptôme semblant justifier ce mot d' « éternels ennemis de l'ordre » qu'on a tant ressassé. Le *National* s'en tire en mettant le tout sur le dos des agents de police déguisés ; mais je ne sais. Bien que Carlier soit l'auteur de ce mot . « Si j'avais été préfet en février, la révolution n'eût pas eu lieu ; j'aurais payé douze cents hommes, le mardi, pour crier partout : vive la République » ; malgré cela, il y a eu certains faits significatifs, — et le *Journal des Débats* a bien su le remarquer, — qui prouvent de je ne sais quelle perpétuelle disposition à l'émeute et au trouble, de je ne sais quelle rancune des événements de juin 1848 dans une partie de la population. Je n'aurais jamais cru que de pareils sentiments pussent se faire jour au cœur de Paris. Le mouvement libéral est mêlé de bien plus d'éléments impurs qu'on ne le croit communément. Mais les choses sont ainsi faites. Du reste, si je n'ai pas encore vu ces nuances, c'est que je suis bien jeune, c'est qu'après février ces éléments impurs ont été masqués dans toutes les grandes émotions par des sentiments, par des mobiles tous plus ou moins rationnels et avouables. Le flot en se retirant laisse un rideau de vase sur le rivage.

Nous avons en ce moment la discussion de la loi sur l'enseignement : mais tout cela est mort, et puis une chose me frappe et je vous l'ai déjà dite : toutes les armes que l'on forge ici contre la liberté sont émoussées d'avance par la conviction où l'on est de leur impuissance. C'est pour l'acquit de sa conscience que l'on vote ces lois, c'est pour l'acquit de sa conscience qu'on les combat. Nul n'y croit : il y aura quelques positions brisées, quelques amendes, quelques prisons. Mais pas une idée ne sera arrêtée, pas une bouche ne sera bâillonnée, pas une oreille ne sera bouchée par tout cela. Ainsi de cette loi de l'enseignement, ainsi de tout. Il semble que l'impuissance ait stérilisé d'avance tous les efforts du gouvernement; il semble que nous touchions à cette ère de liberté illimitée dont jouit l'Amérique. Je ne sais si les signes sont trompeurs, si tout le limon qui dort en ce moment dans les bas-fonds de la société va remonter et tout étouffer pour un temps, après ce moment de calme. Mais c'est là la pente où nous glissons : l'affaissement des dernières années du règne de Louis-Philippe a reparu et bien plus profond, bien plus radical dans les régions officielles. Et Paris tout entier semble y participer en ce moment : car la récente agitation, je vous l'ai dit, ne partait pas des portions vivantes de la population.

Adieu, cher ami, adieu.

Votre tout dévoué,

MARCELLIN BERTHELOT

XV

A MONSIEUR MARCELLIN BERTHELOT

Pise, 10 février 1850.

Ah! quelle admirable ville que Pise, mon ami. J'ai passé ma journée au Campo-Santo, au Dôme, au Baptistère, à la Tour penchée! Rien ne m'avait fait une si vive impression, rien ne m'avait fait si bien comprendre la prodigieuse originalité plastique de ce peuple. Ces chefs-d'œuvre admirables sont du XIIe, XIIIe et XIVe siècles, et il y a là un sentiment aussi délicat de la proportion, de l'harmonie que dans les plus belles œuvres antiques. A vrai dire, l'Italie n'a jamais perdu le sentiment de la vraie proportion du corps humain, dont la notion exerce une influence si immédiate sur tous les arts plastiques. L'art gothique n'avait pas cette mesure intérieure, ce compas naturel que possède si divinement la Grèce. L'Italie ne l'a jamais perdue. Les peintures et les sculptures des XIIe et XIIIe siècles à Sienne, à Florence, à Pise, sont d'*aussi bon goût* (bien que moins parfaites d'exécution) que les plus belles œuvres de l'antiquité. L'excentricité artistique, le romantique ne seront jamais le fait de l'Italie. Ce beau pays respire naturellement le respect de la forme, la mesure, le fini. Le Campo-Santo est inappréciable. Songez toute la vie idéale des XIII° et XIV° siècles tracée sur ces murs par la main du Giotto, d'Orcagna, de Gozzoli. Toute la vie du moyen âge est là. Le système du monde, le tableau de la vie actuelle, ses peines, ses plaisirs, la vie future, le paradis, l'enfer (toujours représentés selon la topographie du Dante), le jugement, l'histoire telle qu'on la concevait alors, tout le sérieux, tout le burlesque, toute la vie enfin. Et puis que cela avait une couleur originale : une petite république, un *état* qui a là, à côté de lui, sa ville des morts : tout le vieux peuple pisan est là ; tous, entendez bien. On se disait, en voyant ces belles galeries de la mort : là j'irai un jour, et cela passé en habitude, sans emphase. Cette grande centralisation d'un état en un monument funéraire d'un admirable caractère, m'apparaît sous des traits très vifs que je vous transmets bien mal. Ah ! que ne l'avez-vous vu avec moi !

Daremberg mettra cette lettre à la poste à Paris. Demain nous nous séparons à Livourne. Je retourne à Rome par les Maremmes. Excusez ma brièveté, cher ami, il est bien tard. Désormais, je vous écrirai plus souvent ; je serai seul et plus libre de mes moments. Aimez-moi toujours ; il y a bien longtemps que je n'ai reçu de lettres de vous. Lacauchie me les aura sans doute gardées à Rome. Je vais les y trouver.

Adieu, ne doutez jamais de ma vive amitié.

E. RENAN

XVI

A MONSIEUR MARCELLIN BERTHELOT

22, Rue des Écrivains, Paris.

Rome, 17 février 1850.

Me voilà à Rome pour la troisième fois, cher ami, et toujours de plus en plus content d'y être. Cette ville est comme les grands poèmes, elle fait à chaque lecture de nouvelles impressions, et apparaît par des faces nouvelles. Ce que vous me dites de votre état m'attriste beaucoup, cher ami : que je regrette d'avoir été forcé d'être irrégulier dans ma correspondance. Maintenant que je suis seul ici et à poste fixe, je serai plus exact; ce n'est pas à vous, c'est à moi que je le promets. Je pense que les peines intérieures dont vous parlez tiennent surtout à l'objet spécial de vos études, qui n'est pas précisément ce qu'il vous faut. Vous savez que toujours j'ai regretté de ne pas vous voir prendre comme étude *officielle* les sciences morales, philosophiques, ou littéraires comme on dit; c'est à elles que vous demandez votre aliment intérieur. J'imagine que cette scission entre votre vie spirituelle intérieure et officielle dérange souvent votre système de vie et vous produit de ces dégoûts. Peut-être aussi vous condamnez-vous à une trop grande abstinence de la jouissance esthétique. Cette jouissance est aussi individuelle; elle est même égoïste, ce que je ne pensais pas autrefois; mais elle est noble, elle élève. Vous savez admirer le beau, mais vous ne le cherchez pas assez. Ici on le trouve à chaque pas; mais dans notre pays raisonnable et si peu doué pour l'art, le beau n'est pas dans les rues. Dans les rues vous ne trouvez que le commun, le laid, le vulgaire. Si vous étiez chrétien, la partie esthétique du christianisme, vivement saisie, suffirait amplement pour satisfaire ce besoin. Car, au fond, la religion n'est que cela, la part de l'idéal dans la vie humaine, une façon moins épurée, mais plus originale et plus populaire d'adorer. Je voudrais donc que, puisque vous n'allez plus à la messe, ni aux vêpres (il ne serait pas mal pourtant d'y aller quelquefois comme je le fais ici), vous alliez aux musées, au théâtre, vous lussiez les belles choses, non pas seulement les grandes choses philosophiques qui font votre aliment, mais les choses qui ne sont que purement et simplement belles sans arrière-pensée. La poésie et l'art antique réalisent merveilleusement cela. Notre poésie et notre art ne sont que des prétextes à discourir de philosophie. Voyez G. Sand, Rousseau, etc... L'Italie, sous ce rapport, est encore tout à fait au point de vue ancien, le beau pour le beau, la reproduction pure et simple, non tourmentée, du beau. Vous ne sauriez croire quelle étonnante placidité respire dans toute la physionomie de ce pays. Hier dimanche, je compris cela à merveille. Il faisait un temps admirable, un soleil d'or, un ciel bleu pâle, très pâle, presque blanc, comme nous n'en avons jamais en nos climats. Toute la population était aux champs, c'est-à-dire dans la partie déserte de Rome, au Forum, au Colisée, au Mont-Palatin. Il y avait en même temps dans ce quartier un saint qu'on allait visiter ce jour-là. Vous ne sauriez croire quel fonds de bien-être il y avait dans tout l'aspect de ce peuple. Bien-être, entendons-nous : tous avaient l'air gueux, en guenilles, souffreteux; mais n'importe, il y a dans le peuple italien quelque chose qu'on ne peut imaginer ailleurs : c'est le plaisir intime de savourer la vie pour la vie, sans aucune jouissance accessoire. Le grand plaisir de l'Italien, c'est de *vivre*. Aussi, dès qu'il le pourra, il ira se coucher là-bas au soleil, aux pieds d'une ruine. Tout le temps qu'on enlève à cette espèce de savouration de la vie, lui est pénible; pourvu qu'il ne travaille pas et qu'il n'ait pas trop faim, il est heureux. Voilà le grand fonds de bien qu'on n'enlèvera jamais à ce peuple, et qui le rend en un sens plus heureux que le nôtre, malgré son humiliation. Il n'est pas tourmenté, il est assuré de ce qui lui suffit pour être heureux : le ciel, l'air, le doux climat; sûr, d'ailleurs, aussi de ne pas mourir de faim, car, de manière ou d'autre, et en vérité je ne sais trop comment, cela n'arrive jamais en ce pays. Avec cela, ce gueux-là ne se dérange pour personne. Voilà le secret de cet incroyable laisser-aller, qui frappe si fort les étrangers, et qui est la démocratie de ce pays-ci. Le seul droit réclamé par ce peuple, c'est le droit à sa place au soleil; ce droit-là il en jouit, et ne le cédera pas. Voilà pourquoi la religion italienne est si superficielle, si gracieuse en ses formes. C'est un plaisir comme un autre, ou du moins une occasion de plaisir. Car toute la vie est ici enchaînée, comme chez nous avant la Révolution, au cercle religieux. La *Station* règle la promenade de chaque dimanche; hier on allait au Mont-Cœlius, parce que la station était à Saint-Jean-Saint-Paul; dimanche on ira au Quirinal, parce que la station est à la Certosa. Toucher à leur religion, ce serait toucher à leur plaisir. Ce que je suis heureux, disait Gœthe, à Rome, de vivre au milieu d'un peuple purement *sensuel*! C'est peu exact, c'est à Naples que le peuple est purement sensuel; ici, il faudrait dire : purement *esthétique*. Car c'est par l'art et la religion, non par la jouissance matérielle, qu'il se satisfait. Voilà le monde où vous auriez bonheur à vivre. Vous êtes trop moderne, trop Français. Vous auriez besoin de vous infléchir vers l'art; besoin de l'Italie, car l'Italie comparée au reste de l'Europe, c'est l'ancien comparé au moderne. Vous aimez Proudhon, je ne vous blâme pas. Mais quel spectacle pourtant qu'un homme qui ne vit que de la tête, qui s'enferme, se rend fou à force de dialectique, et qui se jette dans la mêlée, frappant à tort et à travers à coups de logique. Les Italiens seraient pris à cette vue d'un fou rire, et diraient comme ce brave homme, avec qui je traversais la Maremme et qui me parlait beaucoup du socialisme : *Che pazzia! Che pazzia!* quelle folie! quelle folie! Je pense aussi que le jour où vous vous éprendrez d'une femme, cela enlèvera beaucoup à cette âcreté proudhonienne, à cette absolue logique de votre esprit qui se dévore. Je vais cette après-midi faire une promenade sur la voie Apienne, au tombeau de Cecilia Metella, à votre intention. Écrivez-moi toujours par Lacauchie.

Votre ami de cœur.

E. RENAN.

XVII

A MONSIEUR MARCELLIN BERTHELOT

Rome, 1er mars 1850.

Il faut pourtant que je vous parle de notre entrevue avec Pie IX. Toujours mille incidents m'en ont empêché, et pourtant c'est un des épisodes les plus intéressants de notre voyage. Daremberg, qui est maintenant un catholique de notre nuance, et notre troisième compagnon, protestant, y tenaient, et puis nous n'étions pas fâchés de traiter directement avec lui certaines affaires relatives à nos recherches. Nous avons donc vu à Portici ce petit homme, qui tient le monde dans l'embarras, qui a pu être et sera peut-être la cause occasionnelle de la grande révolution.

La vue et la conversation de Pie IX (nous avons causé vingt minutes environ) confirment tout à fait l'opinion qu'on s'était faite de lui dans les premiers mois de son pontificat. La seule réflexion qu'on puisse faire tout d'abord, en sortant de son audience, est celle-ci : c'est un *bon homme*, dans toutes les nuances et dans tout le sens de ce mot. Ses portraits, où on lui donne je ne sais quel air de dignité et de profondeur, ne rendent pas du tout son effet général. Pie IX est Italien à un point que vous ne sauriez croire ; il parle beaucoup et passe à chaque instant de lui-même à des sujets divers ; il entre-mêle habituellement sa parole, comme font les Italiens, d'un petit sourire très caractéristique, que nous appellerions niais en France, décelant en effet peu de profondeur et d'élévation, mais une manière facile et bienveillante de prendre les choses. Il y avait des moments où, sa physionomie s'animant, il résultait de tout cela un ensemble de naïveté, de laisser-aller, de bonhomie et de simplicité des plus caractéristiques que j'aie jamais vus. Il est impossible de voir un type plus parfait du Romain qui n'est jamais sorti ni par ses études, ni par ses relations, en dehors du cercle de la vie romaine. En France, un tel homme s'appellerait faible, borné, commun : cette espèce de bonhomie provinciale sauve le tout, et fait qu'en le quittant on est content et dans une assiette d'esprit douce et bienveillante. Il s'aperçut, je crois, du premier coup qu'il n'avait pas affaire à des croyants de premier ordre, et se tint avec nous dans les termes les plus profanes. Abordant Daremberg par le sujet de ses recherches, il se mit à disserter, avec une précision qui nous renversait, des instruments de chirurgie des anciens, et spécialement des *syringa*, trouvées à Pompeï, et identiques à celles qui ont été le plus récemment inventées. Je vous avoue ma naïveté : je croyais qu'il fallait traduire *syringa* par le mot qui lui ressemble le plus en français, et il me semblait d'un fort curieux spectacle de voir un philosophe, un protestant, un catholique hérétique venir disserter avec le successeur de Grégoire VII et d'Innocent sur la seringue des anciens. Cela me paraissait du meilleur comique. Je m'aperçus bientôt que *syringa* signifie *sonde*, et que la spécialité du Saint-Père sur ce point tient à la maladie dont il est menacé. Mais voici qui vous peindra bien l'homme et l'Italien, je veux dire le Romain de nos jours. A ce propos, il se met à discourir sur le lieu commun le plus cher aux Italiens, le parallèle de la civilisation ancienne et de la civilisation moderne, parallèle qui leur est rappelé à chaque pas par les monuments qui couvrent leur sol. Voici l'innocente théorie qu'il nous exposa là-dessus, avec un aplomb et une vaine aisance tout à fait originale : La civilisation moderne, dit-il, me semble surtout supérieure à l'ancienne par la communication des diverses parties de l'humanité (je ne suis pas sûr s'il dit ce mot) qui, dans l'antiquité, étaient isolées. Or, cela, elle l'a réalisé par deux découvertes qui résument toute la civilisation moderne, l'imprimerie et la vapeur : l'imprimerie pour la communication des esprits, la vapeur pour la communication des corps et des marchandises (*sic*). Vous ne sauriez croire, mon ami, combien cela, dit avec cet air demi-enjoué, sans portée, sans sérieux, me représentait vivement tout ce que j'avais déjà observé de l'extrême superficie, de la banalité facile où se tient toujours l'esprit italien (de nos jours) quand il veut s'essayer à penser. Je voudrais que vous vissiez les thèses qui dans ce pays défraient la conversation et les publicistes. Ce qui frappe, ce n'est pas la manière libérale ou illibérale dont elles sont résolues, c'est la petitesse du cadre, la mesquinerie des catégories intellectuelles : « Il ne faut pas faire servir la religion à la politique. — La souveraineté du pape — le meilleur gouvernement. » Voilà les questions de vieille scolastique sur lesquelles les Italiens un peu diserts vous discourront durant des heures, avec une naïveté d'école parfois amusante. Ils prennent ces questions au sérieux, comme des élèves de rhétorique ou de philosophie, qui ont une thèse à faire là-dessus. En général, le développement intellectuel des contemporains de ce pays (je parle de la Toscane du nord) est presque nul, et le grand sentiment esthétique ne se trouve même plus que dans les instincts du peuple. Il est difficile de se figurer à quel point ce peuple est artiste et comprend les arts. Allez un peu à nos expositions voir la figure que font nos badauds devant les tableaux. Ils n'y comprennent rien ; c'est une autre langue pour eux. Eh bien! les pauvres gens ici sont connaisseurs; ils aiment ces monuments, ils sont leurs. Je vous dirai là-dessus des traits bien curieux. Supposez un paysan, un ouvrier même passant devant les Tuileries; il restera indifférent : ce n'est pas lui qui l'a fait, ce n'est pas son affaire. Ici il n'en est pas de même. Pise et Florence se sont fait la guerre pour ce fameux tableau de Cimabue, qui fut un événement dans son siècle. Le peuple ici dit très souvent : *bello* ou *bellissimo* : le mot *beau* sortira rarement chez nous d'une bouche populaire.

Adieu, bon ami.

E. RENAN

XVIII

A MONSIEUR MARCELLIN BERTHELOT

22, Rue des Écrivains, Paris.

Rome, 10 mars 1850.

Qu'il y a longtemps que je n'ai reçu de lettre de vous, excellent ami! Seriez-vous indisposé? J'aime à croire que l'époque de Pâques vous aura amené quelque examen, qui aura été la cause de ce délai plus long que de coutume. Je quitterai Rome dans dix jours environ. Je suis décidé à gagner Venise par la Légation, en m'arrêtant à Ravenne, Bologne et Ferrare. Je serai à Paris probablement vers la fin de mai. La privation complète d'entretien sympathique commence, je vous assure, à m'être bien pénible. Le pape rentre vendredi, 12, à quatre heures de l'après-midi. On invite de toutes parts la population à l'enthousiasme, mais cela n'a qu'un médiocre effet. On ne croira jamais à quel point l'ancien régime est détesté et impossible en ce pays. Une forte partie du clergé est dans les idées avancées et c'est là peut-être qu'on trouve le plus de patriotisme italien. La noblesse et la bourgeoisie sont naturellement pour la sécularisation; quant au peuple, il dort, excepté à Rome. Vous ne sauriez croire à quel point on trouve ici, dans la classe inférieure, le primitif, l'inculte brut et naïf de la nature humaine. Sous un climat si fécondant, cet inculte a sa beauté et son idéalité. Cela fait un peuple très puissant pour la religion et le sentiment de la beauté, un peuple tout antique, se créant des costumes avec une grâce inimitable, improvisant une décoration de village avec un goût admirablement pur, sachant distinguer mieux que moi et vous un tableau, une statue, une église de style défectueux; mais un peuple absolument étranger à toute idée politique et patriotique. Parler d'indépendance de l'Italie à ces malheureux! Mais ils ne savent pas ce que c'est qu'indépendance et Italie! On m'a beaucoup appris sur Mazzini : c'est un homme bien curieux, un Italien pur sang, un Florentin du xiv° siècle, mais terroriste et sicaire à un point que vous n'imaginez pas. Il n'y a pas, du reste, de pays au monde où la Terreur soit plus facile qu'ici, car ils sont poltrons au delà de toute expression. La majorité sera toujours peu de chose en ce pays, car elle n'y représente pas une force réelle, mais seulement un chiffre. Aussi, s'il est une énigme dans le monde, c'est bien certainement l'avenir de ce pays.

Écrivez-moi le plus souvent que vous pourrez. Vos lettres me font un vif plaisir; mon temps se passe à savourer l'une et à attendre l'autre. Adressez votre prochaine, poste restante à Bologne, et la suivante à Padoue. Peut-être pourtant aurais-je eu le temps de recevoir la réponse à celle-ci à Rome. En attendant le moment de notre réunion, croyez à ma vive amitié.

E. RENAN

XIX

A MONSIEUR MARCELLIN BERTHELOT

22, Rue des Écrivains, Paris.

Rome, 15 mars 1850.

Je viens de passer une bien agréable soirée et qui m'a beaucoup appris. Un M. Spada, homme fort intelligent et purement critique, a eu l'idée de recueillir, jour par jour, tous les incidents et actes officiels de la révolution romaine, c'est-à-dire des quatre dernières années. Je viens de feuilleter, sous son commentaire, ce précieux recueil, et d'arriver, je crois, à saisir la vraie physionomie de cette singulière période. Plus que jamais, je vous l'avoue, je suis porté à m'abstenir d'appréciations théoriques et à me borner à saisir l'originalité des caractères et des faits. Le trait principal et le plus difficile à saisir pour nous, dans la manière dont s'est opéré ce curieux mouvement, c'est ce qu'il a eu de local, de municipal, d'individu à individu. D'abord, il faut bien se figurer que Rome est une très petite ville. Sur ses cent cinquante mille habitants, il y a deux bons tiers qui ne s'occupent qu'à respirer l'air et à se chauffer au soleil, qui ne tiennent pas à ce qu'on s'occupe d'eux, et dont, en effet, on ne tient pas plus compte que s'ils n'existaient pas. Puis il y a le clergé, les religieux, qui, dans une certaine limite, ne comptent pas davantage; en sorte que tout bien compté, un mouvement de cette nature s'opère entre cinq à six mille personnes, composant la bourgeoisie du pays, se connaissant tous à merveille, s'appelant par leur nom, étant en relations continuelles d'affaires, ayant vécu ensemble depuis leur enfance. Rome, à cet égard, représente parfaitement une préfecture de vingt à trente mille âmes. En outre, il y a un trait capital des villes italiennes, dont il faut soigneusement tenir compte, trait qu'elles ont de commun avec les villes anciennes. Quand on visite une ville ancienne, Pompéi, par exemple, on reconnaît que les anciens ne pouvaient vivre chez eux (les maisons sont petites à un point inimaginable), ni dans les rues (elles sont plus étroites que les étroites de Paris, il n'y pouvait jamais passer qu'un char de front) : ils vivaient au forum. Dès qu'on n'avait rien à faire, on allait sur ce large espace, rendez-vous des hommes libres. Là, il y avait des portiques, des sièges, la basilique (la bourse et le tribunal), les temples; toute la vie publique était là. Eh bien! il en est encore exactement de même en Italie. Dans les villes moyennes ou petites, il y a *una piazza*, qui représente exactement le forum des anciens, entourée d'une *loggia*, portique construit exactement sur les règles que donne Vitruve. Là est le palais communal; édifice toujours remarquable, où il y a un musée de peintures locales, des archives, le bureau de poste, toujours orné en ce pays, la grande fontaine avec architecture. Cette piazza n'a pas de nom, c'est la *piazza* ou le *campo*. On dit : *aller in piazza*, comme autrefois on disait : *aller au forum*. Dans les grandes villes, comme Rome, Naples, Florence, au lieu d'une place il y a un *Corso*, longue rue plus large que les autres, qui traverse la ville, où se trouvent *tous* les magasins un peu propres, toutes les choses rares ou uniques. A Naples, il y a la rue de Tolède, qui est une ville dans une ville. On dit : Je demeure en *Toledo*, je vais en *Toledo*. A Rome, il y a le Corso; à Florence, il y a une large artère qui réunit les places du Palais-Vieux et du Dôme. C'est dans cette large et longue rue que se concentre toute la vie, comme à la Porte en Orient. Quand on n'a rien à faire, on va s'y asseoir; le dimanche, on l'arpente durant des heures. Dès qu'il y a une nouvelle, on y accourt; dès qu'on veut faire une manifestation, on la couvre de tentures, d'illuminations, d'inscriptions. Tout se passe là. Vous ne sauriez croire, mon ami, combien cela donne une physionomie à part aux affaires et surtout aux révolutions de ce pays. C'est bien le mode de la cité antique, où tout se passait en un lieu donné, entre un petit nombre d'hommes qui se connaissaient. Rien de large, rien d'universel, peu de considération des principes, influence décisive et continuelle de l'*incident*. L'incident a gouverné Rome durant trois années; toute cette histoire n'est qu'une série d'incidents. Un tel organise une manifestation, un tel essaye de la détourner au profit de son but particulier; un autre essaie de l'arrêter; un troisième fait distribuer dans le Corso des billets imprimés (forme qui fut continuellement employée et qui peint à merveille cette façon d'agir d'individu à individu), pour prévenir d'une conspiration; un cinquième va faire peur au pape et le supplier de se montrer; puis Ciceruacchio vient à la traverse. Nous trouvons les histoires anciennes superficielles et presque puériles, en ce qu'elles ne présentent jamais que le jeu de quelques individus qui occupent seuls les premiers plans; si bien que l'histoire semble n'être qu'une partie d'échecs entre un petit nombre de joueurs (maxime de Machiavel); mais c'est que c'était cela en effet. C'est encore cela en ce pays. Sans doute ces hommes se posaient bien sur le terrain des principes; mais leur mode d'action était tout italien, tout antique. J'ai été amené à trouver plus forte qu'elle ne me semblait d'abord cette bourgeoisie révolutionnaire, d'où peut venir uniquement le salut politique de ce pays. Plusieurs praticiens riches et influents, les Corsini, les Campelli, etc., font cause commune avec elle et puis l'antipathie qui chez nous existe entre la bourgeoisie et le peuple, n'existe pas encore ici, au moins du côté de la bourgeoisie. Le représentant de cette bourgeoisie, Mazzini, est, comme vous savez, le plus pur démocrate socialiste. Comme ils sont sur la pente révolutionnaire, ils n'y regardent pas de si près, et donnent la main à toute tendance révolutionnaire. Puis viendra la distinction. Quant au retour un peu durable de l'ancien ordre de choses, il est absolument impossible. Ne croyez rien de tout ce qu'on dit du retour du pape que quand vous saurez de source officielle qu'il est au Vatican. Et encore, attendez que la nouvelle soit confirmée.

Je ne lis plus les journaux de France, ils me troublent. Ainsi donnez-moi les nouvelles les plus élémentaires. Croyez surtout à ma bien vive et bien sincère amitié.

E. RENAN

XX

A MONSIEUR MARCELLIN BERTHELOT

Rome, 31 mars.

Je crois que je vais entreprendre le voyage de Lombardie et Vénétie, mon cher ami. Je viens de recevoir avis d'un supplément de cinq cents francs qui m'est accordé du Ministère, avec espérance d'une indemnité, si cela ne suffisait pas. Qui sait si plus tard l'occasion se représentera? Comment, par le temps qui court, remettre quelque chose à l'avenir? Et comment mettre au hasard un avantage comme celui de voir Venise? Je comprends bien maintenant, je crois, les trois parties centrales et méridionales de l'Italie : je verrai le Piémont. Combien il me serait pénible d'avoir omis une physionomie aussi originale que celle de Venise et de la Lombardie? Et puis j'ai là le siège de ma philosophie averroïstique, dont je veux faire l'histoire et sur laquelle mes idées se sont fort étendues en Italie. Ce sera l'histoire de l'incrédulité au moyen âge. Or, les deux centres de l'incrédulité, aux xiv° et xv° siècles, ont été Florence et Venise. Le caractère indévot et profane de Florence frappe au premier coup d'œil. Dans ce nouvel itinéraire, je repasserai par Florence, en prenant la route de Perugia, de l'Ombrie et d'Arezzo. Puis je gagnerai Venise par Bologne et Ferrare. De Venise à Padoue, autre centre important, où je ferai quelques jours d'étude. Puis Vérone, Milan; puis Turin et la France. Il y a beaucoup de chemins de fer en Lombardie et les voyages y sont faciles. Écrivez-moi encore une ou deux fois à Rome, puis je vous dirai où adresser.

On dit que le pape revient *définitivement* le 12 ou le 15. Vous savez ce qu'il faut penser de ce retour définitif, tant de fois définitivement annoncé. Croyez-le quand vous aurez la nouvelle officielle qu'il est installé au Vatican, et encore attendez pour le croire que la nouvelle soit confirmée. Ce que vous me dites de la désorganisation de l'enseignement me fait peine; quelque critiquable que fût notre système, il valait mieux que le béotisme qui va s'étendre et ouvrir un si vaste champ à la superstition et à la crédulité. Je ne redoute pas l'enseignement clérical; il est plutôt propre à former une génération libérale, par réaction, et en attirant l'attention sur des choses auxquelles l'enseignement universitaire tout profane ne faisait pas penser. Mais ce que je redoute, c'est la sottise qui va devenir si épaisse, dès qu'il n'y aura plus de mobile d'intérêt pour faire ses études. A cela près, tout cela ne fait que nous donner la partie plus belle, à nous qui devons triompher tôt ou tard, car l'esprit moderne ne meurt pas.

Tout à vous.

E. RENAN

XXI

A MONSIEUR MARCELLIN BERTHELOT

Rome, 14 avril 1850.

Mais pourquoi donc ne m'écrivez-vous plus, excellent ami, seriez-vous malade? Cela m'inquiète réellement et chaque courrier qui passe ajoute à mes craintes. Si je devais quitter Rome sans avoir reçu encore une lettre de vous, ce serait pour moi une peine très vive.

Jamais je ne vous ai tant regretté, mon ami, qu'en face de l'étrange scène dont nous avons été témoins avant-hier; ici je n'ai jamais vu de spectacle plus étrange, plus original, plus plein d'enseignement sur les choses de l'humanité en général et de ce pays en particulier. Je m'attendais à une réception froide, à quelques démonstrations officiellement arrangées et payées comme cela a lieu pour le carnaval. Jugez de ma surprise, quand, debout sur les marches de Saint-Jean-de-Latran, je me trouve au moment de l'entrée du pape au milieu d'une vraie foule d'énergumènes, poussant des cris, je dis mal, des hurlements de *Viva Pio IX!* se prosternant par terre, en criant *Benedizione!* en proie à tout ce que l'enthousiasme sauvage a de plus violent! Mais ce fut bien pire encore dans les pauvres et étroites rues que le cortège dut traverser. Je le suivais de distance en distance, afin d'observer les physionomies diverses. Ici l'aspect était vraiment effrayant. Des hommes du peuple à l'air égaré se précipitaient sous les chevaux, dans les roues, en tendant leurs bras nus, et criant : *Commandez-nous, Saint-Père, commandez-nous!* Je n'ai connu qu'à ce moment les scènes de Naples, et les grands massacres populaires et épidémiques du moyen âge. Un mot, un signe mal interprété, et cette foule se ruait au meurtre, à l'incendie comme à une œuvre sainte. Les femmes surtout faisaient frémir, de vraies bacchantes, en haillons, vociférant : *Viva la Madonna! Viva Pio IX!* les yeux leur sortaient de la tête, de vraies bêtes féroces.

L'étrange décomposition de la figure humaine dans ces moments de *fanatisme* (car cela s'appelle ainsi en termes techniques) est une chose hideuse : vous savez ces caricatures que les anciens et après eux les modernes ont faites du type humain pour certaines ornementations en relief : c'est cela. Les officiers qui suivaient le pape en ont été glacés d'effroi, un d'eux me le racontait avec une grande naïveté. Je ne dis pas un sifflet, mais le signe le plus équivoque d'irrévérence aurait suffi pour faire éventrer un homme. Les républicains qui connaissent mieux que nous ce peuple, le savaient, et se sont complètement éclipsés ce jour-là. A la place Saint-Pierre les papistes *honnêtes et modérés* s'étaient donné rendez-vous et la démonstration a été moins sauvage; comme tous les étrangers s'y étaient portés, ce sera probablement le seul moment qui sera décrit et apprécié dans les journaux. Quel peuple, mon ami! je n'avais jamais si vivement compris l'entraînement aveugle et absolument matériel des masses.

Car enfin si, dans un mois, Pie IX renversé par une révolution (hypothèse heureusement impossible), était condamné à mourir sur l'échafaud, ces gens-là le regarderaient passer et l'insulteraient. Et mille hommes armés et en costume rouge les terroriseraient. Le soir la scène n'a pas été moins pittoresque. Dans toutes les choses humaines il n'y a qu'une nuance imperceptible, qui sépare le laid du beau, l'odieux du sublime.

Le même instinct a inspiré d'un côté Lamartine, de l'autre de Sade; le même a inspiré d'un côté Jésus et l'Évangile, de l'autre l'inquisition, des massacres, des turpitudes. Ce peuple que j'avais vu hideux dans la manifestation de son enthousiasme, je l'ai retrouvé gracieux, plein de verve, de chaleur, de puissance plastique dans ses fêtes. Je ne suis bien entendu attentif à ces niaiseries extérieures, illuminations *a giorno*, etc., qu'en tant qu'elles dénotent le moral. Ce peuple a le talent de l'ornementation à un point incroyable, il y déploie une variété de moyens, une grâce d'invention, qu'on ne peut imaginer, et toujours et en tout, une pureté, une simplicité de goût admirable. De la pureté de goût dans le peuple! chez nous goût paysan est synonyme de mauvais goût. Évidemment ce peuple n'a cherché en tout cela qu'une occasion de mettre au vent ses tapisseries, de draper sa maison et ses fenêtres, d'allumer ses lampions. C'est surtout dans ce pays que les lampions brûlent pour tout le monde.

Car il faut bien se le rappeler, cela m'a été formellement dit par des réactionnaires : les fêtes de Mazzini étaient plus belles encore. Les fêtes sont un des besoins de ce peuple (lisez l'histoire de Florence et leurs institutions si curieuses à cet égard). Ils font une étude à qui surpassera son voisin en inventions ingénieuses et ont chez eux un magasin d'appareils pour ces occasions. Les beaux uniformes, les grands cortèges, etc., toutes ces choses pour lesquelles notre rationalité bourgeoise ne se détournerait pas de quatre pas, les transportent. Pie IX aurait fait son entrée sans tambour ni trompettes, on serait maintenant très froid pour lui. Mais comment ne pas adorer un homme qui vous fait voir de si belles choses? J'avais à côté de moi à Latran des Romains et Romaines qui tombaient en pâmoison à cette vue et s'écriaient : *Non si puo descrivere!* Quoi qu'il en soit, Mazzini n'a rien à faire pour le quart d'heure : mais qu'il revienne un jour avec de beaux uniformes rouges, qu'il leur donne huit jours de fête et il sera le roi du moment. Une des causes qui firent dans les premiers temps l'antipathie du peuple pour les Français, fut leur manière timide et modérée, leur façon simple et sans fantaisie ; cela est toujours pris ici pour de la faiblesse et de l'imbécillité.

I Francesi sono troppo buoni, était un mot qui s'entendait dans toutes les bouches. La couleur sombre de l'uniforme des tirailleurs de Vincennes, leur façon sans appareil à dessein, contribuèrent aussi à nous faire envisager comme des pauvres sires. Voilà ce peuple, mon ami : c'est triste, mais c'est curieux. Pendant ce temps, on dit que le nôtre n'est pas si bénin pour son président. Mais attention! s'il avait autour de lui l'escorte et le prestige de l'autre Napoléon, cela serait peut-être comme à Rome.

Adieu et aimez-moi, je vous écrirai encore avant de partir.

E. RENAN

XXII

A MONSIEUR MARCELLIN BERTHELOT

22, *Rue des Écrivains, Paris.*

Rome, 21 avril 1850.

Mon Dieu! qu'avez-vous donc? Encore pas de lettres de vous! Je pars demain pour Perugia, et d'ici à longtemps je ne pourrai savoir de vos nouvelles. Que tout cela m'inquiète! Écrivez-moi vos prochaines, poste restante à Venise. Rome ne me plaît plus tant depuis que le pape y est. Cette ruine sur une ruine avait bon air; mais cette petite vie mesquine, ce commérage de la prélature romaine, ces niaiseries vivantes gâtent l'effet : en somme j'aurai vu Rome dans un précieux moment, triste, délaissée, morne, sans vie aucune. Pour l'effet artistique, il n'est pas à désirer que Rome entre dans le courant de la vie moderne. Elle n'y sera jamais capitale; elle n'y sera qu'un petit centre, comme Turin, Florence : ce qui serait d'une grande inconvenance esthétique. Une assemblée délibérant au Capitole des petits intérêts de municipalisme italien sera toujours ridicule.

La Rome papale avait un air de sépulcre, qui faisait un bon effet de pittoresque. Mais si la vie papale y devenait trop active, le dommage serait bien plus grave et la physionomie plus altérée. Adieu, je pars demain à six heures. Il est une heure du matin, et je n'ai pas encore commencé mes malles. Écrivez-moi au nom du ciel.

Votre tout ami,

E. RENAN

XXIII

A MONSIEUR MARCELLIN BERTHELOT

Bologne, 11 mai 1850.

Me voilà déjà bien avancé dans mon long voyage, cher ami; la partie la plus difficile et la seule dangereuse est déjà faite. Depuis plus de dix-huit jours je ne cesse de courir les grands chemins, faisant huit ou dix lieues par jour à la manière de ce pays; manière la plus agréable du monde dans un pays où on aime s'attarder à chaque pas. On ne connaît pas réellement l'Italie, si on n'a parcouru cette ligne si intéressante de Rome à Ancône et aux Légations. Cette fois encore, je vous répéterai ce que je vous ai dit mille fois. Les pays que je viens de parcourir ne ressemblent en rien à ceux dont je vous ai déjà parlé, et je n'exagérerai rien en vous disant qu'en moins de huit ou dix jours j'ai vu passer devant moi trois physionomies, aussi distinctes au moins que le seraient par exemple la France, l'Angleterre et l'Allemagne; ou que l'étaient dans le monde grec Athènes, Sparte et la Béotie. S'il est un contraste frappant au monde, c'est celui de l'Ombrie avec les Marches; et les Marches de leur côté diffèrent très profondément de la Romagne. L'Ombrie est trop négligée dans les voyages et dans l'histoire. Ce pays a son individualité, un peu rapprochée, il est vrai, de l'individualité toscane (surtout de Sienne, qui fait figure à part dans le mouvement toscan), mais très distinct néanmoins. Spolète, Foligno, Spello et surtout Pérouse et Assise sont les points caractéristiques de ce développement. L'Ombrie est plus esthétique encore que la Toscane : Florence et Pise me paraissent presque une Béotie, depuis que j'ai vu Pérouse et Assise. Tout ce qui m'avait frappé du génie artistique de l'Italie ne me paraît plus qu'enfantillage. Il faut se rappeler que la grande école de l'Italie, celle que l'on appelle à tort l'école romaine, est née et a compté deux générations à Pérouse, et qu'elle doit bien réellement s'appeler école pérugine. Raphaël lui-même est tout pérugin et on ne peut bien le comprendre qu'à Pérouse. Le malheur de l'Ombrie est d'avoir été dépouillée de ses fruits, d'abord par les papes et les cardinaux, qui attirèrent à Rome ses artistes d'abord, puis ses principaux chefs-d'œuvre; puis surtout par les Français, qui à la suite du traité de Tolentino firent main basse sur tous les tableaux du pays et n'y laissèrent que le menu fretin. Depuis, tout cela a été rendu, mais on les a gardés à Rome. Singulière manière de suppléer à son impuissance plastique que de charger ainsi sur ses fourgons les chefs-d'œuvre des vaincus!

Assise, mon ami, est un lieu incomparable, et j'ai été récompensé des peines vraiment méritoires qu'il m'a fallu me donner pour le visiter. Figurez-vous cette grande légende populaire du moyen âge tout entière dans deux églises superposées par Giotto et Cimabué! La ville est plus ancienne encore que ses monuments. Elle est toute du moyen âge; des rues entières absolument abandonnées sont restées pierre pour pierre ce qu'elles étaient au xiv° siècle. Six ou sept églises, presque aussi curieuses que Saint-François, font de cette ville un point unique au monde. La profusion de l'art y dépasse tout ce qu'on peut imaginer. Le dehors, le dedans, les portes, les fenêtres, les poutres, les cheminées, tout est peint ou sculpté. La peinture des rues, fréquente dans toute l'Italie, est le trait caractérisque de l'Ombrie. La teinte mystique et peu rationaliste de l'esprit ombrien (en quoi est son infériorité à l'égard de la Toscane, si intellectuelle) est surtout sensible en ce lieu, plein encore du second Christ du moyen âge.

Nous causerons de tout cela; l'état actuel du pays ne rappelle que trop le moyen âge. On s'y vole et on s'y assassine en plein jour, et cela paraît la chose du monde la plus simple. Nous avons rencontré des bandes de dix et douze brigands, heureusement entre les mains des *Tedeschi*; ces malheureux, pris à quelques lieues de là, regardaient notre voiture avec un appétit mal déguisé, ce qui ne les empêchait pas de nous demander la *bottiglia*! Les femmes de la troupe, qu'on laissait vaguer çà et là avec une incroyable liberté, montraient une folle gaieté.

La répression du crime est certainement la partie la plus défectueuse de l'organisation sociale de ce pays. On n'y considère pas encore l'État comme exerçant les fonctions de vengeur public du crime. Quand on a été volé, il faut intenter une *action personnelle*, et faire procéder à ses frais, et comme la paresse et l'incurie des autorités judiciaires dépassent tout ce qu'on peut croire, chacun se contente d'avoir été volé une première fois, sans se ruiner de nouveau à poursuivre le voleur. Quant à l'assassinat, c'est comme au moyen âge. L'assassin disparaît, et tout est fini par là. Toutes les sympathies du public sont d'ailleurs pour lui, parce qu'on suppose toujours qu'il ne fait que se venger; chacun cherche à favoriser son évasion; le civil qui s'aviserait d'arrêter un coupable pourrait même s'exposer à une peine, car il n'a pas le droit d'attenter à la liberté d'un autre : cela regarde l'autorité. Vous le voyez, c'est le système du moyen âge; l'homme individuel constitué défenseur de sa propriété et de sa vie et n'ayant de recours pour la défense et la vengeance que dans sa famille.

Les Marches sont la Béotie de l'Italie. Les légendes y sont lourdes comme des pavés; l'art n'y a rien produit. Lorette est ridicule, leur Santa Casa ne sera jamais qu'un gros mensonge doré. Passé Ancône, c'est tout autre chose : l'art ne reparaît plus avec profusion comme sur l'autre versant de l'Apennin; mais la population est active, industrieuse, l'état social beaucoup meilleur; les esprits distingués et cultivés à la française, très rares à Rome, se rencontrent dans les petites villes. On m'avait bien dit que les Légations étaient infiniment plus cultivées que Rome. Ici, à Bologne, je me suis trouvé au milieu d'un monde tout analogue au nôtre, l'antipode de Rome. On ne peut comprendre qu'ici l'absurdité de la sujétion de ce pays au pape et de sa dépendance à Rome. L'histoire de cet assujettissement n'est pas bien envisagée; de fait cela ne date que de 1815, et ce pays proteste incessamment. Nous causerons de cela et de Ravennes aussi, de Ravennes où je suis resté cinq jours et qui m'a infiniment appris.

Adieu, excellent ami. Écrivez-moi à Venise, poste restante, et parlez-moi de vos recherches sur les gaz, qui m'intéressent vivement; si nous pouvions causer, je vous ferais quelques objections, qui viennent sans doute de ce que je ne comprends pas parfaitement votre méthode. La réussite y répondra.

E. RENAN

XXIV

A MONSIEUR MARCELLIN BERTHELOT

22, Rue des Écrivains, Paris.

Venise, 23 mai 1850.

Vos affaires politiques me préoccupent singulièrement, cher ami, il m'est impossible à une telle distance, réduit à des nouvelles si bizarrement reproduites par les journaux de ce pays, de me faire une idée exacte de la situation des choses. On ne saurait s'imaginer l'inexactitude vraiment burlesque avec laquelle les affaires de France sont présentées dans les journaux étrangers. Les gazettes du Tyrol m'apportent seules quelques dires un peu raisonnables. Le reste dépasse toute croyance et fait bien comprendre les canards que nous avalons de notre côté, quand nous voulons traiter sur des sources de deuxième ou troisième main des affaires étrangères. Car il faut le dire, ces risibles bévues ne sont l'effet ni d'un parti pris ni d'une animosité systématique, mais simplement de l'ignorance et de l'impossibilité de comprendre les ressorts d'un ordre de choses qu'on ne connaît pas. Ce que vous me disiez il y a quelques jours du repos et du bien-être qu'il y a à se reposer dans l'immuable vérité de la nature, au milieu de l'instable des choses humaines, était parfaitement senti et correspondait bien à un sentiment que mille fois j'ai éprouvé moi-même. Je ne pense jamais aux études spéciales, sans arriver au bout d'un quart d'heure à un état d'irritation pénible et peu philosophique. Puis, par une sorte de volte-face, dont l'évolution se produit dans mon esprit avec une rare uniformité, je me replonge dans la mer pacifique de l'illusion. L'histoire est pour moi ce que la raison est pour vous. Par histoire je n'entends pas, vous comprenez, l'histoire politique dans le sens ordinaire du mot; mais l'esprit humain, son évolution, ses phases accomplies. Voilà aussi de l'immuable et de l'absolu, voilà du beau et du vrai *acquis!*

Une des choses les plus charmantes du caractère italien c'est quelque chose d'analogue à ce que nous disons ici : une sorte d'alibi qui empêche le désespoir d'être jamais extrême; une imagination poétique, comme celle de Silvio. « Oh! après tout, la part qui me reste est assez belle; ce ciel, cette mer, ces îles de verdure, cette harmonie inimaginable de la nature et de l'art. » Avec cela on se console bien vite de loger sous les plombs, qui, pour le dire en passant, seraient, s'ils étaient à louer, les plus agréables appartements de Venise. Le patriotisme religieux, doux, triste, résigné, est surtout chez les femmes d'une charmante suavité. Je vous conterai à cet égard des traits qui vous toucheront. C'est surtout par la religion, mais par une religion élevée et bien de l'âme, non grossière comme celle du midi, que ce peuple s'abstrait et s'isole. Quel charmant peuple que ce peuple de Venise! Quelque chose de doux et de fort, de profondément intelligent, de poétique et d'actif à la fois, une des plus superbes combinaisons de la nature humaine. Il est tel encore qu'autrefois. Venise est peut-être la ville du monde qui a le moins changé au physique et au moral : mais tout a changé autour d'elle, elle est tombée parce que le milieu n'est plus apte à la laisser vivre. Venise est l'exemple le plus frappant de l'irrémédiable décadence de certaines très belles choses dans l'humanité; Venise est certainement une des plus belles fleurs qui se soient épanouies dans l'humanité. Venise pourtant ne revivra plus. Venise ne pourrait vivre qu'à condition d'être autonome; or la tendance étant vers les agglomérations, l'autonomie d'une ville, la *cité* antique, et de l'Italie du moyen âge est devenue impossible. Venise n'a d'ailleurs d'autre alternative que d'être riche ou de périr. Or tous les efforts pour lui rendre sa splendeur seront inutiles : la prosaïque Trieste vaut bien mieux; et il n'est même pas désirable pour le bien général de l'humanité, qu'on sacrifie à une considération historique de réels et actuels avantages. C'est comme si par zèle d'antiquaire on allait reprendre les voies romaines, dont les traces se retrouvent encore dans nos chemins, au lieu de nos grands chemins si commodes. La vie a pris son caractère, tracé sa route d'un autre côté : il ne faut pas la gêner. Ces vieilles choses restent alors avec leur poésie, leurs charmes, leurs souvenirs. Ce que Venise révèle par-dessus tout, c'est l'esprit de la cité, le contact, la suite, la solidarité des générations, ce que c'est que *fonder* institutions, *mœurs*. Les constitutions primitives de Venise valent en poésie et en harmonie tout ce que les origines grecques nous offrent de plus pur. L'art vénitien est bien moins pur pourtant que l'art toscan. La source n'est pas pure; il y a des réminiscences de Constantinople, du style arabe. Il y a du caprice, de la fantaisie, fantaisie ravissante, caprice plein de charme. Mais ce n'est pas le beau pur et sans manière, comme au Parthénon et à Pise. La religion toute patriotique de Saint-Marc, comme celle tout artistique de Toscane, est caractérisée à chaque pas d'une façon indicible.

Adieu; écrivez-moi. Je reçois bien vos lettres, et quand je suis parti on les fait suivre, et aimez-moi toujours.

E. RENAN

XXV

A MONSIEUR MARCELLIN BERTHELOT

22, Rue des Écrivains, Paris.

Padoue, 6 juin 1850.

Je ne suis déjà plus en Italie, cher ami ; ce pays n'a plus de physionomie, l'art s'en va, c'est déjà la France. Plus je m'éloigne de Venise, plus elle m'apparaît comme un point isolé, sans analogue avec ce qui l'entoure. Je croyais à une Vénétie, c'est-à-dire à un pays pouvant constituer un ensemble caractérisé et ayant sa haute expression à Venise. Cela n'est pas. Venise a eu besoin, pour vivre, d'avoir sous sa dépendance des provinces en terre ferme ; mais cela ne constitue entre elle et ces provinces continentales aucun lien de parenté. Venise, c'est la lagune. Tout ce qui l'entoure, Mestre, Fucina, Chioggia et ces îles innombrables, Malamocco, Murano, etc., qui entourent les îlots qui forment la ville ; tout cela fait un monde à part et, pour le dire en passant, ce monde n'a rien d'italien. Je voudrais que vous vissiez le type des hommes du peuple de Venise. Il n'en est pas de plus caractérisé, tous se ressemblent à un point frappant, et ce type n'a rien d'italien. La série des doges et des généraux de Venise est aussi très curieuse. Non, ces figures décidées, révélant l'homme de force et d'action, sans élévation ni idéal, n'ont rien à faire avec ce type abandonné, mou parfois, mais souvent si grandiose de la vraie Italie. On les prendrait pour des Slaves ou des Hongrois. Venise, en effet, a, comme vous savez, des attaches nombreuses avec l'Illyrie, bien que ses origines soient certainement toutes gauloises. Et pour les institutions, qu'y a-t-il entre cet imperturbable peuple de Venise et cette turbulence toute athénienne de Florence qui, sur la proposition du premier venu et après une délibération d'une demi-heure, changeait les formes du gouvernement? Et pour l'art, comment aimer ce réalisme si cru, ces têtes communes à dessein de Titien, laides de Tintoret, après avoir contemplé le ravissant idéal des écoles toscane et pérugine? Les Vénitiens sont avant tout des marins; mais des marins comme il y en a peu; au lieu de cette pâle et raisonnable société d'hommes d'affaires qui s'est appelée la Hollande, vous avez eu sous un ciel admirable, dans le site le plus ravissant du monde, une vie pleine de grâce, d'énergie, de beauté! Au moins reste-t-il que cela fait un monde qui n'a rien à voir avec ce qui l'entoure. C'est une lagune habitée qui se civilise à sa façon. Quant à Padoue et à ce pays en général, c'est tout à fait le type de Bologne et des Légations, avec un peu d'infériorité, infériorité frappante et incontestable pour l'art, si beau, si puissant encore sur ce coude du versant oriental de l'Apennin; infériorité sensible même pour l'intelligence. J'étais venu à Padoue pour l'ancienne école de Padoue. Après une vue plus exacte, elle a beaucoup baissé dans mon estime; école platement scolastique qui n'a rien de moderne, soutenant sottement les vieilles sottises scolastiques et physiques en 1600 et 1620, ayant des chaires pour expliquer le *De generatione et corruptione*, le *De cœlo et mundo*, etc., en 1640 et 1650 : son état est des plus déplorables, c'est un vrai crétinisme intellectuel. Pas un encouragement, pas un mouvement, pas un homme de quelque valeur. A Bologne, au contraire, j'avais trouvé des hommes distingués. Quant à l'état de ce pays, tenez, je ne vous en parle pas, car je n'aime pas à écrire sous le coup de la colère. Tout ce que j'imaginais, je l'avoue, a été dépassé; le croiriez-vous? c'est pourtant beaucoup plus comme gouvernement de la bêtise et de la nullité que comme gouvernement de la violence qu'il m'exaspère. La violence a un certain air de fatalité, auquel on se résigne sans colère, comme on ne s'irrite pas contre la maladie, contre la mort... mais la bêtise!... cela me met hors des gonds.

Adieu. Écrivez-moi maintenant à Milan et Turin. Dans un mois, nous causerons.

Votre tout ami,

E. RENAN

XXVI

A MONSIEUR MARCELLIN BERTHELOT

22, Rue des Écrivains, Paris.

Milan, 14 juin 1850.

Tous ceux qui ont vu Milan n'ont eu qu'un mot pour exprimer la sensation produite tout d'abord par cette grande ville. Depuis Montaigne jusqu'à nos jours, tous les voyageurs sans exception ont été frappés de l'*aspect français* de la capitale de la Lombardie.

Cette physionomie est caractérisée à un point vraiment difficile à croire. La langue, les habitudes sont absolument les nôtres; la ville est toute neuve; rien, absolument rien d'artistique; l'aspect des quartiers marchands est celui de la rue Saint-Honoré : les quartiers aristocratiques rappellent ou plutôt reproduisent identiquement la Chaussée-d'Antin. Le grand palais artistique de Rome, de la Toscane, de Venise a disparu; il n'y a plus que des maisons splendidement bâties dans le style complètement insignifiant de nos grands hôtels. Les palais gouvernementaux sont comme les nôtres de grandes maisons architecturées artificiellement, genre théâtral, *décorés* plutôt que peints avec des *appartements* somptueux. Je n'avais pas encore bien compris pourquoi le moindre palais particulier de Rome, de Florence, de Bologne, de Venise force à s'arrêter, est un monument en un mot, tandis que nous ne levons pas les yeux pour regarder la plus superbe habitation de Paris. Certes, il y a mille maisons à Paris plus grandes, plus riches, *plus ornées* que ces palais. Ces palais sont tous délabrés, inhabités, inhabitables même, sans fenêtres, ou avec des planches en guise de carreaux, de vrais galetas en un mot. Mais ils sont une *œuvre d'art* avec leur physionomie individuelle, et voilà ce qui se révèle à quiconque les regarde, sans qu'il sache bien pourquoi. Le contraste de Milan est le plus propre à faire analyser cette différence de manière. Il en faut dire autant des églises, de tout ce qui sert de thème à l'art : en un mot, l'art, à Milan, n'est déjà plus que la décoration théâtrale et convenue comme chez nous. Mais comment, direz-vous, cette ville, qui aussi bien que Florence, Venise, etc., a eu son originalité, son histoire, n'a-t-elle plus rien de cette originalité et n'offre-t-elle plus que ce type vague et général qui est le type français? Cela s'explique. Il n'y a pas d'abord à Milan deux pierres l'une sur l'autre antérieures à Barberousse, grâce à la consciencieuse manière dont ce César tint son serment à son égard. Puis la fureur de bâtir est poussée ici à un point extrême. Puis Milan a été depuis un demi-siècle une ville officielle. Vous ne sauriez croire combien tout ici est empreint de Napoléon et du *royaume d'Italie*. C'est lui qui a tout rebâti, palais, arcs de triomphe, etc. Encore un peu plus et Milan serait devenu une rue de Rivoli, avec de belles ouvertures en face des monuments (idée toute française et dont les anciens Italiens poussaient l'oubli à un point extrême). Il y a encore une objection qui m'a longtemps préoccupé et qui m'est maintenant expliquée. Si donc la Lombardie est à peine italienne, sans caractère, sans originalité, comment ce pays est-il devenu le centre du mouvement italien, le vrai représentant de l'Italie contemporaine? celui qui a produit, avec le Piémont (moins italien encore), tous les grands hommes qui représentent l'esprit moderne en ce pays, Monti, Manzoni, Pellico, Beccaria, Rosmini, Gioberti, etc., etc. Mais c'est qu'à vrai dire ces hommes ne sont pas italiens; ils sont *modernes*, ils sont de *notre patrie*, à nous qui n'en avons pas d'autre que l'idée. Ils sont moulés sur le type de cette société italo-française, que Napoléon avait conçue et qu'il a réellement exécutée. Car, je le répète, le royaume d'Italie est resté le type de ce pays. Du moment où l'Italie a dû entrer dans la période de littérature et d'art réfléchi, elle a dû avoir ses représentants dans ce pays; mais dans sa grande époque naïve, elle dut subir les influences locales.

Le propre de notre culture est de rendre à peu près insignifiantes ces différences, grâce à la culture qui ne laisse plus qu'une très faible part aux influences locales. Voilà Canova par exemple, le grand artiste réfléchi, qui vit dans un coin perdu de Bellune, Trévise, etc., qui ne compte absolument pour rien dans le développement naïf de l'Italie. Certes, un Canova naissant en ce pays au xv⁰ siècle, sans se rattacher à une tradition locale, c'est la culture moderne, c'est le milieu moderne qu'on trouve partout et beaucoup plus ici que dans le reste de l'Italie.

Dans quinze jours je serai à Paris, excellent ami, et nous causerons à loisir. C'est pour moi une joie bien vive et presque un rêve de songer à cela. Votre manque me devenait vraiment très sensible. Jamais je n'ai tant apprécié votre belle âme et votre excellent cœur. Adieu et à bientôt.

Votre cher ami,

E. RENAN

XXVII

A MONSIEUR MARCELLIN BERTHELOT

22, Rue des Écrivains, Paris.

Turin, 21 mai 1850.

J'arrive, cher ami; demain, après-demain peut-être, vous m'entendrez frapper à votre porte. Dimanche matin je franchis la frontière à Briançon, et lors même que je succomberais à Grenoble à la tentation de la Grande Chartreuse, je serai encore à Paris vers le 28 ou le 29. A bientôt donc : il me serait dur de vous écrire à la veille de causer avec vous. Peu de joie dans ma vie ont été aussi vives que celle que me cause cette charmante perspective. Me retrouver avec vous, quand nous avons tant à nous dire! A bientôt, cher ami, vous savez combien vous aime votre

E. RENAN

XXVIII

A MONSIEUR RENAN

A Turin, Italie.

Paris, 1ᵉʳ juin 1850.

Cher ami,

Je regrette fort votre absence de Paris : il y a bien des choses que je ne puis vous dire au long dans une lettre, et relativement à la vie publique et relativement à mon propre travail. Parlons d'abord de la première : je crois que la démocratie jette dans ce pays des racines de plus en plus profondes. L'irritation est vive, on s'occupe de politique, autant qu'à aucune autre époque, et cependant, chose étrange, ce peuple si mobile, si prompt à s'insurger, garde le calme le plus profond et se résigne à attendre que son jour soit venu ; et cela plusieurs années, s'il le faut. Cela ne peut venir que d'une foi bien vive dans l'avenir, que d'un état des esprits bien différent du scepticisme qui régnait sous le dernier roi. Alors, la Révolution de Juillet une fois éteinte et amortie, il se produisit d'un côté, dans le monde gouvernemental, des phénomènes analogues à ceux-ci ; et, en réponse, dans le populaire, une agitation fébrile et des convulsions périodiques ; puis vint l'atonie de l'affaissement et de l'impuissance. C'était dans l'imagination, plutôt que dans l'intelligence des masses, qu'avaient apparu les idées nouvelles, presque aussitôt évanouies. Aujourd'hui tout cela a pénétré bien plus avant et toute cette multitude calcule froidement ses chances et la conduite à tenir dans telle ou telle occurrence, avec le calme d'hommes isolés, raisonnant dans leur cabinet. Ce n'est pas un mot d'ordre qu'elle reçoit : malgré la décimation du 13 juin, il se trouverait encore au besoin bien des chefs insurrectionnels dans la tête du parti. Non, c'est plutôt une sorte de conviction semi-raisonnée, semi-spontanée. Tout cela est étrange et éminemment curieux à étudier : jamais, je crois, phénomènes de ce genre ne se sont passés sur une si vaste échelle. Sans doute bien souvent, dans les républiques anciennes et dans celles de l'Italie au moyen âge, on a vu le peuple animé de sentiments communs calculer plus ou moins sa conduite. Mais c'étaient quelques milliers d'individus, se connaissant tous et pouvant se concerter. Jamais une telle multitude n'avait agi dans une chose réfléchie avec pareil ensemble. Il fait bon vivre aujourd'hui ; car malgré l'agitation perpétuelle, l'incertitude de l'avenir et la présence du mal sur tous les points, malgré tout cela, on assiste à un grand spectacle ; on voit la vie se dérouler en mille phénomènes et se renouveler sans cesse : ce ne sont plus les eaux mortes et sans courant d'il y a dix ans, mais le cours d'un fleuve immense, avec ses reflux et ses tempêtes. En un mot, on se sent vivre, fût-ce par la colère et le mépris du présent. Et la vie éveillée dans le cœur et la tête, on sent plus vivement le beau et le bon dans tous les ordres de choses.

C'est ainsi qu'à présent, comme je crois vous l'avoir déjà dit, je sens la nature plus vivement et dans sa vérité que je ne l'ai jamais fait. Chaque soir mon plaisir est d'aller suivant le cours de la Seine et de regarder l'eau, la verdure qui la borde et les palais des rives, et les bateaux qui y passent, à peine et en petit nombre à cette heure. A la fin du jour, toute la vie qui circulait encore dans la nature commence à le faire avec plus de lenteur, au voisinage de la nuit. Hier soir notamment, j'ai assisté à un magnifique coucher de soleil : je ne sais si dans votre Italie vous voyez quelque chose de plus beau. D'abord, de la place de la Concorde, avec ses eaux jaillissantes, on voyait à l'occident, derrière les arbres des Champs-Élysées, la masse rouge de feu qui entourait le soleil déjà à l'horizon; cette lumière n'était pas éblouissante et belle par sa vivacité; mais elle avait je ne sais quel éclat doux et rosé, qui reposait les yeux, éclat reflété par les nuages situés à l'opposite et s'y dégradant, en se mêlant à leur couleur propre, jusqu'à des tons violacés charmants. Plus bas, à mes pieds, la Seine, avec ses longs trains de bois, formait une nappe immense, éclairée des feux du soleil : ce n'était pas une surface polie et homogène comme une glace; mais partout à sa surface couraient les frissonnements de l'eau en mouvement. A mesure que je marchais, la lumière réfléchie s'effaçait de la partie de l'eau située à ma droite et cette région reprenait sa teinte verte et profonde; cette teinte que vous devez si bien voir à Venise. Des hirondelles voltigeaient avec de petits cris aigus au-dessus de ma tête et devant le fronton de l'Assemblée, poursuivant les insectes du soir. A ce moment le soleil, passé tout entier sous l'horizon, illumina l'Occident de lueurs plus vives : au sein de ce tapis de feu éclataient du nord au midi quatre immenses nuées horizontales, et la lumière se réfléchissait jusqu'aux points les plus éloignés des nuages situés à l'Orient. Les quatre nuées restèrent bientôt seules brillantes, comme quatre colonnes de feu, au sein d'un ciel blanc; en partie masquées, d'ailleurs, par un vaste nuage grisâtre et par les paquets de fumée élevés de la ville. Puis elles s'obscurcirent à leur tour latéralement : d'abord près du centre, de façon qu'elles ne présentaient plus qu'un vaste demi-anneau de lumière, de forme parabolique. Cette lueur se dégrada par degrés, jusqu'à ce que le ciel n'offrît plus qu'un fond rosé de plus en plus rétréci, au sein duquel se dessinait la forme sombre de l'Arc de Triomphe. Ce spectacle m'a causé un plaisir indicible. Oui, la nature ici, cher ami, est aussi belle qu'en Italie; mais les formes ne sont pas les mêmes, et cette beauté est sans doute moins superficielle, exige un esprit plus attentif et plus dégagé de soucis et de préjugés égoïstes. Car, comment sympathiser avec elle, comment éprouver le sentiment du beau, quand on se renferme dans le culte exclusif de la fortune et du bonheur, au sens étroit et personnel du mot? Dans ma prochaine lettre je vous parlerai des nouvelles recherches que j'ai commencées ces jours-ci. Aimez-moi toujours.

Tout à vous de cœur.

MARCELLIN BERTHELOT

XXIX

A MONSIEUR RENAN

Hôtel des Mines, rue d'Enfer, Paris.

Seine-Port, 16 septembre 1850.

Je suis parti plus tôt que je ne le pensais, cher ami, la dernière fois que je vous vis. Je suis ici avec ma mère, dans un milieu un peu pâle, mais fort doux. Nous sommes chez une amie, âgée de près de soixante-dix ans, sans éducation première, mais d'une grande bienveillance pour les gens qu'elle aime et toujours empressée à leur être agréable; très passionnée pour le bien-être matériel, laissant d'ailleurs couler sa vie sans trop de souci.

D'un autre côté, une famille que je connais depuis

seize ans, celle du médecin du pays. Ce sont aussi d'excellentes gens : ils touchent à la vieillesse et leur vie est un peu triste, les enfants s'étant envolés peu à peu. La femme reporte sur tout ce qui l'entoure son besoin d'affection et de sensibilité, besoin exalté par l'isolement. Car ici, bien que les familles bourgeoises abondent, chacun vit chez soi, limité par la médiocrité de ses moyens. Le sentiment religieux suffit à remplir cette existence et à lui donner le *modus* et la satisfaction de tous ses instincts : c'est un caractère fort doux à contempler; c'est bien le type des poètes, la violette déjà pâlissante et prête à se faner, mais toute parfumée de grâce et d'amour. Son mari prend aussi la vie par le côté de la religion et du devoir, en l'animant à demi de cette gaieté douce, de cette bonhomie, qui dans un autre type toucherait à l'ironie; de ces plaisanteries, attiques ou non, qu'importe, propres à un certain caractère qui se rencontre assez souvent parmi les médecins, surtout à la campagne.

Voilà, avec ma mère et ma sœur, toute ma société ici. Cette vie serait l'idéal de ce genre d'existence médiocre, passée à la campagne dans un certain milieu d'affection et de bien-être limité; en un mot de cette vie que le bourgeois rêve aujourd'hui, comme son idéal de bonheur et de repos. C'est au moins un état de calme, fort propre à reposer l'âme et à la remettre dans son assiette, à lui permettre de reprendre des forces, à l'empêcher de s'user, de s'émousser tout à fait dans ce continuel frottement, cette continuelle dépense d'activité et d'intelligence que l'on fait à Paris. Ici du moins on a le temps de réfléchir ses sentiments, de tourner ses pensées sous toutes les faces, de regarder passer lentement le paysage et de s'y arrêter un moment, s'il vous plaît; l'eau ne vous entraîne pas sans cesse, sans vous laisser jamais le temps de rien achever, de rien voir à fond; vous pouvez au besoin dormir quelques minutes, sûr de trouver au réveil les mêmes fleurs à vos pieds et le même horizon.

Adieu, cher ami, aimez-moi toujours et écrivez-moi, à moins que vous ne préfériez attendre mon retour à Paris : j'y serai dans huit jours.

MARCELLIN BERTHELOT

DEUXIÈME SÉRIE

(1856-1861)

DEUXIÈME SÉRIE

(1856-1861)

I

A MONSIEUR BERTHELOT
Rue Saint-Martin, 113, Paris.

Paris, 11 septembre 1856 [1].

Mon cher ami,

Samedi vers dix heures et demie, nous serons à Saint-Germain-des-Prés, et vers midi à l'Oratoire. Ai-je besoin de vous dire quel plaisir nous aurons à vous serrer la main? Venez nous voir auparavant, si vous pouvez. Vendredi soir, je pense, nous y serons.

A bientôt, mon cher et excellent ami.

E. RENAN

I *bis*

Nous n'osons adresser une invitation directe à madame et mademoiselle Berthelot, de crainte de

---

[1]. Mariage de M. Renan.

leur causer quelque dérangement; mais leur présence à Saint-Germain-des-Prés nous ferait le plus grand plaisir. Nous n'adressons point de lettres d'invitation; mais la présence de messieurs et mesdames Berthelot n'empêchera pas que la cérémonie ne se passe en famille.

H. RENAN

II

A MONSIEUR BERTHELOT

Mon cher ami,

M. Ary Scheffer, à qui nous avons beaucoup parlé de vous et qui aime tous ceux qui prennent la vie par le côté sérieux, désire faire plus ample connaissance avec vous. Il nous charge de vous prier de venir dîner chez lui mardi prochain, à six heures et demie, rue Chaptal, 16.

Vous nous y trouverez tous les trois. Si vous voulez être rue des Saints-Pères, à cinq heures et demie, nous partirons ensemble : cela vous sera plus commode pour la première fois. Demain soir nous serons à la campagne; mais lundi soir je pense que nous serons chez nous. En tout cas, à mardi.

Tout à vous, cher ami.

E. RENAN

III

A MONSIEUR BERTHELOT

Mon cher ami,

M. Ary Scheffer vous prie de lui faire le plaisir de venir dîner chez lui demain dimanche à six heures et demie, rue Chaptal, 16. On tient beaucoup à vous avoir. Madame Viardot y sera; on sera du reste en tout petit comité.

Tout à vous, cher ami.

E. RENAN

IV

A MONSIEUR RENAN

Turin, 7 septembre 1857.

Mon cher ami,

Voici huit jours que j'ai quitté Paris et tous ceux que j'aime, et je n'ai encore aucune nouvelle. Leur absence ne laisse pas que de me causer par moments beaucoup de tristesse. Au moment du départ surtout, j'ai ressenti très vivement ce sentiment d'isolement; plus peut-être en songeant à mon père et aux miens qu'à moi-même. Je me suis rappelé ce que votre sœur disait de ce regret de l'absence que l'on se fait scrupule d'effacer. La nuit et l'insomnie du wagon, ainsi que le bavardage inexorable de mon vis-à-vis, augmentaient encore ma tristesse; toutefois ce bavard, chef de bureau du ministère de la guerre (comme son langage l'indiquait), a fini par raconter, au milieu de son flux de paroles, quelques choses intéressantes qui m'ont distrait à demi. Le lendemain je me suis trouvé chez mon ami, à quatre heures de Mâcon, et je me suis reposé, physique et moral, pendant quelques jours avant notre départ.

Aujourd'hui j'ai traversé les Alpes et suivi les aspects successifs des pays de montagnes, depuis les collines onduleuses et les plis de terrain du Mâconnais, — si propres à faire rêver doucement et à calmer l'esprit par l'absence d'objets violents et gigantesques, par ces contours arrondis et toujours adoucis qui fuient à l'horizon; — jusqu'aux masses écrasantes des Alpes, que nous avons franchies par la route du Cenis. Je l'ai gravie à pied devant la diligence, de minuit à quatre heures du matin : les montagnes, les gorges sauvages, les neiges et les glaciers, éclairés par la pâle lumière de la lune, sont l'un des plus beaux spectacles que l'on puisse contempler. Je n'avais jusqu'ici rien vu d'aussi terrible que les gorges franchies par cette route.

Aujourd'hui je suis à Turin, et ce soir je serai à Gênes : là commence l'Italie. J'espère trouver à Florence une lettre de vous et je recommande à mademoiselle Renan de vous presser vivement : les lettres parties de Paris avant le 20 septembre me trouveront à Florence. Plus tard, écrivez à Rome.

Adieu, mon cher ami, rappelez-moi au souvenir de tous ceux que vous aimez.

Tout à vous.

M. BERTHELOT

V

A MONSIEUR RENAN

Firenze, 14 septembre 1857.

Mon cher ami,

Je m'attendais à trouver ici une lettre de vous, mais j'ai été déçu; sans doute elle arrivera demain. Voici le troisième jour de mon séjour à Florence; je partirai pour Rome lundi prochain. Adressez-moi votre réponse à Rome, poste restante; je ne sais si je pourrais la recevoir encore ici. J'ai fait mon entrée en Italie par Pise, car je ne compte Gênes et ses palais que pour mémoire : à Gênes, c'est la vue de la mer et le panorama de la ville qui méritent surtout l'attention. Mais à Pise et à Florence on est aux sources de l'art et de la vie moderne.

Les quatre monuments de Pise m'ont ravi. On y trouve ce sentiment souverain de la mesure et de la beauté, qui manque à l'art du moyen âge. Le détail est parfait et concourt à l'ensemble, sans l'effacer.

A ce point de vue je préfère le Dôme de Pise à Santa-Maria dei Fiori, malgré l'élégance du bijou florentin. La cathédrale de Florence est merveilleusement ornée : ç'a été l'amour de tout un peuple pendant des siècles; mais cette richesse d'ornement détruit en partie l'effet de l'ensemble. Ce n'est qu'à l'intérieur qu'il se retrouve dans toute sa majesté, sous le dôme de Brunelleschi.

Le baptistère de Pise n'est pas moins préférable, pour moi, à celui de Florence, et vous savez qu'il l'emporte, même par les ornements. Quoi qu'il en soit, Florence est ravissante et j'y reviendrai quelque autre année pour la savourer plus à loisir. Jusqu'à présent je n'ai fait que courir et prendre une idée générale de la ville, de ses palais, de ses églises et de ses musées. Je vais ces jours-ci revenir sur chaque chose : sinon avec détail, ce qui exigerait des mois, du moins de façon à en conserver quelque empreinte. Celui qui n'a pas vu ces choses n'a pas vécu et ne peut être complet. Rien aujourd'hui ne peut donner l'idée de ces foyers de vie, où tout homme a compté; où chacun, jusqu'au plus humble artisan, avait le sentiment de la grandeur de sa patrie et de l'idéal de la civilisation.

Cette race est morte aujourd'hui; elle a perdu sa vigueur morale et physique et presque jusqu'au souvenir de son amour pour les choses élevées : quelqu'un qui vit depuis un an à Florence me dit n'avoir été témoin qu'une seule fois d'un acte de passion et de violence; et cependant la grâce et la distinction se retrouvent encore empreintes sur tous ces visages. Jusque dans Fiesole et dans les villages voisins, le paysan a le sentiment de sa noblesse; il compose des vers et il parle la langue la plus pure.

L'histoire de Florence et de la Toscane est l'un des exemples les plus concluants en faveur du progrès. Sur ce sol ont déjà vécu deux civilisations : l'Étrurie a vécu et est morte, presque sans laisser de traces; si ce n'est dans les germes par lesquels s'est continuée la civilisation romaine. Et sur ce sol épuisé, au sein de ce peuple éteint, après deux mille ans, il s'est développé un nouvel art, un nouveau peuple, qui a représenté encore une fois l'humanité. Notre monde est bien jeune, et ce sont là déjà des précédents historiques qui doivent nous inspirer toute confiance. Il n'y a point de mort définitive; et si l'art semble s'affaisser après quelques périodes éclatantes, c'est que sa nature est discontinue et périodique. Mais, éteint ici pendant de longs siècles, il a déjà reparu et exprimé, avec une perfection égale à l'ancienne, un idéal supérieur.

Adieu, mon cher ami, ne m'oubliez pas, et rappelez-moi au souvenir des vôtres.

Tout à vous.

M. BERTHELOT

VI

A MONSIEUR BERTHELOT

Vendredi, 18 septembre.

Mon excellent ami,

Mes amis ne doivent pas juger de mon amitié par mon exactitude à écrire; autrement ils en auraient une idée très imparfaite.

J'observe en moi depuis quelque temps un phénomène très bizarre; c'est l'énorme difficulté que j'éprouve à employer d'une manière abandonnée l'instrument que j'ai pris l'habitude de manier avec réflexion et raffinement. Je crois que j'en viendrai à ne plus correspondre, et je comprends parfaitement le tort que fait par un côté à l'esprit humain la trop grande culture de langage, comme cela a lieu en français et en italien : cela absorbe beaucoup de forces, et nuit à l'action : les Allemands, qui cherchent seulement à dire tant bien que mal ce qu'ils veulent dire, sont plus heureux. Quant à vous aimer, cher ami, je vous assure que je ne l'ai jamais tant fait : nous parlons souvent de vous, de votre précieuse nature, de votre excellent cœur. Nous vous regrettons le soir, et votre lettre a été lue avec une bien grande joie. Je ne doute pas que l'Italie ne vous ait parlé bien vivement.

Quelle individualité à part! comme cela met bien en relief tout un côté de l'humanité! et la Toscane est bien à cet égard le cœur de l'Italie elle-même. Je suis fort empressé de savoir ce que vous auront dit Pise, Sienne et Florence. Ne négligez pas l'Ombrie, Pérouse, Assise : cela est encore plus curieux et caractérisé, s'il se peut.

Nous allons tous assez bien. Cornélie porte très bien son état de grossesse et est pleine de courage. Henriette a un peu souffert du cœur; mais comme elle est sujette à ces sortes d'affections qui n'ont pas de suite, je ne crois pas que cela tienne à aucun désordre grave. Son état moral est parfait maintenant : elle se sent aimée et nécessaire, et ainsi sa conscience timorée et toujours éprouvant le besoin de se dévouer se rassure. L'affection vive et profonde que se portent les deux femmes distinguées et excellentes que j'ai pu réunir près de moi est une grande consolation. Je ne doute pas qu'un enfant ne cimente et n'adoucisse encore tous ces liens. M. Ary Scheffer a terriblement souffert les jours derniers d'une attaque de goutte : il va mieux maintenant; mais hélas! sa santé générale est loin de me laisser sans inquiétude.

Tout le monde vous envoie les meilleurs compliments. Vivez dans cette belle lumière et rapportez-en une provision de vie lumineuse et de jeunesse. Ce n'est pas là précisément ce qu'on puise dans notre triste atmosphère, de plus en plus lourde et brumeuse. Écrivez-nous, voyez, sentez et pourtant revenez vite.

Votre meilleur ami,

E. RENAN.

VII

A MONSIEUR BERTHELOT

Paris, 22 septembre 1857.

Oui, mon excellent ami, je suis fort négligent à écrire. Mais ne jugez point par là de mon amitié. Vous m'aviez permis jusqu'au 20 de vous écrire à Florence; je vous ai écrit le 18 à cette adresse : malheureusement je vois par vos deux lettres que ce sera trop tard et que ma lettre n'arrivera à Florence qu'après votre départ. Le ravissement que vous a causé Florence ne m'étonne pas, et encore je préfère bien pour ma part Pise, Sienne et l'Ombrie. Vous avez bien jugé Pise : nulle part la vie italienne du moyen âge n'apparaît mieux. Vous serez à Rome quand vous recevrez cette lettre; je vous recommande vivement les environs immédiats et les déserts au delà de Saint-Grégoire et de l'Aventin : nuls lieux ne m'ont laissé de plus grandes impressions.

Voyez le Musée de M. Campana pour l'Étrurie; n'oubliez pas les catacombes, surtout Sainte-Agnès. J'aimais beaucoup aussi la Longara, les hauteurs du cimetière San Spirito, de San Onofrio et de Saint-Pierre in Montorio. Toute cette colline du Janicule est ravissante. Tâchez de voir les nécropoles étrusques à Cervetri et près de Corneto, à votre retour.

Écrivez-moi surtout, et dites-moi vos impressions

de Rome, que je suis fort curieux de connaître. En même temps que votre lettre, j'en ai reçu une de madame d'Agoult, qui me parle de vous et qui a su vous apprécier avec sa finesse habituelle. Elle me dit tout le plaisir qu'elle a eu à voir avec vous plus d'un chef-d'œuvre et à surprendre les premières et délicates impressions de votre esprit, en présence de ce monde nouveau.

Toute notre famille est bien et nous parlons sans cesse de vous. On me gronde fort de ne pas être plus exact à vous écrire, et on lit vos lettres avec un vif intérêt. La mort de M. Quatremère me jette dans des soucis qui me sont fort antipathiques. Je puis fort bien dire, sans me surfaire, que je suis la personne la plus distinguée pour le remplacer au Collège de France, et je ne puis cacher que j'ai toujours eu le désir d'entrer dans cet établissement, dont je crois bien comprendre les devoirs et la destinée. D'un autre côté, je sens que j'aurai à soutenir une lutte acharnée contre ceux qui verraient un sacrilège dans le fait de me mettre officiellement la Bible entre les mains. J'avoue que, sauf meilleur conseil, je crois qu'il vaut mieux livrer la bataille. Je ne puis accepter pour moi ni pour la science le rôle d'un *capitis minor*.

Il va sans le dire que je ne parle en tout ceci que de la présentation du Collège et de l'Institut : le refus de la nomination du ministère ne serait pas à mes yeux une défaite; et en tout cas, je ne ferai pas une ombre de sacrifice pour l'obtenir. Je crains fort que le bonhomme Biot ne se monte contre moi : il est tombé tout à fait sous la coupe de Lenormant et du *Correspondant* : je sais que M. Guigniaud a eu à l'adoucir et lui a remis mes *Langues sémitiques*, pour lui prouver que ce livre ne renferme pas les blasphèmes que l'on dit.

Quand vous serez à Paris, je compterai sur vous pour cela, et surtout pour empêcher que cette aversion ne gagne M. Regnault. Rien ne me déplaît plus que ces sortes de soucis, dont je croyais être délivré à tout jamais par ma nomination de l'an dernier. Je me reproche maintenant de vous en avoir parlé : tout ceci doit vous faire l'effet d'une traînée de fumée de locomotive sur le beau ciel bleu dont vous jouissez.

Écrivez-moi plus souvent encore, et croyez-moi votre meilleur ami.

E. RENAN

Rue Casimir-Périer, 27.

VIII

A MONSIEUR BERTHELOT

23 septembre 1857.

Mon cher ami,

Vous allez m'en vouloir de troubler votre quiétude romaine par de fastidieuses affaires. Mais notre bataille du Collège de France est déjà si chaudement engagée que mes amis me font un devoir de ne rien négliger. Pourriez-vous écrire à M. Balard? Jugeriez-vous utile de le faire à M. Biot et à M. Regnault?

Vous savez qu'en fait de démarches je pratique fort le *Ne quid nimis* et que je regarde comme un mal ce qui est superflu. Ainsi ne faites rien que vous ne croyiez *très efficace*. Je regrette fort que vous ne soyez pas ici; mais je ne suis pas assez égoïste pour préférer mon intérêt à vos nobles jouissances. *In ista luce vive.*

Tout à vous,

E. RENAN

Vous avez reçu sans doute ma lettre d'hier. Pour éviter tout malentendu, envoyez-moi si vous voulez les lettres que vous voudrez écrire. Qui sait ce qui se sera passé d'ici quinze jours?

IX

A MONSIEUR RENAN

Rome, 2 octobre 1857.

Mon cher ami,

Je regrette infiniment de ne pas être à Paris, car je crois pouvoir agir sur M. Biot; mais c'est une action qui est nulle à distance : il faudrait le voir en personne et sonder le terrain pendant un jour ou deux, car vous savez comme il est fantasque. Dans tous les cas, je vous envoie une lettre que j'écris à

M. de Sénarmont; c'est l'homme au monde qui a le plus d'action sur M. Biot, et je dirai même sur M. Regnault : c'est un caractère très libéral et avec lequel je pense que vous vous entendrez au premier mot, si vous pouvez causer avec lui. Bernard a aussi quelque action sur M. Biot et il vous est tout dévoué; mais je ne sais s'il est à Paris. Quant à M. Regnault, ce que je pourrais lui dire ou lui écrire est inutile; il est incapable de comprendre le tour de votre nature et il y a grand'chance pour qu'il se décide par quelque motif extérieur. Cependant le mobile scientifique a encore sur lui une faible prise : c'est M. de Sénarmont qui peut le plus agir sur lui.

Pardon de toute la confusion de ma lettre; je suis arrivé il y a trois heures à Rome, après une nuit assez fatigante dans une auberge de la Campagne romaine, au milieu des orages et des brouillards; ma tête n'est pas encore tout à fait éclaircie. Je vous dirai seulement que j'ai reçu votre première lettre à Florence. J'y suis resté huit jours de plus que je ne voulais, étant tombé malade. Sans le dévouement de quelques amis, et particulièrement du père d'Émile Ollivier, qui m'a accompagné dans une ferme de l'Apennin où je me suis remis, je crois que je serais revenu en France à la fin de septembre.

Maintenant tout va bien, et je regrette presque, à votre point de vue, que cette indisposition n'ait pas eu une telle suite. J'ai vu ces jours-ci Pérouse, Assise et Terni; je causerai plus librement avec vous ces jours-ci. Adieu, mon cher ami, rappelez-moi au souvenir de mesdames Renan.

Tout à vous,

M. BERTHELOT

X

A MONSIEUR BERTHELOT

Mercredi matin.... 1858.

Monsieur et ami,

Hier soir à huit heures et demie, M. Ary Scheffer, après une agonie des plus douloureuses, a été enlevé à sa malheureuse fille... Je n'ajoute rien à ces tristes lignes, que j'écris au nom de mon frère, assurée que je vous verrai dans le plus court délai.

H. RENAN

Mon frère est en ce moment à Paris; mais il retourne dans l'après-midi à Argenteuil.

XI

A MONSIEUR BERTHELOT

Paris, 22 août 1858.

Mon cher ami,

Votre bonne lettre[1] nous a fait un vif plaisir : vous savez à quel rang nous vous plaçons dans notre estime et dans notre amitié.

1. Perdue.

Vos impressions des Vosges sont très vivement rendues, et vous les faites partager. Je n'ai jamais vu de montagnes ainsi revêtues de végétation; je ne connais que les bruyères de Bretagne et les montagnes pelées de Provence et d'Italie. J'ai un faible, je l'avoue, pour ces aspects dénudés, qui dépaysent entièrement l'homme et le transportent à mille lieues de l'utile. Les forêts elles-mêmes me sont suspectes de servir à quelque chose; tandis que les bruyères et les rochers ne servent notoirement à rien.

Nous ne sommes pas fixés encore sur ce que nous ferons au mois de septembre. Le triste événement d'il y a quelques semaines et l'incertitude des arrangements de la Bibliothèque laissent pour nous en ce moment beaucoup de questions non résolues. Je crois cependant que je pourrai faire une double excursion : l'une dans le nord, avec ma sœur, pour visiter les insignes monuments du xiv° siècle, dont je dois parler dans l'*Histoire littéraire*; l'autre au sud, avec ma femme, pour lui montrer ces climats qu'elle ne connaît point encore. Nous irions à Avignon et rayonnerions de là sur la Provence et le Languedoc.

Ici, rien de nouveau. La Bretagne, le clergé, les paysans et le peuple ont été enthousiastes; la bourgeoisie s'est abstenue, la noblesse s'est coupée en deux. Il semble au Ministère de l'Instruction publique qu'on a été un peu loin en fait de sottise et qu'on veuille un peu réagir contre soi-même : mais je crois bien que le naturel ne tardera pas à revenir. La mention que j'ai faite d'Édouard Biot dans mon article a enchanté le père : nous sommes maintenant les meilleurs amis du monde; il m'a donné des livres de son fils et m'a beaucoup parlé de vous.

Le Baby[1] va très bien, mais devient de jour en jour plus volontaire. Ma sœur et ma femme vont très bien aussi. Tous nous désirons votre retour. Vous savez quelle affection pour vous nous avons. Reposez-vous bien, pensez à nous, et croyez à la vive affection de votre meilleur ami.

E. RENAN

XII

A MONSIEUR RENAN

27, *rue Casimir-Perier, Paris.*

Château d'Heidelberg, 26 août 1858.

Mon cher ami,

Vous avez pour l'utile une haine trop raffinée : les rochers et les bruyères mettent l'âme dans une disposition plus rêveuse peut-être que les vertes forêts; mais ne reprochez pas aux forêts d'être suspectes de servir à quelque chose, car les bruyères et les rochers ne le sont pas moins : les unes servent aux troupeaux, les autres à la construction des maisons et des routes, voire même au macadam. Tout devient utile entre les

---

1. Ary Renan.

mains de l'homme, et il ne faut pas trop haïr ce côté de notre nature, car c'est là une condition matérielle de l'existence de nos civilisations. Le rêve du solitaire indien est tout aussi idéal que le nôtre : mais il n'a point réussi à soutenir une civilisation progressive et non sujette à une ruine sans retour.

Ici, je vois beaucoup de choses qui me montrent plus clairement par contraste les avantages du système français : je cause souvent avec les *privat docent* scientifiques : leur vie est bien plus misérable que la nôtre, et les instruments de travail leur manquent bien plus complètement. Le peu d'indépendance qu'ils pourraient avoir en compensation, est plutôt virtuel que réel ; car l'homme très pauvre ne peut guère être regardé comme vraiment libre. Quant aux professeurs proprement dits, je ne sais si la direction de cinquante élèves, assujettis à exécuter un cours régulier de cent cinquante manipulations toujours identiques, n'équivaut pas aux examens et aux doubles fonctions, pour la neutralisation de l'activité scientifique. Un seul avantage existe ici : l'absence des préoccupations ambitieuses, qui perdent tous nos savants dès qu'ils arrivent à l'âge mûr ; mais en retour, l'horizon est étroit, et l'on ne peut guère acquérir ce sentiment vif et général des choses, que l'on trouve à Paris. Toutes choses, je crois, doivent être vues à la fois de près et de loin : ici je suis bien plus optimiste relativement au système français, dont nous connaissions si bien les énormes inconvénients. Mais les avantages du système allemand, bon à exalter comme élément de contraste, se voient ici avec ce mélange de compensations et d'imperfections, qui caractérise toute chose humaine. Nous faisons l'éloge du libre développement individuel de l'Allemagne, opposé aux chaînes de notre centralisation, et les Allemands se plaignent de l'impuissance de l'individu et de la force que donne aux Français cette grande machine unitaire pour leurs travaux scientifiques.

Embrassez pour moi le Baby, et présentez mes respects à madame Renan et à mademoiselle Renan. Je leur adresse un œillet de Kœnigstuhl.

Tout à vous,

M. BERTHELOT

XIII

A MONSIEUR BERTHELOT

Cannes, 18 septembre 1858.

Nous voici au fond de la Provence, cher ami, et fort satisfait du choix que nous avons fait de ce beau pays. Pour la grandeur et le ton chaud de ses paysages, je n'ai rien vu qui le surpassât.

Ces montagnes cendrées, cet aspect aride et brûlé a quelque chose de frappant. L'atmosphère est plus étrange encore : il est imprégné des parfums de toute espèce, qui forment la principale production de ces pays et répandent dans l'air quelque chose d'enivrant. Les palmiers, les orangers, les aloès énormes, les cactus, et surtout le ton rougeâtre de toutes choses font croire qu'on est transporté en Orient. Le soleil est terrible, quand on le reçoit directement : mais l'ombre est délicieuse, et, somme toute, on est bien moins gêné par le chaud qu'à Paris. Chez nous, la chaleur est un excès, une sorte de fièvre du temps. Ici c'est l'ordinaire, le tempérament normal, la pleine et calme possession.

Nous avons fait notre quartier général à Cannes; de là nous avons rayonné sur Grasse, qui nous a ravis, et sur Antibes et Vence, qui nous ont offert, la seconde ville du moins, des sites grandioses de montagnes et l'aspect d'une de ces vieilles villes, pourrissant depuis des siècles sur leurs vieilles bases. Je n'ai rien vu de si vieux ici, que cette image vivante du passé. Nous voulions voir aussi Fréjus; mais la pluie, qui n'était pas tombée du mois de mars, a commencé hier soir : en conséquence, je crois prudent de quitter le Var, ces paysages n'ayant leur prix que par le soleil.

Nous allons regagner Aix, puis le Rhône et les grandes antiquités. En somme, nous sommes très contents : ce soleil franc et pur fait un bien infini. Quelques bains de mer que nous avons pris nous ont aussi fort bien remis de nos fatigues, et nous abordons frais et dispos la seconde partie de notre voyage, qui nous conduira samedi ou dimanche à Paris, où l'une de nos joies les plus senties sera de vous revoir.

La qualité plus solide que liquide de l'encre de Cannes me force d'être court.

Cornélie me charge de vous faire ses compliments les plus affectueux : merci pour les bons œufs frais que vous apportez à baby, et qu'Henriette nous apprend être consommés avec un admirable appétit. Adieu, cher ami, croyez à ma vive amitié.

E. RENAN

XIV

A MONSIEUR RENAN

à Avignon.

Paris, 20 septembre 1858.

Cher ami,

Vous n'écrivez guère, et sans votre sœur je n'aurais point eu de vos nouvelles avant votre retour. Mais j'ai vu avec plaisir que votre voyage tenait ses promesses et que vous preniez à la nature un goût, que vous réservez en général de préférence pour les souvenirs historiques. La région que vous parcourez est, sur la plupart des points, peu fréquentée des touristes et les gens du pays doivent avoir conservé leur physionomie originale, à un plus haut degré que ceux du Rhin ou de la Suisse.

Du reste le Var est un des départements les plus curieux de France à ce point de vue : il participe déjà de l'Italie centrale, et c'est le seul pays de

France où l'on entende encore quelquefois parler de diligence arrêtée par les voleurs. Je serais très curieux de savoir si la vie municipale s'y est conservée avec quelque puissance, comme les événements de 51 sembleraient l'indiquer. Mais vous avez bien peu de temps pour en juger. J'ai lu ces jours-ci le deuxième volume de Ferrari, qui a réveillé tous ces souvenirs dans mon esprit : ce livre est fort curieux, mais il me semble fait plutôt au point de vue politique qu'à tout autre et tenir trop peu de compte des éléments nouveaux et généraux de l'humanité. Du reste j'ai besoin de lire jusqu'au bout, avant de vous en parler définitivement.

Adieu, mon cher ami, oubliez-moi un peu moins; j'ai vu hier votre baby, qui se rappelle au souvenir de sa maman.

Tout à vous.

M. BERTHELOT

XV

A MONSIEUR RENAN

à Avignon.

Paris, 20 septembre 1858.

Mon cher ami,

J'ai reçu ce matin votre lettre, qui m'a fait grand plaisir. Ici je pense souvent à vous et je me figure votre voyage en combinant mes lectures, mes souvenirs et les nouvelles que votre sœur me donne. Je ne connais guère de pays semblables à celui que vous venez de visiter : toutefois l'entrée du chemin de fer dans le golfe de Marseille, et la position de Terni à l'entrée de sa gorge, me semblent en retracer quelques aspects. L'Algérie, d'après les récits de ses visiteurs, présente une physionomie toute différente : ce sont des collines moutonnantes et boisées, entremêlées de petites plaines et assez analogues aux Vosges.

Il est un point de votre voyage que je regrette de ne pas voir figurer dans vos récits : ce sont les îles de Lérins. L'aspect des petites îles, entourées par la mer que l'on aperçoit de toutes parts, doit être, ce me semble, une chose ravissante; surtout si elles se rattachent à ces souvenirs historiques qui doublent le prix des lieux, en les repeuplant par les générations antiques. Somme toute, je crains bien que les régions que vous venez de parcourir, trop pauvres en monuments caractérisés, n'éveillent dans l'esprit que des imaginations vagues : la nature seule vaut dans ces pays. Arles et Nimes n'en frapperont que davantage madame Renan, par le contraste de leurs ruines si significatives : ce sera pour elle la première image vivante de la civilisation romaine, de cette première unité du genre humain, qui s'est évanouie d'une si étrange façon.

Si j'en juge par vos descriptions, les paysages que

vous avez vus sont analogues à ceux qui environnent le pont du Gard : le contraste entre le paysage et le monument romain n'en sera que plus frappant, par l'opposition résumée des deux points de vue fondamentaux de votre voyage.

Adieu, mon cher ami ; malgré le regret de votre absence, je ne désire point votre retour, tandis que vous jouissez de votre route, en pleine liberté de cœur et de santé. Votre sœur est aussi en bonne santé ; mais je crois qu'elle ne formulerait point le vœu que je viens de faire, avec la même sincérité : toutefois elle me semble aussi heureuse qu'elle peut l'être en votre absence. Veuillez remercier madame Renan de son souvenir et lui renouveler le témoignage de mon respect et de mon affection.

Tout à vous.

M. BERTHELOT

XVI

A MONSIEUR BERTHELOT

Avignon, mercredi soir.

Cher ami,

Vos deux bonnes lettres que j'ai trouvées ici m'ont fait un bien vif plaisir ; il y avait si longtemps que je n'avais communiqué avec Paris et nos amis ! Le Var est certainement un des pays les plus éloignés de notre centre, et on y est plus loin de chez soi que dans toute autre partie peut-être de l'Europe.

Notre voyage se continue très bien. Arles, Nîmes et Avignon ont enchanté Cornélie. Quel centre admirable de vie antique! mais quel vandalisme depuis soixante ans! Tout se détruit ici systématiquement. La municipalité d'Avignon semble avoir un parti pris de détruire tous ses monuments caractérisés. Le génie militaire fait abaisser les tours du palais papal, qu'il trouve trop hautes. C'est inouï; jamais je n'avais vu si clairement le côté étroit de l'esprit français, sa brutalité, son incapacité de conserver quelque chose de délicat, et par-dessus tout son intolérance. Les grandes destructions d'Avignon ont été accomplies par un moine, élève de David, qui regarda comme un devoir de conscience artistique de détruire tout ce qu'il put trouver des restes de la sculpture du xive et du xve siècles, et en particulier les tombeaux des papes; car le dessin lui en paraissait parfois incorrect.

Nous approchons du terme, nous serons certainement à Paris dimanche soir; ce sera une bien vive joie pour moi de vous embrasser et de reprendre nos entretiens. Ma sœur m'apprend toutes vos bontés pour Baby; merci pour lui, présentez mes respects à votre famille, et croyez, bon et cher ami, à ma bien vive tendresse.

Cornélie vous offre ses meilleurs compliments.

E. RENAN

XVII

A MONSIEUR RENAN

Genève, 8 septembre 1859.

Mon cher ami,

Je vous écris ce petit mot pour donner de mes nouvelles et vous prier de m'envoyer des vôtres et de celles de toute votre famille.

J'ai trouvé ici divers amis et connaissances de Paris et de Genève et j'ai fait quelques promenades sur le lac, que j'adore toujours comme une divinité, et dans ses environs. Je ne puis me lasser de regarder ces eaux si belles, et je voudrais vous avoir avec moi pour partager mon admiration.

Je pars demain pour une tournée dans la montagne et je serai de retour dans quatre jours ici : j'espère y trouver de vos nouvelles, car ma lettre arrivera à Paris, j'espère, avant votre départ.

Tout à vous et aux vôtres.

M. BERTHELOT

XVIII

A MONSIEUR BERTHELOT

Paris, 5 septembre 1860.

Monsieur et ami,

... Nous continuons à être tous bien portants, malgré nos grandes fatigues. Baby, qui n'y prend aucune part, bien qu'il parle souvent de la Syrie, est toujours aussi en excellente disposition. Comme il cheminait aujourd'hui en voiture avec sa mère et moi, qui allions lui acheter quelques vêtements, il me demanda tout à coup : « Où est M. Berthelot? » et, sans attendre ma réponse, il ajoute : « Mais dis-moi donc où il faut aller pour voir mon pauvre petit Berthelot! » Vous savez, monsieur, que dans son esprit les mots *pauvre petit* sont l'expression de la plus vive tendresse. Ah! qu'il nous sera dur de ne plus voir Baby! Et puis que lui répondra-t-on quand il demandera *sa pauvre petite Tata?*

Tout reste fixé pour notre voyage, du moins jusqu'à présent, comme vous le disait hier le cher ami que je vais suivre. Je serais bien heureuse que vous pussiez, monsieur, nous rejoindre à Avignon; nous pourrions passer encore deux ou trois jours ensemble. Hélas! hélas! qui sait si nous en aurons beaucoup d'autres?... Quoique l'émotion de ce moment étende pour moi un crêpe sur toutes les choses d'ici-bas, je veux combattre un peu l'impression mélancolique que vous donnait le silence de mon frère. Oui, il est souvent dans sa vie extérieure entraîné loin de nous, ses premiers amis. Mais je suis assurée qu'au fond de l'âme il sent la valeur de notre affection, et que dans le courant de son existence il y reviendra souvent, comme à un inébranlable abri. Il est perdu d'occupations, nous vivons tous comme dans un tourbillon, et je vous écris ces lignes à une heure du matin. Quel bon texte de *gronderie* pour votre bonne amitié! Nous nous unissons tous, monsieur et ami, pour vous souhaiter des jours sereins et pour vous offrir l'assurance d'une affection que vous ne sauriez révoquer en doute. Écrivez-nous bientôt que vous venez nous rejoindre à Avignon, et vous causerez une vive joie aux deux voyageurs, vos bien sincères amis.

HENRIETTE RENAN

XIX

A MONSIEUR BERTHELOT

Paris, 25 septembre 1860.

Monsieur et ami,

Votre affectueuse lettre nous a donné à tous une bien vive joie en nous apprenant que votre santé est meilleure, qu'une fois encore l'air pur et généreux de la campagne vous a guéri de la fatigue causée par la surexcitation de la vie parisienne. Nous avions besoin de cette bonne nouvelle au milieu des émotions qui nous agitent! Votre départ a été pour nous le début de cette longue série d'adieux que nous sommes appelés à prononcer, et déjà, en ne vous voyant plus, nous avons senti que le cercle était rompu, que tous ceux qui le formaient allaient bientôt être dispersés. Se réuniront-ils jamais dans les mêmes conditions? C'est là l'inconnu terrible qui nous oppresse, quelque effort que nous fassions pour maintenir notre stoïcisme. Baby seul est calme et riant dans notre petite demeure. Il se porte à merveille; il est gros et rose; il mange comme un homme et dort pendant douze heures consécutives du plus profond sommeil, sans pressentir que Tata va bientôt lui manquer. Au reste, je suis assurée que lorsque j'aurai disparu il ne me demandera guère; c'est un Roger-Bontemps qui ne m'a pas l'air de prendre la vie par le côté mélancolique. Il parle tous les jours de M. Berthelot et demande fréquemment à aller à Bellevue. Lorsque je lui ai montré votre lettre, monsieur, en lui disant que vous vous étiez promené dans un bois, il m'a dit très vivement : « Je veux aller avec M. Berthelot ». J'ai eu beaucoup de peine à lui faire comprendre que ce n'était pas chose possible. Pauvre Bichon chéri! comme il va me manquer pendant cette longue séparation! Dieu sait quand elle finira! Les dernières lettres de Saïda parlent d'une épidémie sévissant dans cette ville contre les enfants : le docteur Gaillardot a perdu l'un des siens. Il est donc moins que jamais question d'emmener le cher Baby, du moins immédiatement, et, en vue de Cornélie, je frissonne en pensant que la réunion pourrait être longtemps impossible.

Mon frère a été ces jours derniers à l'administration des paquebots de la Méditerranée; il y a vu d'une manière positive qu'il existe maintenant, de quinze en quinze jours, un service direct de Marseille à Beyrouth, c'est-à-dire qu'il part tous les dimanches un paquebot de Marseille, une semaine pour Beyrouth directement, une autre semaine pour la même ville par Alexandrie et Jaffa. Le service direct se fait en huit jours; l'autre en demande onze. Le prix est le même. Pour profiter du trajet direct, il nous faut renoncer au départ du 14. Ce sera donc jeudi 18 que nous quitterons Paris; nous serons à Marseille dans l'après-midi, ou dans la soirée, selon que nous irons tout droit de Lyon à la mer, ou que nous nous arrêterons quelques heures à Arles; puis, le 21 au matin, nous nous embarquerons pour le lointain rivage de l'Asie. Nous reverrons-nous encore, monsieur et cher ami, avant de quitter la France?... Quel que fût le plaisir que je goûterais dans cette réunion, je serais désolée qu'il vous coûtât un renouvellement de souffrance. Consultez donc vos forces avant tout, je vous en prie; nous vous aimons assez pour être surtout heureux de ce qui vous est favorable. Ici nous avons un temps affreux, des tempêtes de la dernière violence, accompagnées de pluies diluviennes. Je forme les vœux les plus sincères pour que monsieur votre père ne se ressente point de ces rigueurs. Maman, Cornélie et mon frère se portent très bien et vous envoient, monsieur, mille bonnes amitiés. Lorsque j'ai demandé à Baby s'il fallait dire à M. Berthelot qu'il l'embrassait, il a voulu vous trouver pour le faire lui-même; l'idée d'une lettre est loin d'être claire dans son esprit. — Excusez le retard de ces lignes, je vous en prie, en considérant combien nous avons des embarras en ce moment, et soyez bien assuré que je vous donnerai encore de nos nouvelles avant notre départ. Écrivez-nous de votre côté, monsieur, et croyez que sur tous les points du monde nous vous conserverons une amitié sans limites.

H. RENAN

XX

A MONSIEUR BERTHELOT

Paris, 1er octobre 1860.

Monsieur et ami,

Le grand voyage reste toujours fixé comme je vous le disais dans ma dernière lettre; à moins d'événements tout à fait imprévus, mon frère et moi nous partons de Paris le 18 octobre, pour être à Marseille le 19 et nous embarquer le 21. Je ne puis vous préciser dès aujourd'hui par quel train nous arriverons à Marseille; ce sera probablement par le train express de l'après-midi; cependant je n'en suis pas certaine, et je me réserve de vous le dire d'une manière plus positive. Si vous poursuivez votre voyage, donnez-moi, je vous prie, les moyens de vous adresser encore quelques lignes, afin d'éviter le plus léger malentendu.

Nos santés sont bonnes, malgré nos agitations intérieures et nos fatigues du dehors. Baby grandit et grossit toujours; il me devient impossible de le porter. Hier, il me disait d'un air très sérieux : « M. Berthelot aime bien Baby; il lui apporte des petites bêtes, des coquillages, des cymbales. » — Suit une longue énumération de ses joujoux de toute provenance. — Il entre en courant comme j'écrivais ces lignes : « Quoi vous faites? — J'écris à M. Berthelot. — Ah! et moi aussi, mais avec un crayon parce que l'encre salit. » Là-dessus je lui prends la main pour écrire quelques mots; mais il s'ennuie bien vite d'être ainsi guidé, il ne veut suivre que sa propre inspiration. Je vous envoie son précieux autographe, avec le splendide *bonhomme* qu'il a lui-même dessiné. Cher Bichon, aujourd'hui en trois semaines je ne le verrai plus!

Nous avons reçu avant-hier la visite de M. Armand Moreau. Toute sa famille est de retour à Paris.

Je vous félicite sincèrement, monsieur, d'avoir quelques rayons de soleil; ici nous ne connaissons

que la pluie, ou plutôt nous ne sortons de l'ouragan
que pour tomber dans le déluge. Puissiez-vous continuer à vous bien porter !... Permettez-moi de joindre
à ce vœu celui de vous retrouver avant d'entreprendre
« le véage d'oultre-mer », et recevez de nouveau
l'assurance de notre plus affectueux attachement.

H. RENAN

XXI

A MONSIEUR BERTHELOT

Paris, 4 octobre 1860.

Mon cher ami,

Votre lettre renfermait à mon adresse un mot de
reproche qui m'a été sensible. Des amitiés comme la
nôtre ne perdent-elles pas quelque chose à être expé-
rimentées? Vous savez que je suis le moins épistolier
des hommes, surtout avec les personnes qui ne peuvent pas douter de mon affection. Jusqu'à ce que
j'aie fait mes *Origines du christianisme*, je serai un
hibou, et ne me donnerai qu'avec parcimonie à la
correspondance et à la conversation. Vous avez achevé
votre monument; moi, je n'ai fait encore que les
propylées du mien. Mais en tout temps, je vous
aimerai, comme tous ceux que j'aime, avec vivacité
et profondeur. Je regrette fort que vous ne soyez pas
ici en ces derniers jours. J'aurais eu bien des choses
à convenir avec vous pour le temps du voyage, et

surtout pour le cas où je n'en reviendrais pas. La vraie notion de mon caractère devra dans ce cas-là être établie par vous. Je veux aussi que vous ayez sur la publication de mes œuvres posthumes une influence dirigeante.

J'écrirai quelques lignes sur tout cela. En tout cas, j'espère vous revoir. Nous partirons, ma sœur et moi, de Paris, le 17 au soir; nous irons d'un trait jusqu'à Avignon, où nous serons le 18 à midi. Nous nous arrêterons quelques heures à Avignon et à Arles, que je veux montrer à ma sœur. Tâchez de venir nous joindre à Avignon. Cela nous fera, jusqu'au dimanche matin, près de trois jours à passer ensemble. Si ce plan vous sourit, écrivez-le-nous. Si, d'un autre côté, quelque chose nous obligeait à le modifier, nous vous le ferions savoir.

Reposez-vous, allez voir Grasse et Vence, et si vous êtes, comme je le pense, près de M. et madame Ollivier, ne m'oubliez pas auprès d'eux. Tâchez de lire le *Merlin* de Quinet. C'est un fort joli rêve, à la manière des *Astrées*. Un peu éteint sous le rapport du style, et surtout abrégé, le livre pourrait être accepté de l'esthétique; en tout cas, on le lit avec beaucoup de plaisir.

Au revoir, cher ami, ne doutez jamais de ma parfaite amitié.

E. RENAN

Demain, je verrai Littré, et lui parlerai pour *la Revue* ou *les Débats*.

XXII

A MONSIEUR RENAN

Saint-Tropez, 8 octobre 1860.

Mon cher ami,

En écrivant à votre sœur un petit mot à votre adresse, je voulais avoir une lettre de vous, mais non provoquer cette expression de tristesse dont votre lettre est empreinte. J'en ai été vivement affecté. Bannissez, je vous prie, ces craintes : bien des gens sont allés là-bas, bien peu y sont restés et vous êtes déjà éprouvé par les voyages... Si vous partiez sur ce sentiment, vous nous laisseriez à tous trop de tristesse.

Ici je suis chez les Ollivier, comme vous le pensez, dans le pays du soleil, au bord de la mer, au milieu des collines semées de pins et couvertes d'une végétation qui n'a point de pareille dans nos climats septentrionaux. Ces côtes de la Méditerranée sont d'une douceur et d'une beauté harmonieuse qui m'enchanteraient, si l'idée de votre départ ne m'ôtait la moitié de mon bonheur. On est ici au bout du monde; les lettres mettent trois jours pour parvenir.

Je compte me mettre en route pour Grasse samedi et me trouver à Avignon le jeudi 18, à midi, au moment de votre arrivée. Si vous n'avez rien de nouveau, il est inutile de m'écrire, car votre lettre risque de ne point parvenir. Cependant, en cas de changement inattendu, vous pouvez répondre poste pour poste à Saint-Tropez; il est probable que votre lettre m'y joindra. En tout cas, il y a un fil télégraphique, s'il y avait urgence absolue. A défaut de ces deux ressources, reste la poste restante à Avignon. Enfin, pour ne rien omettre, si quelque embarras inattendu m'empêchait de me trouver à l'heure convenue à Avignon, descendez à Marseille, à l'hôtel des Colonies.

Voilà bien des précautions; mais il ne faut pas nous croiser et je suis en un lieu où les communications sont difficiles et parfois incertaines.

En attendant que je vous serre la main, assurez de toute mon affection vos deux dames, et n'oubliez pas le pauvre Baby.

Tout à vous de cœur,

M BERTHELOT

XXIII

A MADEMOISELLE RENAN

Saint-Tropez, 9 octobre 1860.

Chère mademoiselle,

Je m'empresse de vous donner les renseignements que vous me demandez relativement à Saint-Tropez. Je ne demeure pas dans la ville même, mais à cinq kilomètres. Du reste, Saint-Tropez est peu fréquenté et n'offre pas de grandes ressources pour les Parisiens ; il vaut mieux aller à Hyères, qui est à quelques heures d'ici, ou à Cannes. La température est la même que sur toute cette côte, qui tient de l'Afrique plus que de l'Europe : il y fait chaud jusqu'en janvier, à l'époque des pluies.

Quant au mistral, il souffle en ce moment sous ma fenêtre avec fureur et rend toute course dans la campagne difficile et pénible. Jusqu'ici j'avais eu un temps merveilleux. Le voisinage de la mer a ses désagréments, mais le plaisir l'emporte.

Hier j'ai été faire une excursion à quelques lieues d'ici, aux ruines de l'abbaye de l'Averne, au milieu de montagnes boisées. Ce sont les aspects de l'Apennin, avec plus de verdure et de végétation ; les plantes y sont d'ailleurs les mêmes. La position du couvent ruiné est pareille à celle des grands monastères de la Toscane.

Dites à Baby qu'il reverra bientôt son pauvre petit ami ; seulement la moitié des siens n'y seront plus. Je lui envoie ci-inclus de petits coquillages, que j'ai ramassés ce matin sur une plage abritée du mistral, en regardant le soleil se lever dans la mer et les montagnes se teindre tout autour de moi d'une teinte rosée. On est ici à la pointe d'un golfe sinueux ; la mer est partout, tantôt avec son immensité, tantôt avec l'aspect d'un lac, et il est tel bois de pins d'où l'on aperçoit la mer aux quatre points de l'horizon, sans en être cependant entouré.

Adieu, chère mademoiselle, ne vous fatiguez pas trop; nous nous reverrons encore une fois la semaine prochaine; présentez mes amitiés à madame Renan, qui sera bien isolée quand je la reverrai.

Veuillez agréer l'assurance de mon affection respectueuse.

M. BERTHELOT

XXIV

A MONSIEUR BERTHELOT

Samedi soir.

Hélas! cher ami, nous avons dû renoncer à notre projet d'Avignon et d'Arles. Nous sommes fort pressés et une petite indisposition de Henriette nous décide à ne partir que jeudi soir. Nous ne nous arrêterons pas à Avignon; nous y passerons, filant droit sur Marseille, le vendredi vers midi.

Il faut que nous nous joignions à ce moment-là. Nous nous quitterions à l'embarcadère. Pardon de vous avoir causé ce long circuit. Il est vrai que ce pays est si beau que je me fais moins scrupule de vous l'avoir fait parcourir un peu en tous sens. Pour occuper votre journée à Avignon, allez à Villeneuve, voir les restes de la Chartreuse; ou mieux encore allez aux Baux. On dit que c'est une merveille, un vrai Pompéi du moyen âge, bien supérieur même à

Carcassonne. On va et on vient très facilement le même jour.

Baby est très bien; Cornélie très bien aussi. A *vendredi 19*.

Adieu, cher ami, croyez à ma vive amitié.

E. RENAN

Nous avons vu hier soir madame votre mère et mademoiselle votre sœur, qui vont très bien.

XXV

A MONSIEUR RENAN

Paris, 25 octobre 1860.

Mon cher ami,

Me voici de retour à Paris, bien triste de ne pas vous y retrouver et d'être séparé de vous pour si longtemps. En arrivant, j'ai été voir madame Renan et je lui ai donné de vos nouvelles et de celles de votre sœur, à votre départ de Marseille, et du paquebot même; ce dont elle a été fort heureuse. Du reste vos lettres étaient arrivées seulement deux heures avant moi.

Quant à Baby, je l'ai rencontré au Luxembourg, avant d'entrer chez vous; il m'a demandé où était Tata, et je lui ai donné des coquillages qui l'ont enchanté! Il va fort bien. Madame Renan m'a paru un peu fatiguée; du reste elle avait son enjouement habituel.

Votre mère était aussi bien portante et elle a été heureuse des nouvelles que je lui ai données sur votre départ et sur le beau temps qui l'a accompagné. J'espère qu'il vous aura suivi jusqu'à Beyrouth et que vous y êtes arrivé sans trop de fatigues, ainsi que votre sœur.

Donnez-moi sur ce point des détails précis, tant pour l'intérêt que je vous porte, que pour une raison plus personnelle. Car je ne puis me résigner encore à abandonner tout à fait l'idée de vous rejoindre au commencement de janvier. Tenez-moi au courant de ce que vous faites et de vos projets, au fur et à mesure que vous les arrêterez; car vous devez être en ce moment encore fort indéterminé et dans l'incertitude d'un nouveau débarqué. En m'écrivant fidèlement chaque semaine, vous pourrez me dire ce que vous aurez arrêté vers le milieu de décembre. Mais ce sont encore là des espérances bien vaines de ma part!

Je suis ici en train de renouer les fils un moment interrompus de ma vie : la solution de continuité est plus grande qu'elle ne l'avait jamais été, parce que je viens de terminer une période de ma vie et que j'ai besoin de me recueillir avant d'en ouvrir une autre. C'est un moment où vous me manquez bien. Mais je ne veux pas demeurer longtemps sans me fixer de nouveau sur quelque travail : je n'ai de repos moral que dans le cours d'une grande activité intellectuelle.

Je n'ai encore vu personne de vos amis, excepté

Maury, qui ne paraît qu'à demi satisfait de sa nouvelle position et surtout du caractère d'attache personnelle qu'elle présente : j'ai tâché de le rassurer à cet égard.

J'ai lu votre article. J'en suis fort satisfait comme lignes générales : il y a moins de fantaisie et plus de mesure que dans quelques-uns des précédents, et vous entrez mieux dans l'intelligence de l'esprit français, au moins par quelques phrases, car vous ne touchez cela qu'en passant. L'opposition éternelle et irrémédiable des trois religions ne me plaît pas de tout point, d'autant que le protestantisme renferme à la fois des religions d'État et des religions individuelles. Quant à l'éternité de ces formes, c'est trop absolu et en opposition avec la conclusion de l'article, qui finit par annoncer la religion individuelle, c'est-à-dire une seule des trois branches, comme la définitive. Au fond, ceci pourrait être regardé comme la négation de tout système religieux, dont le symbolisme et le dogmatisme font l'essence : mais je ne vous pousserai point là-dessus, parce que cela amènerait à une discussion de la définition du mot *religion* et que les définitions sont libres.

Je vous tiendrai au courant de ce que j'entendrai dire à cet égard. Avant-hier a paru dans *les Débats* un article de Franck sur le Cantique des Cantiques ; il a bien saisi le caractère général de votre traduction et surtout le côté moral et délicat des prolégomènes. Mais la disposition en scènes et actes lui paraît une pure fantaisie. Il promet un autre article.

Georges est venu me voir avant-hier et me demander de vos nouvelles. Il fait sa médecine et est sur le point de passer le troisième examen : c'est le dernier avant la thèse; il regrette fort votre absence et se promet de se rejeter sur moi à votre défaut. Je l'ai encouragé à travailler.

J'ai rencontré aussi Louis Ménard, toujours dans le doute sur son voyage en Grèce, et disant « que l'avenir est sur les genoux des Dieux », avec sa grâce et son parti pris accoutumé. Il laisse flotter sa vie, sans s'agiter du souci de l'avenir.

Adieu, mon cher ami, écrivez-moi longuement, vous ou votre sœur qui comprend si bien toutes les affections, et que les Dieux vous conservent tous deux dispos et vaillants.

Tout à vous.

M. BERTHELOT

XXVI

A MONSIEUR RENAN

Paris, 31 octobre 1860.

Mon cher ami,

Les jours s'écoulent et vos nouvelles ne viennent pas encore. Nous attendions votre lettre de Malte, elle n'est pas encore à Paris. Quant à la première de Beyrouth, nous ne l'aurons que dans quinze jours :

le temps est long. Mais vous ne l'apercevez point, sans doute, déjà absorbé par les nouveaux objets que vous voyez chaque jour. J'espère que votre santé n'a pas souffert de la mer, ni du changement de climat, et qu'il en est de même de celle de votre sœur : donnez-moi des détails à cet égard.

En attendant, voici des nouvelles de Paris en ce qui vous intéresse. Votre Baby est bien ; du moins, il allait bien dimanche, jour où je l'ai vu ; il est toujours gai et insouciant, comme il convient à son âge : du reste le temps l'a favorisé, car il est devenu beau à Paris depuis votre départ. Jusqu'à hier nous avons eu du soleil et pas de pluie ; mais voici deux jours de brouillard et de froid. J'espère que Baby n'en aura rien éprouvé ; ce que je saurai demain, en allant demander si l'on a reçu une lettre de Malte.

J'ai vu chez vous M. Egger, toujours bon comme à son ordinaire, et le baron d'Eckstein, un peu désorienté par votre absence ; mais je pense qu'il viendra les dimanches, comme à son ordinaire, rendre visite à madame Renan.

Plusieurs personnes m'ont parlé de vos écrits. La critique de Franck, qui vous attaque pour revenir à l'interprétation mystique du Cantique, paraît peu goûtée. Quant à votre article sur l'avenir religieux, il m'a paru fort apprécié ; je n'en ai entendu faire aucune critique. Loin de là, on le trouve plus net que la plupart de vos aperçus : la pensée y est mieux arrêtée.

Quant à votre ami, le voilà repris par toutes les préoccupations matérielles et morales de Paris et déjà un peu souffrant, quoique moins qu'au mois d'août. Mon livre [1] commence à entrer dans la discussion et il paraît que c'est M. Chevreul qui le critiquera le premier : il va publier dans le *Journal des Savants* des articles pour en attaquer la tendance et l'idée générale. Ceci ne me surprend pas, car depuis longtemps je m'étais aperçu que nous ne nous entendions point sur les questions de principes et, avec un esprit aussi arrêté dans ses définitions, il était difficile que la contradiction n'éclatât pas. Comme elle roule sur les idées, elle ne paraît altérer jusqu'ici en rien ni son amitié pour moi, ni son estime pour mes expériences ; mais elle paraît indisposer un peu M. Biot contre mes idées. Ce qui ne me surprend pas non plus, car il n'a jamais eu le goût des choses générales et des théories. Toutefois vous voyez que voilà de quoi, sinon me tourmenter, du moins me préoccuper, jusqu'au jour où ces articles auront enfin été imprimés. M. Biot prétend que j'aurais mieux fait, *dans mon intérêt*, de donner la suite des expériences sans en exposer à part l'idée générale. Car la première est inattaquable, tandis que la seconde entre dans le domaine de la discussion. Ce n'est pas la première fois qu'il me tient ce langage. Mais c'est là une petite politique, profitable peut-être aux per-

---

[1]. *La Chimie organique fondée sur la Synthèse.*

sonnes, mais nuisible à la vérité et aux grands progrès de la science.

Quoi qu'il en soit, je vais tâcher de me remettre aux expériences, si ma santé me le permet : le plus long est de m'embarquer de nouveau.

J'ai commencé à lire *Merlin*; il y a de l'amertume dans le début : le sentiment de la nature y est profondément exprimé, souvent avec tristesse. On voit que Quinet a peine à se résigner aux conditions de la vie humaine. Il a pris son parti, mais non sans plainte et sans gémissement. Quand j'aurai tout parcouru, je vous en reparlerai.

Adieu, mon cher ami; je vous raconte ce qui se passe à Paris dans notre petit cercle; parlez-moi de votre côté de Beyrouth, de vos impressions et de vos travaux, ou, pour mieux dire, de leurs préliminaires; j'aime à connaître ces détails, qui me font pénétrer dans le mécanisme de la nature humaine; je veux aussi quelque chose de votre sœur : si l'un de vous m'écrit, que l'autre me mette au moins quelques lignes : je ne veux pas cesser d'être en rapport avec les deux absents.

Tout à vous de cœur.

M. BERTHELOT

XXVII

A MONSIEUR RENAN

8 novembre 1860.

Mon cher ami,

Encore une semaine écoulée et je n'ai point de vos nouvelles : la mer est longue à traverser; j'espère une lettre à la fin de la semaine.

Mais parlons d'abord des vôtres : Baby va toujours bien, je l'ai vu dimanche; il est insouciant et rosé, comme à votre départ. Notre climat lui convient. Du reste le temps s'est mis au beau depuis lors. Voici trois semaines qu'il n'est pas tombé une goutte d'eau à Paris : vous voyez que le nombre des beaux jours finira par se retrouver à la fin de cette année; seulement la pluie sera venue d'une manière continue, et les beaux jours aussi, au lieu de s'entremêler comme à l'ordinaire. Ce beau temps est accompagné d'un froid assez vif, comme il convient. Quelques heures de soleil brillant au milieu du jour, des nuits étoilées, des soirées et des matinées fraîches, voilà le temps.

Je reprends peu à peu mon travail, toujours un peu souffrant, quoique beaucoup mieux portant qu'en septembre : d'ailleurs je n'ai d'autre préoccupation que votre absence. Les soucis de Paris glissent assez légèrement sur moi, même l'article de M. Chevreul qui a paru il y a huit jours. C'est la critique la plus étrange que vous puissiez imaginer : procédant ligne par ligne, sans voir le sens de la page qui est parfois entièrement conforme à son opinion, sans qu'il s'en aperçoive, et puis il compare tout aux définitions qu'il a données autrefois de toutes choses, il y a quarante ans, et il s'en sert comme d'un étalon. Du reste, d'après ce que j'ai vu, on se préoccupe fort peu de ses articles, si ce n'est dans le cercle étroit des jaloux, qui ont jusqu'ici peu d'échos.

J'ai parlé de vous avec deux personnes, avec M. Biot, qui vous trouve toujours : « un esprit hasardeux, dont la vraie utilité est de chercher des inscriptions » — vous reconnaissez là sa largeur et sa philosophie habituelles, — et avec le docteur Bouley, qui est content de votre dernier article, sauf le peu de netteté des conclusions.

Je viens d'achever *Merlin* : somme toute, l'originalité manque, si ce n'est dans un certain sentiment intérieur mélancolique et résigné, non sans espérance dans l'avenir. La nuance en ce point est fort différente de Chateaubriand et de Byron et elle est plus haute et plus morale. La forme rappelle trop l'Arioste et le Dante. Çà et là des passages charmants : celui qui m'a plu davantage est relatif aux fictions poétiques et à leur existence, plus réelle que celle des êtres matériels. Je crois que vous ne l'avez pas lu, du moins entièrement, car il n'était pas entièrement coupé.

En même temps que je reprends mes lectures, autant que le permet la fatigue musculaire qui continue à m'entraver, je reviens à mes expériences de laboratoire. J'en fais en ce moment sur une matière qui vient du pays où vous êtes. C'est une manne de Syrie [1], envoyée par M. Gaillardot à M. Puel, son ami, il y a quelque temps : c'était la substance que je désirais rechercher, si j'étais parti avec vous. Mais vous voyez que j'avais raison de vous dire que je l'aurais plus aisément et plus vite à Paris qu'à Beyrouth. Je désirerais avoir des renseignements circonstanciés sur son origine botanique, sur l'époque et les conditions de la récolte, sur ses usages, etc., en un mot sur tout ce qui concerne cette matière. Je vous prierai de demander à M. Gaillardot une note sur ces points : je n'ai pas besoin de dire que je le citerai dans mon travail. Demandez-lui aussi s'il existe d'autres mannes ou exsudations sucrées dans le pays, et s'il peut en faire récolter, dans cette hypothèse, une certaine quantité pour l'étude. Tout ce qu'il recueillerait dans cette direction aurait un grand intérêt.

Et vous, mademoiselle, comment vous trouvez-vous de la mer et du nouveau climat? Votre santé se maintient-elle, malgré ces épreuves? N'éprouvez-vous aucune des fièvres qui abondent dans l'armée, d'après ce que j'entends dire ici? Donnez-moi, je vous prie,

---

[1]. Cette analyse, ainsi que celle de la *manne du Sinaï*, a été imprimée dans les *Annales de chimie*, en 1863. J'ai reproduit ces analyses à la fin du premier volume de mon *Histoire de la Chimie au moyen âge*. p. 385.

de vos nouvelles ; parlez-moi de votre installation. Avez-vous une maison? un jardin? Pouvez-vous me recevoir en janvier, à supposer que je réussisse à me détacher de Paris à ce moment? Car je maintiens toujours une porte ouverte de ce côté, et je réserve ma liberté. Mais il faut que j'aie repris encore des forces, que vous me répondiez du climat, et que je connaisse les projets de votre frère. Que deviennent ses volontés là-bas? Espère-t-il entamer bientôt les fouilles? Ou bien tout marche-t-il avec la lenteur accoutumée de l'Orient? Donnez-moi des renseignements exacts sur tout, et surtout sur votre santé à tous deux : parlez-moi avec entière franchise : s'il y a quelque inquiétude, je ne la communiquerai pas à votre famille ; mais je tiens à partager toujours, de loin comme de près, vos joies et vos souffrances.

Adieu, mon cher ami, tout à vous de cœur.

M. BERTHELOT

XXVIII

A MONSIEUR RENAN

Paris, 15 novembre 1860.

Mon cher ami,

Les nouvelles de Beyrouth sont plus lentes à venir que nous ne le pensions. J'avais compté sur vos nouvelles au bout de seize à dix-huit jours ; voici quatre semaines écoulées, et nous n'avons reçu encore aucune lettre : le paquebot n'est pas arrivé à Marseille. Sans cette circonstance connue, nous serions fort inquiets, et, malgré tout, nous ne pouvons nous défendre de quelque tristesse. Vous voyez quels inconvénients il y a à s'éloigner de ceux qui vous aiment, et combien ils trouvent de chagrin dans la distance seule, qui les tient si longtemps en suspens sur ce qu'ils doivent craindre ou espérer. C'est une des causes qui me font le plus hésiter à aller vous rejoindre en janvier, lorsque je songe au vide de ma maison et à la santé toujours chancelante de mon père. Du reste, les autres motifs diminuent de jour en jour; ma santé devient meilleure, d'une manière lente, mais sans rétrograder. Mon père se maintient, quoique souffrant; il est d'autant plus calme moralement qu'il a fini par trouver un logement convenable pour nous tous, auprès de l'hôtel de ville; je ne lui parle pas de mes projets, afin de ne pas le tourmenter d'avance, et quant aux questions d'école, de laboratoire, de travaux, etc., jusqu'ici ma liberté demeure entière. Aussi, je vous prie de me donner les détails les plus circonstanciés sur cette question dans votre prochaine lettre : le long retard des paquebots ne doit pas me la faire parvenir avant le milieu de décembre; vous-même ne recevrez pas celle-ci avant la fin de novembre. A cette époque, votre installation sera finie à Beyrouth, et vos projets commenceront à se dessiner avec plus de probabilité.

Quant à moi, si je me décide à partir en janvier, il faudra m'occuper des démarches nécessaires dans les deux dernières semaines de décembre et même un peu avant la fin, attendu les embarras du jour de l'an. Vous voyez que le temps commence à nous presser.

Donnez-moi toujours de vos nouvelles personnelles, et régulièrement; car vous voyez, par les retards des paquebots, combien une irrégularité de votre part me rendrait inquiet, en augmentant outre mesure l'intervalle qui sépare vos lettres.

Dites-moi ce que vous avez déjà pu commencer, si vos essais de fouilles confirment vos espérances; si vous commencez à vous installer sur quelque ruine; enfin parlez-moi de ce que vous voudrez, pourvu que vous me donniez des nouvelles de vous et de votre chère sœur.

Adieu, mon cher ami.

Tout à vous,

M. BERTHELOT

XXIX

A MONSIEUR BERTHELOT

Beyrouth, 9 novembre.

Mon cher ami,

Si vous voulez voir l'assemblage le plus bizarre de choses charmantes et hideuses, une nature dont rien ne peut exprimer le charme, un ciel incomparable, une mer admirable, des montagnes les plus belles du monde, les villes les plus sales et les plus pauvres qui se puissent rêver, une race hideuse dans son ensemble, au milieu de laquelle se détachent des types délicieux, une société arrivée au dernier degré de la désorganisation où l'on puisse descendre avant d'arriver à l'état sauvage, venez ici. Je vous assure qu'on ne peut rien voir de plus curieux et de plus frappant. Le voyage n'est rien, à condition qu'on ne soit pas trop sensible au mal de mer. La moyenne des jours mauvais en mer, dans la plus mauvaise saison, est de deux sur huit. Ici la sûreté est absolue *pour nous*. La difficulté du cheval n'est rien; on ne va qu'au pas, et d'ailleurs, on prend une mule, et le plus mauvais cavalier ne court aucun risque; c'est le parti que j'ai pris. Si donc ni vos travaux, ni vos soucis, ni vos devoirs ne vous attachent trop à Paris, venez. Ma mission va parfaitement; nous allons faire des fouilles en grand avec l'armée. La marine est très bien aussi, et met un vapeur à ma disposition, avec une extrême complaisance. On désirait faire des apparitions et des établissements pendant l'hiver tout le long de la côte : le prétexte est tout trouvé. Fuad est très bien aussi. Fuad et Ismaïl sont deux hommes; le reste des Turcs est stupide ou ignoble. Ce pays est perdu sans retour pour la Turquie. Mais que deviendra-t-il? Voilà le problème le plus insoluble du monde, quand on voit les choses de près. La partie étrange qui se joue ici vaudrait à elle seule le voyage. Vous ne sauriez croire combien de choses du passé s'expliquent quand on a vu cela.

Henriette supporte très bien les fatigues du voyage. Elle vous écrira par le prochain courrier. Excusez-moi d'être si bref cette fois. J'ai eu ces jours-ci les plus graves soucis, à propos de la décision pour Cornélie et pour l'enfant. Elle vous dira ce que nous avons décidé. Tâchez donc de venir avec elle; cela serait charmant. Le Liban et la mer que nous avons sous les yeux chasseraient tous les soucis et guériraient tous les maux.

Tout à vous,

E. RENAN

XXX

A MONSIEUR BERTHELOT

Le Liban, mon cher ami, est la chose du monde la plus enivrante. Nous y avons monté avant-hier. Le charme et le grandiose n'ont jamais été si admirablement réunis. Figurez-vous les Alpes riantes, parfumées, couvertes jusqu'au sommet, sauf quelques pics, de villages charmants, ou du moins qui l'étaient, car tous ne sont plus que des pans de murs. Il est impossible de se faire une idée de la dévastation de ce pays. Tout ce qu'on a dit est au-dessous de la vérité. C'est le paradis de Dieu dévasté par l'affreux démon tartare. Heureusement tout le monde paraît maintenant d'accord pour le chasser. L'Angleterre a tourné il y a quelques jours; lord Dufferin est maintenant plus décidé que les chrétiens, que le général de Beaufort lui-même, qui pourtant est le plus anti-turc des représentants français ici. Venez nous voir; vous serez avec nous à Djebaïl et à Saïda, d'où nous rayonnerons dans la montagne. Ne vous attendez pas à un grand confortable; cependant, dans l'une et l'autre place, nous sommes à même, maintenant que nous connaissons les ressources du pays, de vivre honnêtement et, par quelques côtés, délicieusement. Apportez une selle élastique pour la mule, un lit pliant, des bottes fortes sans pointes saillantes, un caoutchouc très ample à capuchon, une couverture de voyage, une valise imperméable, des vêtements de flanelle intérieurs, du reste rien d'extraordinaire dans vos vêtements, ce à quoi vous êtes habitué. Je crois que ce voyage vous ferait du bien. Les voyages ici ne ressemblent nullement à ce que nous appelons de ce nom dans nos pays de chemins de fer, de voitures et d'hôtels. Le voyage ici occupe et prend la personne tout entière.

Venez et aimez-moi toujours,

E. RENAN

XXXI

A MONSIEUR BERTHELOT

Beyrouth, 13 novembre 1860.

Voilà près d'un mois que nous nous sommes quittés dans le port de Marseille, monsieur et bien cher ami, et ce n'est qu'aujourd'hui que vous recevez à Paris la nouvelle de notre débarquement. Hélas! un monde nous sépare, et je le sens vivement, malgré les grands spectacles que le Midi et l'Orient ont successivement étalés à nos regards, et que je retrouve encore partout autour de moi, chaque fois que je puis détourner les yeux de la population abrutie qui dévaste ces belles contrées. Depuis trois jours je suis seule à Beyrouth, mon frère étant allé avec son fidèle cicérone, le docteur Gaillardot, faire une première visite dans le Kesrouan, à l'antique Byblos et à son territoire. Comme vous le pensez bien, ce sont de tristes jours, mais il faut savoir tout accepter... Jusqu'à présent, nos santés n'ont cessé d'être excellentes, malgré le changement de climat, d'habitudes et de nourriture. Somme toute, ce pays est sain, puisque la malpropreté des habitants et l'accumulation des réfugiés n'y ont pas développé d'épidémie. Par une fatalité presque inexplicable, nos pauvres soldats seuls meurent ici de la fièvre et de la dysenterie : en moyenne l'armée perd, dit-on, par ces maladies, deux ou trois hommes par jour, tandis que les réfugiés, qui sont dans les plus détestables conditions d'hygiène, et les autres Européens, qui sont très nombreux à Beyrouth, n'en ressentent aucune atteinte.

Notre impression actuelle sur Beyrouth est moins défavorable que celle dont nos premières missives vous portaient l'écho : en pénétrant à travers mille horreurs, jusque dans l'intérieur des maisons, on arrive à comprendre que tout ce qui est général reste ici dans le plus complet abandon, que la rue est l'égout, mais que la maison est souvent soignée. L'architecture arabe a de bien jolis motifs, et avec des années de travaux les Européens établis ici se font de très agréables demeures. Mais, ce qu'on trouve en passant est bien démantelé; pour avoir une maison où l'on soit à l'abri du vent et de la pluie, il faut d'abord largement la réparer. Il en est de même pour la nourriture : pour avoir des légumes, il faut les semer. Ainsi pour toutes choses. Comme en Pologne, comme dans tous les pays où la vie n'est aisée que pour un petit nombre, il faut posséder un établissement considérable et datant de loin, pour n'avoir pas à supporter quelques privations. Vous comprendrez, monsieur, que dans un pareil milieu et devant toujours être en camp volant à cause des travaux d'Ernest, je n'ai pas osé conseiller le voyage du Baby bien-aimé. Nous, nous pouvons être mal nourris et mal logés pendant quelques jours, quelques semaines même, sans en être sérieusement incommodés; lui, c'est autre chose. Sa présence, qui d'ailleurs m'eût été si douce, fût devenue dans de telles conditions un fréquent sujet d'inquiétudes et de difficultés. Je ne le verrai donc point de longtemps, le cher petit ange; à moins que Cornélie venant, je ne retourne en France sans attendre la fin des travaux d'Ernest... Laissons à l'avenir son obscurité; en ce qui concerne notre vie, c'est assez d'un étroit horizon.

Notre voyage de Saïda nous a fait connaître les campagnes de Syrie sous un bien bel aspect. Dans les vallées, la végétation est charmante : les orangers sont chargés de fruits; les lauriers-roses sont chargés de fleurs; des narcisses bordent les ruisseaux; des cyclamens aux plus jolies nuances parsèment les rochers. Quelques plantations de pins rappellent nos grands arbres, et le palmier est du plus bel effet dans le paysage. Le Liban est certainement la plus imposante, la plus curieuse chaîne qui ait frappé mes regards; chaque montagne est formée d'un massif de mamelons, entre lesquels la lumière répand des tons d'une variété et d'une douceur infinies. Toutes ces splendeurs s'étalent devant des espèces de bandits, ou devant des êtres dégradés, sur les lèvres desquels on ne trouve que le mensonge, ou la plus ridicule hyperbole. Chrétiens et autres mentent avec un entrain admirable, et parfois le voyageur arrive d'exagération en exagération à des scènes vraiment bouffonnes :

— Pouvez-vous loger dans le voisinage des soldats qui viendront travailler aux fouilles? disait M. Gaillardot à l'un des nombreux individus qui prétendaient au titre de gouverneur d'un village.

— Assurément, nous les logerons dans nos yeux, dans notre cœur...

— C'est très bien, mais il nous faut autre chose.

— Nous les logerons sur notre tête...

— Trêve de plaisanteries. Avez-vous une ou plusieurs maisons?

A cette question les braves gens se ravisent et se rappellent qu'eux, chrétiens, étant en majorité, ils ont mis en fuite par leurs menaces, les musulmans du voisinage, et tout simplement ils offrent les maisons des expulsés, comme si elles leur appartenaient. Nouveau colloque pour leur faire comprendre qu'on ne peut pas s'emparer d'une maison dont le propriétaire est absent. L'honnêteté, le sens moral n'existent ici que pour un bien petit nombre d'hommes. On en trouve pourtant quelques traces et nous avons vu des familles maronites où il s'est développé des types gracieux et attachants.

Mon frère est fort satisfait de ce qu'il trouve ici en fait d'antiquités. Ce sol est littéralement plein de ruines. La première inscription qu'il ait découverte est ainsi conçue : « Aspasios, fils d'Ariston, a vécu sans chagrins soixante-cinq ans ». Avouez, monsieur, que le pays qui inspire de pareilles épitaphes mérite, même à vingt siècles de distance, d'être visité, en dépit de la mauvaise chère qu'on y fait quelquefois. Adieu, monsieur et ami. Mes meilleurs souvenirs, s'il vous plaît, à monsieur votre père et à mesdames Berthelot. Pour vous, mille sincères amitiés.

H. RENAN

XXXII

A MONSIEUR RENAN

16 novembre 1860.

Mon cher ami,

Votre sœur a dit quelquefois que je portais un cœur de femme dans mes affections ; je ne sais si c'est un bien ou un mal de sentir ainsi ; mais elle comprendra mieux que vous, si j'ai été heureux en voyant que dès le premier jour vous m'avez oublié. J'attendais avec impatience un mot de vous, un souvenir et une nouvelle, avec d'autant plus d'impatience que ce lointain voyage l'avait retardé davantage. Mais vous n'avez jamais senti ce que c'est que la réciprocité dans nos amitiés et combien il y a dans ce mot de jalousie délicate. Pendant votre absence et depuis votre départ, j'ai pensé à vous bien plus que vous n'avez certainement pensé à votre ami. Pardonnez-moi ce mot ; mais votre oubli dès le prenier jour m'a bien affecté. Répondez-moi, ou plutôt écrivez-moi à l'avenir plus régulièrement, ne fût-ce qu'une ligne, si vous ne voulez pas renouveler plus d'une fois ce regret.

Adieu, mon cher ami, aimez-moi et ne m'oubliez pas, car Dieu sait combien de temps vous allez demeurer là-bas et combien vos anciens sentiments vont s'effacer peu à peu dans ce pays si différent de notre France.

Tout à vous,

M. BERTHELOT

XXXIII

A MADEMOISELLE RENAN

Beyrouth (Syrie).

Paris, 29 novembre 1860.

Chère mademoiselle,

Je reçois à l'instant votre lettre du 15 : cette date, comparée à celle de la mienne, montre que la distance morale diminue entre nous. Je ne parle pas de l'autre, qui ne changera pas de sitôt. J'avais gardé quelque espérance de vous rejoindre encore : l'état de fatigue, qui subsiste encore pour moi, me faisait penser que le séjour de la Syrie pourrait opérer une diversion favorable. Mais si les voyages peuvent m'être utiles et me sont en effet conseillés, ce n'est pas vers la Syrie que je devrai me diriger. J'ai pris sur ce point des renseignements fort minutieux, jusqu'à me mettre en relation avec les directeurs du service de santé militaire. J'ai lu ce matin même les rapports sanitaires arrivés la veille de Syrie et rédigés par le médecin en chef et par le pharmacien en chef : ils sont peu encourageants. Climat humide et en grande partie neigeux, pluies jusqu'en mars (elles vont commencer), dysenterie et fièvres dans l'armée, mort de deux capitaines (par la fièvre), etc. Tout cela est peu encourageant ; d'ailleurs ce ne sont pas des documents destinés à la publicité officielle qui donnent ces détails. Ce que vous me dites de la nourriture et de l'état des villes s'accorde avec mes autres renseignements. Aussi les personnes qui me les ont communiqués m'ont-elles détourné fortement de tout projet de voyage dans ces régions. Puissiez-vous demeurer, vous et votre frère, à l'abri de ces causes d'insalubrité et de fatigue! Dites-lui de se défier d'une trop vive excitation intellectuelle et physique ; elle est dangereuse au bout d'un certain temps dans ces climats.

J'ai vu aujourd'hui madame Renan, à qui je n'ai point fait part des détails ci-dessus. Je me suis borné à lui dire que la santé de mon père, fort souffrant en effet, m'empêchait de l'accompagner, et je l'ai engagée à partir par le paquebot du 16 décembre, en lui offrant jusque-là tous mes services. J'espère que d'ici là vous aurez une maison sinon confortable, du moins habitable. Quant au Baby, il va toujours parfaitement et je vous envoie un autographe; il a écrit lui-même les derniers mots (*tout son cœur*); mais j'ai soin de les transcrire ici pour plus de clarté.

Quand madame Renan vous aura rejointe, j'espère que vous continuerez à me donner des nouvelles régulières, que je sois à Paris ou dans une région plus méridionale. Pour moi, je m'arrangerai pour vous en faire tenir chaque semaine de celles et de ceux que vous aimez; dans votre solitude ce sera au moins une consolation.

J'ai été bien vivement tenté depuis huit jours d'aller vous voir, et je crois que si la distance était moindre et les communications plus faciles, j'aurais passé sur les inconvénients. Mais l'idée seule d'un tel voyage épouvante mon pauvre père, et les renseignements que je vous ai dits ne me donnent pas l'assurance nécessaire pour le rassurer. Vous voyez que je demeure encore dans cet état moral flottant et sans volonté dirigée, où vous m'avez laissé à votre départ : pourtant je le supporte avec plus de calme qu'à ce moment. Mes jours et mes nuits sont plus tranquilles; mais il faudrait un climat plus doux et l'absence des soucis de Paris. Je finirai soit par quitter la ville, soit par entrer dans une nouvelle série d'expériences : ce qui me manque pour prendre la seconde décision, ce n'est pas la volonté, ni la liberté d'esprit, toutes deux sont entières : c'est l'énergie physique. Mais avec le temps, elle se retrouvera.

J'ai dîné, il y a huit jours, chez M. Mohl avec M. Khanikof, qui m'a parlé beaucoup de votre frère et m'a prié de lui transmettre un article du *Times* relatif au Saint-Sépulcre : je l'enferme dans cette lettre.

Ici tout va comme il est ordinaire à Paris, c'est-à-dire avec un mélange d'agitation et de coups de théâtre du chef. Hier, une sorte d'acte additionnel, que vous trouverez dans les journaux et dont les mobiles déterminants sont très discutés. C'est un point d'appui que l'on prend sur le pays, mais dans quel but? Les uns disent pour avancer soit en Italie, soit sur le Rhin (par contre-coup des affaires italiennes du printemps prochain); les autres disent pour reculer vers la politique conservatrice. Dans tous les cas, les nouvelles de Chine et d'Italie tiennent toujours en éveil l'attention. Tout ce spectacle est fort étrange; mais votre Syrie demeure dans l'ombre, peut-être aussi par politique.

Adieu, chère mademoiselle, rappelez-moi à l'amitié de votre frère et veuillez croire toujours à la respectueuse affection de

Votre dévoué serviteur,

M. BERTHELOT

XXXIV

A MONSIEUR BERTHELOT

Amschid, près Djébaïl, 30 novembre 1860.

Personne ne peut comprendre plus vivement que moi, monsieur et bien cher ami, l'émotion douloureuse sous le poids de laquelle vous avez écrit votre dernière lettre à mon frère, et dont l'écho est venu nous affliger dans la magnifique solitude où nous sommes en ce moment transportés. La peine que vous exprimez, je l'ai souvent, oh! bien souvent ressentie moi aussi. J'ai dit fréquemment : « Ses ambitions le préoccupent plus que ses affections », et ses nouvelles affections plus que les anciennes... Pourtant je suis assurée qu'il m'aime, et en présence du chagrin que vos regrets lui ont fait ressentir, il m'est impossible de ne point croire à l'étendue, à la profondeur de l'amitié qu'il vous porte. Il semble qu'il peut tout pour ceux qu'il aime, hors leur consacrer quelques instants. Je vous assure, monsieur, que je n'exagère point en disant que pendant nos deux séjours à Beyrouth il a donné plus de temps au général et au pacha qu'à la vieille amie qui a tout abandonné pour le suivre sur ces rives lointaines. Littéralement, depuis que nous sommes en Syrie, je ne le vois presque plus, et quand je le vois, il est si absorbé par les travaux de sa mission, si préoccupé de ce qu'elle lui a donné, ou de ce qu'elle lui promet, que je ne sais en vérité s'il s'aperçoit beaucoup de ma présence. Eh bien! monsieur, je crois encore et malgré tout qu'elle lui est chère ; croyez bien de même que vous tenez dans sa vie une place que nul autre ne prendra jamais. En réponse à un cri de douleur semblable à celui que renfermait votre lettre, il me disait un jour que les personnes qu'il aimait le mieux étaient celles auxquelles il se croyait obligé de donner le moins de temps. Je n'ai pu accepter pour ma part cette opinion, et j'ai continué à placer mes plus douces joies dans les témoignagnes d'affection que je donne, ou qui me sont accordés; mais j'ai fait de grands efforts pour me persuader qu'on pouvait sentir autrement. Si vous aviez pu, monsieur, voir l'effet produit par votre lettre, je crois que vous fussiez arrivé tout d'emblée à la même conviction, sans passer par toutes les filières que j'ai traversées.

Avant de vous parler de la suite de nos pérégrinations, je veux, monsieur, répondre aux diverses questions que contenait votre lettre du 15 novembre, tout en sentant l'impossibilité de vous donner un conseil, tant ces questions sont personnelles. Le climat de la Syrie est très sain en cette saison, surtout dans les campagnes. Beyrouth est, à mon avis, le point le moins salubre que j'aie visité. En général les villes de ce pays sont hideuses et peu saines; les campagnes magnifiques et vivifiantes. De même pour la nourriture : celle de Beyrouth et de Saïda me faisait mal, celle que nous trouvons ici me semble excellente. Il est vrai qu'on ne peut pas se flatter d'être souvent, même à la campagne, dans les conditions où nous sommes à Amschid, recevant d'une très riche famille maronite, la plus large, la plus délicate, la plus gracieuse hospitalité. Parfois, en effet, il est impossible de se procurer quelque chose qui ressemble à une nourriture européenne. En venant ici nous n'avons pu nous procurer pour le repas de la journée qu'une espèce de galette cuite sur le sable échauffé et toute parsemée de cendre ou de petits cailloux, avec du lait aigri et desséché; pour breuvage, l'eau du fleuve Adonis (les larmes de Vénus!), sur les bords duquel nous faisions ce repas. En ceci, comme en toute chose, il y a des hauts et des bas. — Même en cette saison, la fièvre et la dysenterie font des ravages dans l'armée; mais seulement dans le camp placé sur le sable près de Beyrouth. — Rien n'interdirait ici les promenades à pied, si l'énorme quantité de pierres qui parsèment tout le pays ne les rendaient peu attrayantes. Les voyages à cheval sont charmants, bien qu'il n'existe en Syrie rien qui ressemble à une route. On se procure des chevaux si intelligents, qu'ils se tirent à merveille des plus mauvais pas, et si doux au cavalier, que je reste huit heures en selle sans éprouver la moindre fatigue. Il n'est possible de voyager qu'à cheval; mais on disposerait d'un autre moyen, qu'il ne faudrait, je crois, abandonner celui-ci qu'après mûres réflexions. J'ai consulté M. Gaillardot pour la question médicale ; tout naturellement il ne peut rien dire de particulier sur les renseignements que je lui donne ; mais il trouve qu'en général la Syrie est un pays sain, surtout dans les terrains élevés. Il y fait chaud, très chaud, même en cette saison ; ce matin vers neuf ou dix heures, nous avons fait une excursion d'environ un quart de lieue entre notre demeure et la mer, et nous pouvions à peine supporter les rayons du soleil. Ainsi, par exemple, il faisait au moins aussi chaud qu'en Provence, lorsque nous nous sommes rencontrés. Les soirées sont fraîches, et le ciel est constamment d'une incomparable beauté. — Il est impossible de prévoir d'avance quelles seront, à une époque donnée, les fatigues de la traversée : cela dépend uniquement de l'état de l'atmosphère et n'a par conséquent aucune régularité. Rien de plus charmant qu'un voyage sur mer, lorsqu'il fait beau ; rien de plus affreux, lorsqu'il fait mauvais. Notre trajet n'a duré que huit jours ; le suivant n'en a duré que sept et demi. Il y a rarement des retards ; cependant cela peut arriver. Il n'est et ne peut être question du retour des troupes françaises ; elles seront ici sans doute longtemps après notre retour en France, et tant que durera l'occupation, il n'y a rien à craindre, ni pour les étrangers, ni pour les indigènes. On pourrait dès à présent faire le voyage de Judée en toute sécurité. Les objets les plus nécessaires sont, outre les vêtements, dans lesquels il en faut mettre beaucoup de légers, un petit lit de fer, un matelas et des couvertures. Beyrouth offre beaucoup de ressources, même en dehors de l'armée. Avoir aussi quelques vêtements qui résistent à de fortes pluies. Au reste, notre présence ici suppléerait au besoin à bien des omissions.

Nous avons de nouveau quitté Beyrouth le samedi 24 novembre. Cette journée et les deux suivantes se sont, pour nous, passées en voyage, au milieu d'une nature très pittoresque et au bruit des fêtes par lesquelles les populations de ces districts célèbrent la nomination de leur nouveau caïmacan, un chrétien maronite fort populaire parmi ses concitoyens et surtout fort attaché à la politique française. Nous avons voyagé à travers la *fantasia* qu'on avait préparée pour sa réception, et nous avons été salués nous-mêmes par des centaines de coups de fusil. Nous sommes arrivés à Djebaïl le lundi 26. Ne pouvant nous loger dans la misérable ville qui remplace l'antique Byblos, nous sommes venus un peu plus loin, dans un très joli village, où une espèce de marquis de Carabas, qui avait acquis dans le commerce une très grande fortune, avait fait bâtir plusieurs demeures d'un goût exquis. L'une d'elles a été mise à notre disposition par ses héritiers, et nous y sommes entourés des plus délicates, des plus aimables attentions. C'est une chose vraiment noble et touchante que l'hospitalité orientale : depuis notre arrivée ici, notre hôte, sa femme, ses enfants, ses parents à tous les degrés, ses nombreux serviteurs ne semblent occupés qu'à deviner, qu'à prévenir nos besoins. Ces contrées, exclusivement peuplées de maronites, sont arrivées à une véritable richesse et à une élégance de manières qui vaut bien une autre forme de civilisation. J'aime singulièrement ces populations si dévouées à la France et à tout ce qui porte le nom de Français. Les soldats qui doivent faire les fouilles arrivent demain à Djebaïl; ils y seront reçus par d'unanimes acclamations.

Je dois céder la place à mon frère... Adieu, monsieur; soyez sûr que nous ne vous oublions jamais.

H. RENAN

Mon bon ami, comment avez-vous pu douter un moment de mes sentiments? Il faut que ma femme ne vous ait pas communiqué ma première lettre de Beyrouth; vous auriez vu que je ne lui écrivais à elle-même qu'à la hâte, devant partir pour Saïda quelques heures après par une occasion inattendue, qui me prenait juste au moment où j'allais me mettre à écrire à tous. Au nom du ciel, mon cher, n'écoutez jamais, en ce qui me concerne, ces susceptibilités sans motif. Mon amitié est de celles dont vous ne pouvez douter. Cela ne vous suffit-il pas? Je vous aime plus que jamais; mais, accablé de soucis, chargé d'accomplir une chose extrêmement difficile, dans un pays où des milliers d'obstacles s'opposent à celui qui veut faire la chose la plus simple, n'admettez-vous pas qu'une fois j'aie pu être inexact?

Ma sœur a dû répondre à toutes vos questions. Mon opinion est que vous passeriez ici trois ou quatre mois fort agréables, à condition de ne pas aspirer à faire un voyage complet. Ici, à Amschid, nous pouvons vous recevoir d'une manière charmante; il en serait de même, quoiqu'un peu moins confortablement, à Saïda. Vous courrez avec moi le Liban, sommet par sommet; vous assisterez à nos fouilles; vous y prendrez part; vous verrez ainsi à peu près toute l'ancienne Phénicie.

Quant à la Palestine, je ne puis dire au juste quand j'irai. Ce sera très probablement vers le mois de mars; nous aurions le temps de faire ensemble ou une partie, ou tout le voyage. Il est d'ailleurs si facile de faire séparément Jérusalem par Jaffa. Ne vous préoccupez pas trop de la locomotion, cette difficulté fond ici; elle ne m'a pas arrêté une minute. Sur ma mule, je chevauche des journées entières sur les crêtes du Liban, dans des chemins larges d'un pied, au-dessus de vallées taillées à pic et dont le fond se voit à peine. Ces bêtes ne bronchent jamais et ne se fatiguent pas; aucun cheval européen ne pourrait servir ici. Les routes sont des casse-cou inimaginables; mais on peut se fier à sa bête d'une manière absolue.

Tout ceci, cher ami, signifie qu'à mes yeux les obstacles qui me semblent vous arrêter, tirés de la nature de ce pays, n'ont pas de gravité. Mais, quant à ce qui touche à votre santé, à votre état moral, à vos devoirs de famille, je n'ose prendre sur moi de vous donner un conseil. Tout ce que je puis vous dire, c'est que l'air du Liban est le plus suave, le plus pur, le plus vivifiant du monde, que ce pays inspire la gaieté, le repos, la tranquillité d'esprit, une activité bienfaisante et tempérée, que les populations en somme sont bonnes et douces, que la sécurité est plus grande qu'en aucun pays d'Europe, et que je traverserais le pays seul à pied sans un ombre d'appréhension; que si vous venez, vous nous remplirez de joie, et que vous trouverez ici une maison qui sera la vôtre, et que même les personnes que vous ne connaissez pas, mon ami M. Gaillardot et M. Lockroy, vous plairont beaucoup. Venez, et Amschid sera de tous points un paradis terrestre. En tout cas, ne doutez plus jamais de ma tendresse, et si M. Gaillardot a quelques renseignements à prendre pour vous répondre, ce sera pour le prochain courrier. Adressez toujours à *Beyrouth*, mais ne vous étonnez pas si nous manquons des courriers; il n'y a pas de poste d'ici à Beyrouth. Le corps d'armée qui doit fouiller est arrivé aujourd'hui; lundi nous donnerons le premier coup de pioche. Je suis déjà en possession d'inscriptions grecques capitales et de curieux monuments. Le moindre dépasse tout ce que j'espérais.

E. RENAN

XXXV

A MONSIEUR RENAN

Paris, le 6 décembre 1860.

Mon cher ami,

Je viens de recevoir votre troisième lettre qui m'a fait grand plaisir. J'ai vu que vous étiez toujours content et bien portant. Elle augmente mon regret de ne pouvoir partir avec votre femme, qui s'est décidée, avec beaucoup d'affection pour vous, à quitter son enfant : vous l'obligez là à une séparation un peu cruelle. Il est probable que vous la verrez huit jours après la réception de la présente.

Quant à moi je suis toujours tenté, mais je ne cède pas à la tentation. A la vérité, je suis souffrant et incapable d'un travail énergique : j'ai dépassé mes forces par l'effort des mois de juin et de juillet, et elles ne reviennent que bien lentement. Puissiez-vous ne jamais connaître ce supplice moral que vous ne soupçonnez pas !

Un voyage lointain me serait utile pour me relever, et pour chasser les préoccupations énervantes de Paris : si la Syrie était plus voisine, peut-être me déciderais-je, malgré les doutes que je conserve sur sa salubrité. Mais déjà je suis lié de nouveau : on n'échappe pas à Paris comme on le veut. Je ne retrouverai ma liberté morale qu'avec la fin de décembre : je vous ai déjà dit dans d'autres lettres, et même avant notre départ, que c'était là un terme que je ne pouvais devancer. A cette époque, si nul lien nouveau ne m'attache, et surtout si mon père, qui m'inquiète plus que tout le reste, va mieux, nous verrons à nous décider. Mais ce dernier point est celui qui m'arrête le plus fortement. Sa santé est toujours ébranlée; son état normal est plus calme que les années précédentes, mais à la condition de ma présence quotidienne. Elle est d'autant plus nécessaire que son activité diminue de jour en jour, et que je serai peut-être, dans l'année qui va s'ouvrir, le principal soutien des miens. Pourvu qu'aucun malheur ne vienne attrister cet état de choses, je le préfère tel. Mais vous voyez vous-même combien peu je suis libre d'aller à huit cents lieues d'ici, en un lieu où les nouvelles mettent un mois à s'échanger. C'est pour cela que je ne saurais me décider, ni maintenant, ni peut-être plus tard. Encore si vous me garantissiez l'état hygiénique! Je pourrais rassurer mon père.

Quoi qu'il en soit, le départ prochain de votre femme renouvelle ma tristesse; c'est comme une seconde séparation d'avec vous, surtout lorsque je vois ce pauvre petit enfant qui va demeurer si longtemps séparé de son père et de sa mère, c'est-à-dire des êtres dont personne ne peut remplacer l'affection auprès de lui. Que cette idée hâte votre retour et nous pourrons encore être heureux ensemble. Assurez votre sœur de toute mon affection et croyez-moi toujours

Votre tout dévoué,

M. BERTHELOT

Que le nouvel état de choses qui suivra la venue de madame Renan ne ralentisse pas notre correspondance. Transmettez-moi toujours des renseignements sanitaires, car j'ai encore une lueur d'espérance. Mais il s'agit de choses où la volonté ne peut rien.

XXXVI

A MONSIEUR RENAN

Paris, 14 décembre 1860.

Mon cher ami,

Cette lettre vous parviendra en même temps que madame Renan : car elle part aujourd'hui pour vous rejoindre. C'est pour moi une seconde fois la tristesse des adieux, moins vive que la première, puisque ce n'est plus vous qui vous éloignez; mais elle me touche presque autant, en me rappelant qu'un lien de plus entre nous se trouve interrompu et pour combien de mois?

Votre lettre de cette semaine n'est pas encore arrivée aujourd'hui; mais je pense que c'est le mistral qui l'a retardée : car il règne avec violence depuis quelques jours aux abords de Marseille : ce sera un ennui de plus, si elle n'arrive pas avant ce soir et si votre femme s'éloigne sans les dernières nouvelles de vous. Nous avons encore un après-midi.

Ici, nous ne sommes pas sans inquiétude sur vos santés, car nous avons appris que M. Lockroy, dessinateur que vous vouliez vous attacher, était tombé malade de la fièvre tout récemment. Soignez-vous bien et gardez-vous bien de ce climat.

J'espère que le départ de votre femme ne me privera pas des nouvelles de chaque semaine et que, malgré sa présence en Syrie, vous penserez aussi souvent et aussi régulièrement aux absents. Vous dites les aimer, mais pour les convaincre il faut toujours penser à eux et leur donner des nouvelles régulières, en attendant que l'on puisse vous revoir vous même.

En réponse à cette lettre-ci, donnez-moi encore une fois des nouvelles précises et détaillées sur l'état sanitaire. C'est au moment où viendra votre réponse qu'expirera le dernier délai que je me suis fixé pour penser à ce voyage. C'est à ce moment-là que je me déciderai, soit à l'entreprendre malgré tout, soit à en abandonner la pensée sans retour. Ainsi ne m'oubliez pas à ce moment et, s'il est nécessaire, recommandez cette réponse importante à votre chère sœur.

Quant à ma santé, elle s'améliore lentement, tout en oscillant au gré de la saison; huit jours assez bons sont suivis par huit jours plus gênés et plus souffrants, selon que la température s'abaisse et devient plus humide et l'air plus chargé de brouillards. Il faut vivre avec ses ennemis : j'essaie un peu de travailler, et quand j'aurai arrêté sans retour la question du voyage ou du séjour à Paris, je tâcherai de prendre un nouveau point d'appui sur ma volonté, que je laisse flotter indécise depuis plusieurs mois. Mais si la force ne me manque pas, je reprendrai le bâton du pèlerinage que nous accomplissons tous vers le but mystérieux. Si ce n'est point là le bonheur et le calme absolu, du moins c'est le repos moral relatif qui convient le plus à notre condition humaine et à mon propre tempérament. Il faut vider le vase jusqu'au bout, même quand la liqueur commence à s'affadir, parce que, hors de là, il n'y a que trouble et absence de dignité.

Adieu, mon cher ami, aimez-moi toujours.

Tout à vous,

M. BERTHELOT

XXXVII

A M. RENAN, MEMBRE DE L'INSTITUT

A Beyrouth (Syrie).

Paris, 21 décembre 1860.

Mon cher ami,

Lorsque vous recevrez cette lettre vous serez tous réunis : Baby et moi manquerons seuls à notre petit cercle. J'espère que madame Renan sera arrivée sans trop de fatigues, bien que les nouvelles que nous avons en ce moment sur l'état de la mer soient déplorables. Je n'ai pas encore reçu votre lettre de cette semaine. C'est la première fois qu'elle me manque complètement le jour de la réponse; car votre dernière lettre est arrivée avant le départ de la mienne, bien que je ne vous en aie pas parlé, ma lettre étant déjà fermée. Ici, nous sommes dans l'humidité, la neige et le brouillard : c'est le climat accoutumé de Paris dans cette saison. Cependant je vais assez bien, bien que toujours occupé de vingt pensées différentes. Je suis maintenant à peu près dégagé de tous les liens extérieurs qui m'ont empêché de partir au commencement du mois; la santé de mon père est un peu moins mauvaise. Ce que vous me dites d'Amschid est fort engageant et je reviens encore une fois à l'idée de partir. Si je puis décider mon père, je prendrai le paquebot du *13 janvier 1861* : mais la chose est douteuse. En tout cas, ma prochaine lettre vous dira ma décision définitive; c'est le dernier délai et c'est l'époque que j'avais toujours désignée dans nos conversations.

J'ai vu deux fois votre pauvre petit Baby depuis le départ de sa mère. La première fois, lundi, il était encore agité. La nuit du vendredi, il a pleuré une partie de la nuit, en appelant « sa petite mère ». Hier, il était calme et joyeux et il avait repris sa petite gaieté et ses gentillesses ordinaires. Au demeurant il se porte parfaitement et s'accommode très bien de son nouveau milieu; sa cousine surtout lui est très sympathique. Ce qui l'a tranquillisé, c'est qu'on lui a dit que sa maman était allée en Syrie pour ramener papa et tata. Hier, nous avons joué ensemble comme à l'ordinaire. Je vous envoie (ou plutôt j'envoie à tata et à maman) un chef-d'œuvre calligraphique de bébé, qui manifeste déjà quelque intention : l'image supérieure représente un oiseau, et il l'a faite seul, puis sa volonté ayant cessé de diriger le crayon, et l'attention étant épuisée, il a tracé les lignes confuses du bas.

Vous voyez que je pense toujours à vous; ne m'oubliez pas de votre côté et donnez-moi des détails sur les résultats de vos fouilles, sans interrompre vos lettres par l'idée de mon départ possible; car rien n'est plus difficile que de se décider, là où il n'y a ni un devoir à remplir, ni un but à atteindre. Priez vos dames de penser toujours à votre vieil ami.

M. BERTHELOT

XXXVIII

A M. BERTHELOT

Amschit, 18 décembre 1860.

Monsieur et bien cher ami,

Du moment que vous conserviez quelque arrière-pensée sur le climat de la Syrie, du moment surtout que la pensée de vous voir faire un si lointain voyage alarmait monsieur votre père, vous avez grandement raison d'y renoncer. Aucun devoir ne vous imposait l'obligation de vaincre vos inquiétudes, celles de votre famille, et toute joie était impossible dans de telles conditions. Ceci posé, laissez-moi rire un peu des renseignements à l'aide desquels vous êtes arrivé à vous représenter la Syrie comme ayant un climat *humide et en partie neigeux*. Sans doute, le rapport que vous aurez lu émanait des fractions de l'armée établies à Déir-el-Kamar ou à Kabelias, qui sont à de grandes hauteurs dans le Liban. Kabelias est même du côté de la Célé-Syrie, et, en effet, sur un point peu agréable en hiver. Mais cela ne peut se rapporter en aucune façon à la pente occidentale, et surtout aux parties peu élevées; c'est comme si, pour connaître le climat de la France, on prenait ses informations au sommet du Mont-Saint-Bernard. J'ai reçu cette lettre qui me parlait de neige, le 13 décembre, par une journée si chaude que, dans une pièce où il se trouve onze fenêtres, dont huit du côté de la mer, j'étais encore obligée d'ouvrir la porte et d'établir un courant d'air pour n'être pas incommodée par la chaleur; notez encore que la délicieuse maison où nous sommes établis depuis trois semaines est située sur un point un peu élevé; au bord de la mer, à une demi-lieue plus bas, il fait plus chaud encore. Cette température est entrecoupée tous les dix à douze jours par un violent orage; un vent d'ouest souffle d'abord;

au bout de quelques heures, tonnerre, éclairs, torrents de pluie ; enfin le dieu suprême de nos contrées, le soleil reprend le dessus et le ciel rentre dans sa sérénité accoutumée. Jusqu'à présent, nous n'avons pas eu un seul jour froid, et jamais non plus nous n'avons vu trois journées pluvieuses consécutives. Plus je le connais, plus je répète que le climat de la côte de Syrie est d'une incomparable splendeur ; je comprends, au reste, que ce climat ne convienne pas à tous les tempéraments, quoique mon frère et moi nous nous en trouvions à merveille. Rien en France, ni même en Italie, ne peut donner une idée de ce qu'est ici le soleil, la lumière, la végétation, la couleur. Je vous écris en vêtement d'été, près d'une fenêtre ouverte, sous laquelle s'épanouit, au milieu d'un tas de pierres, un oranger tout blanc de fleurs ; à quelques pas plus loin, j'en vois un autre chargé de fruits. Quelques dattiers, auxquels de lourdes grappes pendaient encore au moment de notre arrivée, se balancent au milieu des champs. La mer est comme une moire d'azur ; l'horizon est d'or et de pourpre. Oui, monsieur, les villes sont ici hideuses, les populations grecques et musulmanes sont repoussantes ; mais les campagnes sont belles au delà de tout ce qu'il est possible d'exprimer ; les cantons exclusivement maronites, comme tout ce qui est au nord du *Nahr-el-Kelb?*, sont peuplés d'une race douce, aimable, gracieuse, au milieu de laquelle je me félicite beaucoup d'avoir vécu. Jamais reine n'a reçu d'hommages plus dévoués que ceux qu'on me prodigue dans ce beau village d'Amschit. On ne m'aborde que les mains pleines de présents; les femmes m'apportent les produits de leurs vergers : des figues, des oranges, des dattes, des grenades; un bel enfant m'offrait tout à l'heure des roses qu'il venait de cueillir au milieu des pierres... car la pierre est partout en Syrie. Heureusement elle n'y est pas un obstacle à la végétation; au contraire, elle conserve l'humidité des champs et préserve la terre de l'action du soleil. Nous partons dans trois jours pour Beyrouth, afin de nous y trouver au moment de l'arrivée de Cornélie; nous reviendrons aussitôt à Amschit, où probablement nous séjournerons encore pendant quelques semaines.

Donnez-nous, je vous en prie, monsieur, des nouvelles de votre santé et de celle de monsieur votre père. Nous en sommes très vivement préoccupés et nous comprenons parfaitement qu'éprouvant déjà une grande lassitude vous redoutiez les fatigues d'une longue traversée maritime. Mon frère et moi nous les avons très bien supportées, et le voyage de Marseille à Beyrouth ne me laisse que le souvenir d'un trajet plein de charme et d'intérêt; mais, au fond, nous sommes d'une force exceptionnelle, et jamais je ne jugerai votre santé, monsieur et ami, d'après les nôtres. Mieux que personne au monde, vous pouvez apprécier ce qui vous convient et ce que vous devez éviter. Je me réjouis de penser que le cher petit Baby ne sera point privé de vos visites. Embrassez-le, je vous prie, bien souvent pour sa vieille tata et dites-lui que j'ai eu bien du plaisir à lire sa petite lettre.

Mon frère est constamment, tant que le jour dure (et il dure ici jusqu'à six heures), sur le champ de ses fouilles à Djebaïl; en perçant une route taillée dans le roc, on a forcé hier l'entrée d'un vaste caveau funéraire, qui paraît être fort ancien; mais il est tellement obstrué de terre qu'il faudra le déblayer pendant trois ou quatre jours avant de savoir ce qu'il recèle. Les sépultures antiques couvrent ici d'immenses espaces; presque tous les rochers de cette côte en sont littéralement remplis. Mais si rien n'est plus facile que d'en découvrir la trace, rien n'est aussi plus difficile que d'y entrer. La chose qui les décèle, ce sont des soupiraux que je ne puis comparer qu'à des tuyaux de cheminées : ils ont à peine vingt à vingt-cinq centimètres de circonférence. Comment les creusait-on sous la pierre? C'est ce qu'il est difficile de déterminer. Dans une promenade d'une heure, j'ai vu, l'autre jour, des centaines de ces soupiraux.

Par votre intermédiaire, monsieur, je me rappelle au souvenir de monsieur votre père et de mesdames Berthelot. Continuez, je vous prie, à nous donner fréquemment de vos nouvelles. Depuis que nous avons quitté Beyrouth, il nous est difficile d'écrire régulièrement. Il n'y a rien ici qui ressemble à une poste, et, pour recevoir ou faire partir nos lettres, il faut envoyer jusqu'à cette ville, c'est-à dire faire faire doublement un voyage de huit à dix heures. Quand nous aurons quitté Djebaïl pour la région de Tortose, il est à craindre que les correspondances ne soient encore plus difficiles. Enfin, nous ne nous arrêterons pas devant les obstacles et nous ferons toujours parvenir de nos nouvelles. Recevez, monsieur, pour vous et pour tous les membres de votre famille, l'assurance de notre constant souvenir et de notre inaltérable amitié.

H. RENAN

XXXIX

A MONSIEUR RENAN

Paris, 28 décembre 1860.

Mon cher ami,

Voilà un bien long silence de votre part ; car la dernière lettre que j'ai reçue de vous était du 30 novembre et depuis ce moment, je n'ai pas eu un mot de vous, même dans les lettres que vous écriviez à votre mère. Du reste j'espère que dans quelques semaines nous serons moins séparés. Mon père va beaucoup mieux et j'ai pu lui parler de mon départ prochain, sans lui causer une peine aussi vive qu'elle l'aurait été alors qu'il souffrait davantage. D'ailleurs la durée moindre de mon absence et les nouvelles plus favorables de votre établissement là-bas, concourent à le tranquilliser. *Ainsi je partirai de Marseille le 13 janvier*, comme je vous l'ai déjà fait pressentir.

Tâchez de vous trouver à Beyrouth, pour me recevoir et me piloter à mon arrivée dans ce nouveau monde.

J'espère que la mer ne sera pas trop mauvaise à cette époque, quoique le moment ne soit pas très favorable; je crains que votre femme n'ait beaucoup souffert, car les nouvelles de la Méditerranée ne sont pas bonnes et ont été fort retardées. Mais au moment où j'écris, vous devez être réunis depuis plusieurs jours.

Je compte emmener avec moi mon ami de Fleurieu; mais il ne sera d'aucun embarras pour vous, voyageant pour son propre compte. Du reste c'est un charmant homme comme caractère et comme relations.

Votre Baby va toujours à merveille : il n'est pas même enrhumé, malgré l'horrible temps de neige et de dégel qui change nos rues en des fleuves de boue. Je ne lui ai pas dit encore que j'allais revoir papa, maman et tata; ce sera pour la semaine prochaine. Il ne s'ennuie pas avec ses oncles et cousins, sans oublier sa grand'maman. Votre mère est aussi bien portante et regrette un peu sa bru; l'état de la mer surtout la tourmente jusqu'à ce qu'elle ait des nouvelles. Mais je n'espère pas en avoir, sauf peut-être le jour de mon départ de Paris.

Malgré l'annonce de mon départ, ne cessez pas, je vous prie, de m'écrire, ne fût-ce qu'un mot : on n'est jamais sûr de ses projets à Paris, et vous ne paraissez pas soupçonner combien on est inquiet lorsque le courrier se fait attendre et plus encore s'il manque. Mais ce sont là des sentiments auxquels vous semblez étranger.

Adieu, mon cher ami, ou plutôt à bientôt, vous et les vôtres.

Tout à vous.

M. BERTHELOT

XL

A MADEMOISELLE RENAN

Beyrouth (Syrie)

Paris, 4 janvier 1861.

Chère mademoiselle,

Un dieu jaloux s'oppose à notre réunion ! J'avais écarté tous les obstacles et commencé mes préparatifs ; déjà j'avais acheté un lit, un caoutchouc, une couverture, commandé des bottes de cheval, un petit laboratoire portatif que je m'étais plu à composer.

J'avais pris congé de plusieurs amis et reçu des lettres de recommandation pour les officiers et l'armée d'occupation. Vous voyez que ma décision était complète, lorsque le 31 décembre, M. Maury est venu me trouver et me prier de renoncer à ce départ, en raison d'éventualités d'une grande importance qu'il m'avait proposées[1] il y a un mois, et qui étaient sur

---

1. Création d'un laboratoire de recherches et projet d'une École des hautes études, projets réalisés seulement huit ans après par Duruy.

le point de s'accomplir. Il m'a donné sur ce point beaucoup de détails qui ne me permettent aucune hésitation. J'ai dit quelques mots de ces choses à madame Renan et je ne puis m'expliquer davantage par écrit.

Vous voyez que Paris retient bien fortement les siens. Je le regrette encore plus, en lisant les descriptions du climat que vous me transmettez dans votre dernière lettre. Elle m'a fait un plaisir d'autant plus sensible que je n'avais rien reçu de votre part depuis près d'un mois. J'espère que votre prochaine donnera des nouvelles de l'arrivée de madame Renan. Parlez-moi aussi des fouilles de votre frère, de ses projets, de ses idées sur le pays, sur son histoire, sur ses monuments; vous savez que je ne suis pas un profane et ce sera la manière la plus complète de renouer conversation, à travers ce vaste espace de terre et de mer qui nous sépare. Mais donnez-moi des nouvelles aussi souvent que possible; vous ne sauriez croire combien on est sensible à un retard ou une interruption, quand les lettres ne viennent qu'une fois par semaine et quand il faut un mois pour avoir une réponse. Tantôt c'est le paquebot retardé par un coup de vent sur la Méditerranée pendant cinq jours, tantôt c'est la neige qui encombre le chemin de fer et fait perdre un jour ou deux. Pendant ce temps, nous autres malheureux Parisiens, enfoncés dans notre boue et dans nos neiges fondues, nous nous tourmentons en attendant une lettre qui n'arrive pas. Jugez de ce qui arrive quand, après ces retards, le courrier ne nous apporte rien.

Depuis trois jours la neige a disparu pour faire place à la gelée et au soleil : mais la fin de décembre a été étrangement variable. Ici comme à Amschid ce sont des orages et des sautes de vents irrégulières. Un jour il neige fortement : tout Paris est blanc ; le lendemain demi-dégel ; tout Paris est noir de boue ; le troisième jour il gèle et voilà tous les trottoirs changés en miroirs, sur lesquels on s'avance en chancelant. Le quatrième jour, brusque arrivée du vent du midi, pluie torrentielle, dégel universel. Puis un jour de soleil ; et la période recommence, du reste sans régularité. Vous voyez combien vous gagnez à vous trouver au milieu des orangers en fleurs et des montagnes illuminées par le soleil syrien. Du reste en ce moment toutes les santés qui nous sont chères vont bien. A la maison je suis seul un peu fatigué ; peut-être est-ce contrariété de ne pouvoir vous rejoindre. *Dis aliter visum!*

Baby va bien : je l'ai tenu hier sur mes genoux pendant une demi-heure. Il était fort tranquille, parlait bas et me regardait de temps en temps du coin de l'œil avec ce petit air que vous savez. Il n'a guère pu sortir depuis quinze jours : aussi est-il un peu pâle : ses joues sont demi-rose, au lieu d'être tout à fait rosées. Mais c'est une nuance qui ne diminue ni son appétit, ni ses jeux. Votre mère se porte toujours très bien et se tourmente au sujet de sa belle-fille, bien qu'on lui dise que le voyage est sans danger. Votre frère, sa femme et ses enfants vont bien aussi ; du reste vous en avez des nouvelles plus directes.

Dans votre prochaine lettre, je vous prie de vouloir bien demander à M. Gaillardot les renseignements relatifs à la manne de Syrie et me les transmettre. J'ai fini mon étude et dès que j'aurai reçu ces renseignements je la publierai.

Ma mère se joint à moi pour se rappeler à vos souvenirs : je lui ai lu votre dernière lettre qui l'a fort intéressée. Adieu, chère mademoiselle, rappelez-moi à l'amitié de votre frère et de votre belle-sœur, et croyez toujours à ma respectueuse affection.

M. BERTHELOT

XLI

A MONSIEUR RENAN

Paris, 11 janvier 1861.

Mon cher ami,

Je viens d'apprendre que madame Renan est arrivée heureusement à Beyrouth : ce qui nous a fait grand plaisir, car il y a eu des tempêtes violentes en décembre sur notre côte de Méditerranée. Ici nous sommes dans le froid et la glace; la Seine charrie et est prise au-dessus de Paris : l'air est rempli d'un brouillard glacial. Bref, c'est un des hivers les plus rigoureux que nous ayons subis depuis plusieurs années. Ma dernière lettre a dû vous apprendre que j'avais renoncé à tout espoir de vous rejoindre et pourquoi : du reste, rien de nouveau à cet égard.

J'ai vu hier plusieurs de nos amis chez Michelet, et notamment madame Didier, personne que je ne connaissais pas encore. Tout le monde s'intéresse à vos travaux et à votre prochain retour.

Notre séparation définitive me fait regretter davantage que vous m'écriviez si peu, et surtout si rarement : à peine une lettre dans les six dernières semaines. J'aurais voulu que vous me tinssiez davantage au courant de vos travaux et de vos idées. Avez-vous trouvé des inscriptions phéniciennes? et les temples de Byblos et le lac Aphaca?

J'ai vu ce matin le Baby, qui est toujours gros et rose, malgré le mauvais temps et le froid. Il commence à demander pourquoi sa petite maman ne ramène pas son père, puisqu'elle est allée en Syrie pour le chercher. Dimanche, on lui montrait vos photographies à tous. En voyant sa maman, il s'est écrié : « Voilà une petite personne que je connais bien! » avec ce ton gentil que vous lui connaissez.

Pour ne rien omettre de ce qui intéresse madame Renan, je lui envoie aussi des nouvelles du gros chat de Bellevue : il est devenu énorme; hérissé d'un poil fin et soyeux d'une extrême longueur, mais toujours plus craintif.

Dites à votre sœur que son Baby ne l'oublie pas

non plus; je lui ferai écrire une petite lettre pour la prochaine occasion.

Adieu, mon cher ami, devenez un peu plus communicatif et pensez davantage aux absents.

Tout à vous.

M. BERTHELOT

XLII

MONSIEUR BERTHELOT

Amschit, 25 janvier 1864.

Mon cher ami,

Vous m'avez causé un vrai chagrin en ne venant pas. Que vous connaissez mal mon caractère et que vous vous méprenez sur ma façon de sentir! Je n'ai pas votre inquiétude, mais j'aime mes amis autant que personne. Je tenais votre venue pour si certaine que je ne vous ai pas écrit par ces derniers courriers; j'aurais cru écrire en vain. Nous sommes tous bien, quoique la santé d'Henriette n'ait pas été, en ces derniers temps, tout à fait aussi bonne. Elle est maintenant remise. Il fait ici un peu plus froid que de coutume, les anciens déclarent n'avoir pas vu, depuis vingt ans, les neiges si près de la mer. Elles sont sur les sommets situés au second plan pour nous, à environ une lieue d'ici. Cela produit des effets de lumière incomparables par un beau soleil. Dans les creux bien ensoleillés et à l'abri du vent de neige, il fait délicieux. J'ai vu, il y a quelques jours, une vraie merveille, le village de Maschnaka, admirable ruine de la plus haute antiquité, d'un grandiose qui me surprend. Figurez-vous un monde de géants et de héros; la Troie d'Homère devait être comme cela. Le pays à l'entour est incomparable aussi. C'est la vallée du fleuve Adonis, si tant est que l'on puisse appeler vallée un précipice de plus de mille pieds de profondeur, dont les bords ne sont éloignés que de quelques centaines de pieds. Les neiges permanentes en hiver commencent là. A l'horizon sont les dômes blancs d'Aphaca. Le contraste du vent de neige et du soleil est quelque chose d'indescriptible. C'est la vie sous ses formes les plus opposées qui vous pénètre et vous saisit. Deux petits glaciers dans deux creux, qui ne sont jamais soleillés, étaient aussi quelque chose de ravissant. En somme, la vallée du fleuve Adonis est ce que j'ai vu jusqu'ici de plus saisissant. On ne peut rien imaginer de plus romantique et de plus triste. C'est vraiment un paysage fait pour pleurer les dieux morts. Les percées de la mer, à l'aval du Wadi, sont d'un effet extraordinaire.

Semar-Gebail m'a aussi offert une vieille forteresse en style saturnien primitif. Ces vieux burgs de Kronos (El), en gros blocs en bossage, sont ici assez nombreux. Ils avaient leur centre et leur point de départ à Byblos. Je suis maintenant bien édifié sur le vieux style giblite. La tour de Byblos est vraiment une des plus vieilles constructions du monde et le prototype de celles de Salomon à Jérusalem. Je l'établirai par des renseignements décisifs. Il faut, du reste, s'y résigner : cette ancienne architecture était anépigraphe, comme celle des Hébreux, et je pense qu'on n'a écrit à Byblos sur les monuments qu'à partir de l'époque grecque. Les tombeaux (les anciens aussi sont tous anépigraphes) sont ici très grandioses; quelques-uns semblent des géants d'un monde primitif. Les inscriptions grecques abondent toujours, et il en est de très importantes. Nous avons une très curieuse Astarté et une jolie Vénus grecque, mais de l'époque gréco-romaine. Notre fleuron est un lion en bas-relief, qu'on dirait une réduction d'une des salles de Ninive.

Notre ensemble d'inscriptions grecques formera aussi une belle application de l'épigraphie à l'histoire religieuse. On n'a pas assez employé cet excellent instrument d'investigation historique, qui de nos jours, avec nos principes de critique, est le seul infaillible. Saïda me donnera plus de pièces de musée, mais je doute qu'elle me donne autant de résultats historiques.

De plus en plus je vois dans les Giblites les proches parents des Hébreux, un peuple patriarcal, peu marchand, puis sacerdotal, gouverné par des sénateurs-prêtres (πρεσβύτεροι). Dieu s'appelait ici *El, Adonaï, Schaddaï,* comme chez les Hébreux. Le style des monuments a l'analogie la plus frappante avec ceux de Jérusalem (exclusion de la sculpture vivante;

ornementation végétale, exclusion de l'épigraphie). Byblos m'apparaît de plus en plus comme une Jérusalem, qui a été vaincue par l'autre. Adonaï a vaincu Adonis. La lutte de ces deux cultes paraît vive et toute fraîche encore dans le Liban.

Le scrupule et la minutie que les zélateurs chrétiens ont mis à détruire les temples qui couronnaient chacun de ces sommets est vraiment curieux. Tout a été mis en miettes; mais ces miettes sont encore éparses sur le sol.

L'idolâtrie du Liban apparaît du reste comme le type de l'idolâtrie, comme la conçoivent les Pères de l'Église, et comme l'a conçue le moyen âge. J'avais tenu le type pour puéril jusqu'à ce que j'aie vu ce pays. Du reste, le pays ne s'est pas relevé de là. Il a été tué par le christianisme; il était déjà en ruines quand les musulmans sont arrivés; ceux-ci l'ont achevé.

Une chose triste à dire, du reste, et que je ne dis qu'entre nous, c'est que ce pays n'a pu être *civilisé* que par l'esclavage. Le travail libre n'y produira jamais de grands travaux, par la raison toute simple que nul produit du travail ne vaut ici pour l'homme le plaisir de vivre en ne faisant presque rien. En somme, chez nous, le travail est *forcé*, parce que l'homme qui ne travaille pas est condamné à mort. Il n'en est pas du tout de même ici. La seule époque un peu florissante pour ce pays fut celle de l'émir Béchir, qui l'accabla d'impôts. Il fallait travailler pour payer, et payer pour vivre; on travailla. Ce n'est qu'en Orient que l'on comprend le plaisir de vivre pour vivre. Ils vivent beaucoup plus que nous, en ce sens qu'ils mènent la vie que nous avalons avidement. De là leur totale indifférence pour les accessoires de la vie, bien-être, considération, etc... De là aussi une égalité dont rien ne peut nous donner une idée. Le millionnaire qui nous loge ne diffère en rien des pauvres gens du village, tous ses parents, qui sont ses domestiques et les nôtres. L'autre jour nous reçûmes la visite de dames de la montagne, venues pour nous voir; leurs esclaves négresses entrèrent avec elles, s'assirent à côté d'elles sur le divan, prirent congé avec elles; n'était leur teint, on les eût prises pour leurs filles.

Mais il faut que je m'arrête. Nous avons ces jours-ci lord Dufferin.

Votre meilleur ami,

E. RENAN

XLIII

A MONSIEUR BERTHELOT

Amschit, 30 janvier 1861.

Mon bon ami,

Je vous écris un mot seulement, car je fais partir par ce courrier mon rapport. Mais je ne veux pas que vous m'accusiez encore de négligence et d'oubli. Vous oublier, mon ami! Pouvez-vous à ce point vous laisser aller à votre inquiète imagination! Votre souvenir m'est de tous le plus cher et le plus présent. Je m'étais fait une fête de vous revoir. Il est vrai que jusqu'ici vous n'auriez pas eu fort beau temps. L'hiver est ici exceptionnel ; il fait exactement le temps de nos mois d'avril et mai, pas froid, mais des vents terribles et depuis quinze jours beaucoup de pluie. Cela entrave fort nos travaux. Je quitte Amschit le 7 ou 8 du mois prochain, pour concentrer toutes mes forces pendant un mois sur Saïda.

Je pense souvent à votre beau livre, à l'étonnement qu'il doit soulever et aux malentendus qu'il ne peut manquer de provoquer. Les objections que vous font M. Chevreul et les autres me semblent ressembler beaucoup à celles que les orientalistes de la vieille école firent à mes *Langues sémitiques*. La scolastique est la forme obligée de presque tous les esprits. Les esprits fins qui y échappent prêtent aux criailleries par tous les côtés. Mais seuls ils obtiennent en définitive l'attention du public, car seuls ils peuvent donner à leurs œuvres un caractère pleinement humain.

Je suis enchanté que vous voyiez Michelet. Ce que je viens de lire de *la Mer* dans *la Revue* m'a enchanté. Faites-moi parvenir ce volume par M. Darasse, impasse Conti, 2. Quelle vérité profonde dans ses fantaisies naturelles, comme dans ses fantaisies historiques! Dites-lui que quand il fera la fleur il faudra qu'il vienne en Syrie. La splendeur de la fleur ne se comprend qu'ici. Non, Salomon dans toute sa gloire n'était pas vêtu comme l'une d'entre elles. Le cyclamen surtout, feuille et fleur, sont des chefs-d'œuvre à vous faire tomber en extase. Figurez-vous la dentelle noire la plus exquise sur un velours d'un vert charmant, voilà la feuille. La fleur est d'une naïveté, d'un port adorable. Les orangers et les citronniers en boutons sont aussi quelque chose de ravissant. Les oiseaux sont aussi très beaux ici ; les petits sont des espèces de bergeronnettes pleines d'élégance et de grâce. L'autre jour, dans la montagne, j'ai vu des aigles dans leur aire, puis faisant leurs circuits au-dessus de l'abîme. C'est une majesté calme et sauvage, d'un caractère tout biblique. La mer est étrange ici. Elle ne plairait pas à Michelet. Elle est complètement inorganique. Une côte de sable ou de rochers, toujours lavée au même endroit. Pas une algue, pas une plante marine ; très peu de coquilles, rien de cette vie si multiple de nos côtes de l'Océan. Les traces de travaux artificiels que portent partout les rochers de la côte achèvent l'étrangeté pour nous autres habitués aux côtes de Bretagne. Mais l'effet du paysage, les teintes du soir, les tempêtes, etc., n'ont rien d'égal.

Nous sommes tous bien et vous envoyons mille compliments. Embrassez Baby pour nous, et croyez à notre vive affection.

Adressez toujours à Beyrouth.

E. RENAN

XLIV

A MONSIEUR RENAN

Paris, 7 février 1861.

Mon cher ami,

Je viens de recevoir votre lettre, qui m'a été extrêmement sensible, d'autant plus que je me trouve en ce moment dans une situation morale très pénible et où j'aurais eu grand besoin de votre affection et de celle des vôtres. Depuis près d'un an, je suis condamné à ce singulier supplice qui consiste à vouloir, à entreprendre avec réflexion et à voir mon énergie neutralisée par des volontés ou des sentiments que je ne puis ni écarter, ni froisser. Je ne puis ni diriger les circonstances de ma vie à mon gré, ni les abandonner au courant spontané des choses. Mais je ne saurais vous en dire plus long dans une lettre. Si je ne puis sortir d'un tel état, ma vie finira par s'user, à force de se ronger elle-même.

En attendant, je n'ai pas cessé d'avoir de vos nouvelles et de voir toutes vos lettres, que votre mère et votre belle-sœur me communiquent avec la confiance et l'amitié que toute votre famille a pour moi. Quant à Baby, il se porte à merveille; après quelques jours de fatigue et de faiblesse (sans indisposition d'ailleurs) devant les grands froids que nous avons traversés, il se trouve maintenant dans un parfait état de santé, d'appétit et d'équilibre. Quand je dis d'équilibre c'est au moral, car il vient de faire devant moi une douzaine de culbutes, en se trémoussant autour d'une petite charrette que madame Marjolin lui a apportée. Nous sommes toujours aussi bons amis. Je lui ai demandé ce que son papa lui rapporterait : il m'a répondu quelques mots embrouillés ; et il a ajouté : « Maman rapportera à bébé (autre réponse inintelligible) et tata des coquillages. » Vous voyez qu'il n'oublie personne, et que vous le retrouverez avec le clair souvenir et l'affection de vous trois.

Ce que vous m'écrivez de Byblos m'a piqué vivement : car je ne pensais pas que Byblos eût jamais eu un rôle de cette importance. Je n'ai pas souvenir d'attribution de cet ordre dans mes lectures et je crois que vous grossissez un peu l'objet que vous examinez en ce moment. C'est le résultat nécessaire de toute observation attentive, appliquée aux phénomènes naturels ou autres : j'ajouterai plus, les découvertes ne se font que lorsque l'esprit est arrivé à ce degré. Jusque-là il ne pénètre pas les choses avec une puissance suffisante. Ce n'est que quand il a parcouru un champ considérable, en s'appliquant tour à tour à chaque chose isolée avec ce degré d'énergie, qu'il se forme une vue nette et normale de l'ensemble. Les mêmes procédés intellectuels se trouvent dans tous les ordres de connaissances, toutes les fois que l'esprit s'applique à la recherche de la vérité. Mais quand vous aurez vu avec la même puissance d'attention (et j'espère bien que vous me transmettrez chaque fois vos sentiments) Saïda, Sour et Jérusalem, alors votre vision du passé deviendra accomplie et conforme à la juste mesure.

Du reste ne vous pressez pas trop de quitter le point où vous êtes : la moisson en général va toujours augmentant, parce que l'on voit plus clairement la physionomie et la direction des choses. Mieux vaudrait sacrifier complètement une partie.

Vous voyez maintenant que mes prévisions relatives à la neige et au froid dans le Liban étaient moins étranges qu'elles ne vous avaient paru d'abord. Mais à présent, tout est sans doute passé et votre ciel a retrouvé sa sérénité. Le nôtre est aussi moins inclément et le soleil paraît déjà de moment en moment, avec intermède de brouillard; du reste peu de pluie, ce qui est rare dans ce climat de Paris.

Adieu, mon cher ami, rappelez-moi au souvenir de votre sœur et de votre femme et croyez-moi toujours

Tout à vous de cœur.

M. BERTHELOT

XLV

A MONSIEUR RENAN, MEMBRE DE L'INSTITUT

A Beyrouth (Syrie).

Paris, 15 février 1861.

Mon cher ami,

J'ai vu hier votre Baby, qui se porte à merveille : il supporte cet hiver, malgré les intempéries, avec bien plus de succès et d'énergie que l'an dernier. Vous savez d'ailleurs combien il est choyé, pour ne pas dire gâté; cependant il n'en devient pas plus capricieux, il se borne à suivre ses petites idées, avec la persistance et l'individualité que vous connaissez : son caractère se manifeste de plus en plus, doux et fin, tel que nous le voyions déjà l'an dernier : Hier, je lui ai demandé ce qu'il fallait vous écrire :

— Dis à papa qu'il m'apporte des coquillages.

Vous voyez qu'il associe l'idée de votre absence à celle des coquillages : je dirais de la mer, s'il savait ce que c'est. En tout cas, il ne vous oublie point, ni sa petite maman, ni sa chère tata. Votre frère est un peu souffrant de l'estomac depuis quelques jours, votre mère et les autres personnes de votre famille se portent bien.

J'ai donné de vos nouvelles et montré votre lettre sur les Giblites aux Ollivier, qui en ont été enchantés et m'ont chargé de tous leurs compliments. Tout le monde ici pense à vous, et bien des gens me demandent de vos nouvelles. J'espère que vos nouvelles fouilles ne se prolongeront pas trop et que je vous reverrai tous en mai, ou en juin au plus tard, avant les chaleurs périlleuses et le moment des fièvres. Je craindrais fort un séjour plus long pour vous et pour votre sœur. D'ici là vous avez, je crois, le temps de terminer tous vos projets, au moins les plus essentiels. J'attends impatiemment le moment de votre retour : votre affection et celle de votre sœur m'ont bien fait défaut dans ces dernières semaines et j'ai parfois regretté que Maury, avec ses projets qui n'ont point d'issue jusqu'ici, m'ait empêché de vous rejoindre. Mais, comme dit notre ami Ménard, qui vient me voir par intervalles, l'avenir est sur les genoux des Dieux. Toutefois, vous savez que je n'ai jamais pu m'abandonner ainsi tranquillement à la destinée : il y a en moi un élément d'inquiétude et d'impatience, qui a singulièrement grandi dans ces dernières années : souvent j'ai peine à garder mon sang-froid et mon équilibre. Puisse la barque ne pas chavirer avant d'atteindre le port!

Du reste, ma santé est meilleure et, quoique (ou parce que) agité, je recommence à vivre, mais non encore de la vie calme et sereine de l'esprit. Quand une fois on a cessé de suivre sa ligne de travail, ou quand on est au bout, il est bien long et difficile de reprendre sa route et de renouer la continuité. Mais tout finira bien avec de la patience et de la volonté, qualités qui ne m'ont jamais fait défaut jusqu'à ce jour.

Adieu, mon cher ami, donnez-moi des nouvelles plus explicites de votre femme et de votre sœur; comment supportent-elles le climat? votre sœur est-elle encore souffrante et fatiguée? En un mot, comment vous trouvez-vous tous? C'est ce que je désire savoir principalement.

Tout à vous,

M. BERTHELOT

XLVI

A MONSIEUR BERTHELOT

Beyrouth, 11 février 1861.

Mon cher ami,

Je ne veux pas que vous m'accusiez encore de vous oublier, bien que les fatigues et les soucis de toutes sortes que m'impose cette difficile affaire dussent m'excuser près d'un ami moins susceptible que vous. J'ai quitté avec un vif regret ma royauté de Byblos. Pendant deux mois j'ai régné; j'ai vu un coin du monde uniquement attentif à me servir, à obtenir mon sourire, à prévenir mes désirs. Jusqu'à la fin, j'ai pu ne m'arrêter devant aucune difficulté, faire tout ce que j'ai voulu, comme dans un pays où il n'y eût eu d'autre loi que ma volonté. Je ne trouverai plus cela, et je ne pense pas sans effroi au temps où il me faudra aller à pied, suivre le trottoir, obéir, même sans y penser, à mille exigences, à mille règlements. On n'est libre ici qu'à condition d'être étranger. En somme, même l'indigène est fort libre. Il n'y a pas un seul gendarme, pas une seule mesure préventive, pas une restriction des libertés naturelles, et cependant il se commet moins de crimes contre les personnes et la propriété qu'ailleurs. Rien n'égale la sûreté de ce pays, en dehors des crises. Le vol professionnel, ce fruit de la civilisation, n'existe pas ici. Une femme peut traverser tout le Liban sans un moment d'appréhension.

J'ai vu avant-hier le patriarche des maronites. C'est un type charmant, le chef-d'œuvre de la combinaison de l'éducation italienne avec l'esprit fin et doux de cette race. Les évêques, sauf Tobie, évêque de Beyrouth (un intrigant), sont très bien aussi. Quant aux Grecs, unis ou schismatiques, j'en ai la plus triste idée. Ce qui manque essentiellement au Syrien, c'est la fixité et la suite dans les idées et la rectitude du jugement. Leur facilité pour tout apprendre (les langues surtout) dépasse de beaucoup la nôtre. Mais ils n'ont pas la persistance des grandes créations. Et puis, l'idée bizarre, subtile, absurde, est toujours celle qui se présente à eux la première. Ils ne comprennent pas le bon sens; tout cela avec un charme qui a séduit le monde :

in Tiberim Syrus defluxit Orontes.

On ne voit pas assez cette individualité de l'esprit syrien, sa persistance, son identité. La Syrie n'est pas une nationalité; mais c'est une individualité capitale dans l'humanité. Des étrangers l'organiseront politiquement; mais elle sera toujours une région *sui generis*.

Je tombe de fatigue, et demain j'ai à faire huit heures de cheval, avec mes dames, jusqu'à Saïda. Mais l'air vivifiant de ce pays fait tout supporter.

Votre meilleur ami,

E. RENAN

XLVII

A MONSIEUR BERTHELOT

Beyrouth, 11 février 1861.

Vous nous punissez rudement, monsieur et ami, en restant si longtemps sans nous écrire, au moment même où nous avons eu à supporter la grande déception relative à votre voyage. Ne voyez, je vous prie, dans ces mots aucune ombre de reproche, ils ne renferment que le sentiment d'une peine très réelle. A travers les flots et l'espace, j'ai vivement compris et partagé le chagrin que vous a fait ressentir notre silence et surtout celui de mon frère. Le mien avait pour excuse, dans les semaines qui ont suivi l'arrivée de Cornélie, une altération de santé assez profonde pour que toutes mes forces fussent absorbées par les quelques lignes que je devais écrire à ma mère. Quant à mon frère, il s'est probablement justifié; mais en voyant dans vos lettres la trace de vos souffrances, je ne puis m'empêcher de songer souvent que vous et moi, monsieur, nous cherchons en lui quelqu'un qui n'est plus, l'ami dont nous étions la première pensée, les premiers confidents, et dans l'âme duquel nous nous étions accoutumés à lire sans témoin ni interprète. Vous et moi nous sommes restés les mêmes, tandis qu'il s'est complètement métamorphosé, et nous cherchons à saisir en lui ce qui n'est plus qu'un fantôme ou un souvenir. Pendant deux mois, j'ai cru toucher de nouveau à la réalité, j'ai cru retrouver mon frère d'autrefois…. J'aurais été doublement heureuse de vous avoir près de nous, dans ces temps où un changement si profond venait encore de s'opérer dans ma vie; mais puisqu'il s'agit d'un événement qui est pour vous d'un bon augure, j'ai le courage de faire taire mes regrets pour ne songer qu'à votre avantage. Nous comptions presque les heures qui nous séparaient de votre arrivée, quand nous est parvenue la lettre qui détruisait nos espérances.

23 février.

Un départ précipité de Beyrouth m'avait obligé à interrompre cette lettre, que l'arrangement des courriers ne m'a pas permis depuis de faire partir. Elle a moins de sens aujourd'hui que nous avons reçu votre chère lettre, monsieur et ami ; je vous l'envoie pourtant pour vous prouver que je fais tous mes efforts pour vous donner de nos nouvelles, même dans les jours les plus encombrés. Ne répondez pas, je vous prie, à ces lignes, et voyez-y un nouveau témoignage de ma profonde estime et de mon amitié.

H. RENAN

XLVIII

A MONSIEUR BERTHELOT

Saïda, 23 février 1861.

Enfin, cher monsieur et ami, nous recevons directement de vos nouvelles, et quoique ces nouvelles ne nous donnent point sur votre état d'esprit et de santé des renseignements aussi bons que nous l'eussions désiré, elles nous ont encore causé une vive joie. Les détails que vous nous donnez sur le Baby chéri sont toujours ceux auxquels je crois de préférence ; aussi ai-je été péniblement affectée en lisant dans votre dernière lettre que pendant quelques jours vous l'aviez trouvé affaibli et fatigué : soit que ma belle-sœur n'en ait rien su, ou qu'elle ait voulu nous le cacher, le résultat est le même, et ce sont toujours vos lettres que j'attends pour être rassurée. Je ne saurais vous dire combien il m'est pénible de sentir ce cher petit ange ainsi placé au dehors de son entourage naturel, et grandissant loin des yeux qui suivraient tous ses mouvements avec autant de tendresse et de joie que de prévoyance et de sollicitude. Que de fois depuis l'arrivée de sa mère j'ai désiré aller jusqu'à lui!...

Nous avons quitté depuis quinze jours notre chère solitude d'Amschit, vers laquelle je reporterai bien souvent mes pensées; les premières semaines de mon séjour y ont été pour moi pleines de charme. Après avoir reçu tous les vœux et les bénédictions des habitants d'Amschit et de Djebaïl, nous sommes venus à Sarba, dans la baie de Djouni, où nous avions déjà fait un autre court séjour. Le lendemain, 9 février, nous avons fait une visite au patriarche maronite dans sa belle résidence de Bkerké, à quelques lieues de Beyrouth, sur le flanc occidental du Liban. C'était une très curieuse ascension, faite par une route atroce, au milieu de la plus splendide nature. J'ai déjà fait de nombreuses excursions dans le Liban, et chaque fois j'ai vu s'augmenter l'admiration que m'inspire cette incomparable chaîne, où les cultures, les fleurs, les rochers, les arbres, la lumière, concourent par des moyens divers à créer une délicieuse harmonie.

Le 9 février, dans l'après-midi, nous sommes arrivés à Beyrouth, et le 12, de grand matin, nous sommes repartis pour Saïda, où nous étions dans la soirée du même jour, après avoir chevauché pendant huit heures. M. Gaillardot y avait déjà commencé des fouilles dans la nécropole d'où est sorti le sarcophage d'Eschmounazar; de très grands caveaux funèbres et deux très beaux sarcophages ont été successivement mis en lumière. L'intention de mon frère est de laisser M. Gaillardot continuer les travaux de Sidon et d'aller lui-même entamer ceux de Tyr, dont il a pu se former une idée sommaire dans un voyage qu'il a fait peu après notre arrivée ici.

Nous repartons tous trois avec armes et bagages mardi 26; le voyage est à peu près le même que celui de Beyrouth à Saïda. Le temps est devenu délicieux; le printemps se fait partout sentir : l'air est tiède, le soleil est éblouissant, les brises sont molles et parfumées. Oh! pourquoi ces splendeurs ne s'étalent-elles que devant une population incapable de les sentir! Hélas! nous ne sommes plus ici au milieu de nos bons Maronites d'Amschit; les plus cruelles et souvent les plus basses passions pullulent autour de nous, dans l'ignoble chaos formé par le mélange des Grecs, des Latins et des Musulmans. Ici plus de vie patriarcale, ni aisée; le souvenir des massacres est partout : chez les Musulmans, pour craindre le châtiment qu'ils méritent; chez les Chrétiens, pour demander vengeance, ou redouter de nouvelles catastrophes. A Tyr, nous serons entourés de Métualis, secte musulmane plus fanatique encore que les Turcs, et poussant le dédain pour les Chrétiens jusqu'à l'extravagance. Nous y serons cependant, comme ici, en parfaite sécurité, grâce aux soldats que le général de Beaufort envoie partout à Ernest pour les fouilles. De Tyr, notre correspondance sera plus difficile que des autres points, où nous avons jusqu'à présent résidé ; il nous faudra faire faire à nos exprès un voyage de deux jours pour mettre nos lettres à la poste, ou pour les en retirer. Ne vous inquiétez donc pas, monsieur, je vous en prie, s'il y avait quelque courte lacune dans notre correspondance ; il suffirait d'un torrent grossi par les pluies abondantes pour retenir nos lettres, au moment où nous les croirions parties. Veuillez bien continuer à nous adresser vos lettres à Beyrouth ; c'est par là seulement qu'elles peuvent nous parvenir.

M. Gaillardot vient enfin de me remettre la note relative à la manne. Je la lui ai demandée bien souvent, mais toujours il y avait quelque obstacle. Depuis le premier de l'an, c'était l'éloignement du point que nous habitions.

Veuillez bien, monsieur, présenter mes plus affectueux souvenirs à madame, à mademoiselle Berthelot, ainsi qu'à monsieur votre père. Comme vous ne nous parlez point de sa santé, je suppose qu'elle n'est pas trop mauvaise. Continuez, je vous en prie, à nous donner régulièrement de vos nouvelles, de celles du Baby bien-aimé, et croyez sans interruption à notre profonde et sincère amitié.

H. RENAN

XLIX

A M. RENAN

A Beyrouth (Syrie).

Paris, 28 février 1861.

Mon cher ami,

A chacune de vos lettres je sens davantage combien la distance apporte d'entraves matérielles à l'amitié et à ses relations : ce n'est plus cette correspondance étroite et pour ainsi dire immédiate, que permet le voisinage ; mais chacune de nos lettres répond à des sentiments déjà effacés dans le cœur de celui qui les a exprimés. Ce sont des vagues qui se poursuivent, sans jamais se confondre : et voici que je ne sais quand je pourrai vous revoir. Je viens de lire au *Moniteur* votre rapport, où vous annoncez des projets pour l'été. Je redoute pour vous ce séjour, prolongé dans des conditions moins favorables et sous un ciel inclément ; je le redoute pour vous et pour les vôtres. Je crois deviner que votre sœur est toujours malade, ou du moins souffrante, à travers les réticences de vos lettres. Laissez-la revenir et ne risquez pas de la perdre là-bas : ici, bien des gens la réclament, et Baby, un peu fiévreux à ce retour du printemps, plus que personne.

On parle beaucoup ici de votre rapport et je vais vous dire quelles critiques il soulève. En général, on trouve vos idées sur les Giblites trop absolues et fondées sur une vue encore trop incomplète des choses : c'était mon opinion sur votre lettre. La reproduction des mêmes idées dans le rapport officiel a plus d'importance que dans une lettre privée. Une seconde critique est relative au caractère général et un peu vague du rapport : celle-ci vient surtout de vos collègues de l'Académie. Ils auraient voulu quelques détails sur les caractères qui vous déterminent à désigner une statue sous le nom d'Astarté, etc., et surtout des renseignements circonstanciés sur quelques-unes des inscriptions et sur les interprétations que vous en tirez : ces détails auraient en effet donné au rapport un caractère de précision plus satisfaisant, et, si je puis m'exprimer ainsi, une saveur plus originale. A côté de ces critiques relatives au manque de précision dans les faits, on vous reproche d'avoir consigné avec trop de développements vos hésitations sur l'âge de la tour de Byblos. Les architectes prétendent que l'on ne saurait avoir un doute aussi étendu sur l'âge d'un monument, et que ceci vient surtout de votre inexpérience.

Vous voyez que je vous transmets fidèlement les critiques : vous en jugerez comme il vous plaira, car ce sont choses qu'il faut connaître, sauf à les négliger. Quant aux éloges, vous savez ceux que comporte votre style, votre exposition, etc.; je ne crois pas utile de vous les redire encore une fois. Vous les aurez d'ailleurs lus dans quelque autre lettre de vos amis.

Je joindrai seulement une observation qui m'est propre : vous regardez l'époque phénicienne comme anépigraphe, et cependant vous parlez d'une inscription en vieux caractères, mais mutilée. Ceci m'inspire des doutes. S'il y en a une, il doit s'en trouver d'autres, qu'une plus longue recherche vous eût fait découvrir. Vous savez que les yeux deviennent plus perçants à mesure qu'une investigation se prolonge, parce qu'ils se concentrent dans la direction voulue, écartant de plus en plus les objets étrangers, qu'ils apprennent à mieux reconnaître à première vue.

Quoi qu'il en soit, vous voici à Saïda, dans un nouveau champ de recherches, différent du premier et qui va commencer à mûrir et à modifier vos jugements par la comparaison. Comme vous y verrez souvent le docteur Gaillardot, je vous prie de lui réitérer la demande de renseignements sur la manne de Syrie, demande faite dans une de mes premières lettres et qui est restée sans réponse. En vous y reportant, vous trouverez les questions dont je désire la solution.

J'attends avec impatience le jour où vous aurez vu Jérusalem. Jusque-là, je n'attache à vos jugements et à vos impressions qu'une valeur provisoire, car l'élément fondamental de vos jugements vous manque. Je voudrais que vous l'eussiez visitée avant d'écrire un second rapport : c'est une condition *sine qua non*. En agissant autrement et malgré des réserves auxquelles le public ne prend pas garde, vous vous exposez trop à être forcé de changer d'opinion.

J'espère que vous ne souffrirez pas trop des conditions matérielles moins favorables de ce voyage et de celles de votre second séjour à Saïda et ailleurs; vos dames trouveront sans doute, sinon le confortable, du moins la sécurité et la santé nécessaires. Donnez-moi toujours de vos nouvelles et le plus souvent possible. Voici l'adresse à laquelle il faudra m'écrire maintenant (car nous sommes en déménagement) : M. Berthelot, au Collège de France, Paris.

Adieu, mon cher ami, présentez mes souvenirs et mon affection à vos dames.

Tout à vous,

M. BERTHELOT

L

A MONSIEUR BERTHELOT

Sour, 8 mars 1861.

Mon cher ami,

Je voulais vous écrire mes impressions sur ce pays nouveau. Mais les fatigues de cette campagne de Tyr sont telles que le soir je suis presque incapable de travail. Ce pays ne ressemble en rien au Liban. C'est un désert; la campagne de Rome en donne une certaine idée. Nulle part on ne hait tant la Turquie; ailleurs on voit le bien qu'elle empêche, ici on voit le mal qu'elle fait. Les Métualis sont une très mauvaise race, fanatiques et fourbes, complètement gâtés. C'est ici surtout que je me confirme dans ma vue sur le trait essentiel du caractère syrien, et que j'appelle *esprit faux*. L'absurdité est ici l'eau courante, le pain de chaque jour. Il faut voir dans le détail une telle perversion pour y croire. Cette perversion est toute de tête : les mœurs sont ici très pures et n'ont rien des infâmes perversions de l'Égypte moderne, par exemple. Mais les têtes sont faussées de fond en comble.

Tyr est bien effacée. Mais le souvenir de cette noble ville me soutient dans mes recherches, ici moins attrayantes. On ne songe pas assez au rôle de Tyr et à sa noblesse historique. Tyr, deux cents ans avant la Grèce, soutient la liberté des républiques municipales, c'est-à-dire de la liberté antique, contre les grands despotismes de l'Orient; seule, elle tient en échec durant des années l'énorme machine assyrienne. Je ne traverse jamais sans émotion cet isthme, qui a été en son temps le boulevard de la liberté. Une chose bien curieuse, c'est que les restes de la civilisation phénicienne sont presque tous des restes de monuments industriels. Le monument industriel, chez nous si fragile, était, chez les Phéniciens, colossal et grandiose. Toute la campagne est parsemée des restes de cette industrie gigantesque, taillés dans le roc. Les pressoirs, sortes de portes composées de trois blocs superposés, ressemblent à des arcs de triomphe; les vieilles usines, avec leurs cuves, leurs meules, sont là, dans le désert, parfaitement intactes. Les puits dits de Salomon, près de Tyr, sont quelque chose de merveilleux et d'une profonde impression.

Je suis contrarié par les retards de l'architecte qui devait m'arriver. Du reste, tout va bien. Nous avons trouvé à Saïda, il y a quelques jours, quatre sarcophages magnifiques, à grosses têtes sculptées et à gaines, d'un style vraiment phénicien. Ma femme et ma sœur sont bien et se rappellent à votre souvenir.

Votre meilleur ami.

E. RENAN

LI

A MONSIEUR BERTHELOT

Sour, 12 mars 1861.

Mon cher ami,

Une épouvantable tempête, dont rien ne peut donner une idée, suspend ces jours-ci nos travaux. Depuis plus d'un mois nous avions un temps délicieux, ni chaud, ni froid, un vrai temps de paradis. Hier nous avons vécu sous une impression d'involontaire terreur. Notre maison est un vrai phare, peu solide, à l'extrémité de l'île. Cette rage de la nature autour de nous, ce cercle de hurlements, comme de dieux d'un autre monde, un naufrage qui s'est passé sous nos yeux et nous a tenus tremblants durant des heures, nous ont mis sous une impression terrible.

Aujourd'hui le temps n'est que mauvais. Hier, justement, nous voulions partir pour Oumm-el-Awamid, le plus beau tas de ruines de ce pays. J'ai huit jours à passer là sous la tente. Le pays est désert : pas une maison, deux lieues à la ronde.

Notre départ est naturellement retardé. Mes dames veulent être de cette rude campagne; je n'aurais pas osé les y engager.

Sidon nous donne d'admirables résultats; nous avons maintenant une dizaine de sarcophages vraiment magnifiques et du style le plus original. Ma campagne de Djebaïl ne parlera pas au public, mais ceci sera compris de tous. J'ai de plus la pensée maintenant que ces monuments sont anciens et antérieurs à Alexandre. Ici je tiens la piste.

Mais Tyr a été si terriblement bouleversée que les recherches n'y auront jamais autant d'attrait. Il faudrait ici surtout un géologue pour savoir comment se sont formés les écrasements bizarres des côtes et si vraiment une partie de l'île a sombré.

Déjà je suis en terre biblique : à l'horizon je vois le Carmel; j'ai vu la triste Sarepta, dont pas une pierre ne reste au-dessus du sol. L'admirable sommet de l'Hermon, le plus élevé de toute la Syrie, ferme notre horizon à l'orient. En montant une ou deux heures, nous sommes au milieu des villes idolâtriques de la tribu de Dan.

Tout cela me cause un vif appétit que je réfrène; car il faut auparavant que j'ouvre les fouilles de Tortose. Je partirai le 23 pour Tortose.

Le 7 ou le 8 avril, je serai de retour ici, et alors je partirai pour Jérusalem.

Remettez le mot ci-inclus à Taine, dont je ne sais plus l'adresse, et croyez-moi

Votre meilleur ami,

E. RENAN

En fermant cette lettre je me rappelle au souvenir de M. Berthelot et de sa chère famille et je les prie de me conserver toujours leur affection, en retour de celle que je ne puis cesser de leur porter. Puisse le printemps consolider leurs santés, pour lesquelles je forme toujours les vœux les plus sincères. En dépit de la fureur des éléments, nous continuons à nous bien porter et nous faisons nos préparatifs pour aller vivre sous la tente comme de vrais Bédouins, tout en fouillant des ruines recouvertes par les plus belles fleurs.

H. RENAN

LII

A MONSIEUR BERTHELOT

Beyrouth, 29 mars 1861.

Monsieur et ami,

Votre lettre[1] et celle de notre famille, apportées par ce courrier, nous remplissent de tristesse. Sans nous rien exagérer, nous ne pouvons qu'être très malheureux, en sachant l'enfant bien-aimé repris de la fièvre. Vous comprendrez que j'ai voulu partir par le bateau qui porte cette lettre; Cornélie approuvait ce dessein, et parfois songeait à partir elle-même. Mon frère trouve ces projets peu sensés... et pourtant ce serait à mon avis le meilleur parti. Quoique parfaitement sûre des soins consciencieux dont il sera entouré, je voudrais, je voudrais de toute mon âme être près de lui, et je souhaite ardemment aussi qu'il soit sous l'œil de sa mère.

Je pèse tous les termes de votre lettre, monsieur et cher ami, je vous remercie de votre franchise et de votre sollicitude. Notre famille cherche à nous rassurer; mais vous comprendrez que savoir le Baby chéri malade à mille lieues de nous est un affreux supplice. Depuis l'arrivée de sa mère je voulais repartir, sentant toujours que cette malheureuse fièvre devait

---

1. Perdue.

reparaître; je vois bien péniblement aujourd'hui combien j'ai eu tort de ne point suivre cette pensée, en dépit de l'opposition qu'elle rencontrait. Je ne vous demande pas de nous écrire : vous ne sauriez manquer de le faire, car il n'est personne qui sente mieux que vous combien est douloureux le coup que nous venons de recevoir.

Nous sommes depuis quelques heures à Beyrouth, en allant de Tyr à Tortose; nous y recevons ce triste courrier. Nous devions repartir après-demain. Je voudrais maintenant rester ici, pour avoir plus tôt les nouvelles que nous portera le bateau arrivant lundi. Je ne sais encore la décision à laquelle mon frère et Cornélie voudront s'arrêter. Nos santés étaient bonnes jusqu'à ce matin; mais, tout naturellement, nous sommes aujourd'hui bien émus.

Mille affectueux souvenirs, s'il vous plaît, à votre chère famille; je prends bien part à la joie que vous ressentez en voyant monsieur votre père moins souffrant. Écrivez-moi par tous les courriers, je vous en prie, et croyez toujours à notre vieille et inaltérable amitié.

H. RENAN

Continuez, je vous le demande instamment, monsieur, à nous parler de la santé du cher petit Baby avec la plus entière franchise; ce n'est qu'en comptant sur la vérité tout entière que nous pouvons avoir pour lui quelque sécurité.

LIII

A MONSIEUR RENAN

Paris, 4 avril 1861.

Mon cher ami,

Quand cette lettre vous atteindra, vous aurez sans doute terminé vos fouilles de Saïda, du Sour et des environs, et je ne sais si vous la recevrez à Tortose, à Beyrouth, ou à Jérusalem. Voici dix jours bientôt que je n'ai pas de vos nouvelles; mais votre course dans le désert m'avait fait prévoir ce silence; moi-même je ne vous ai pas écrit la semaine dernière, n'étant pas à Paris. J'ai fait une promenade de huit jours en Bretagne avec Bertrand. J'ai été à Vannes, Quiberon, Auray, Carnac, etc. Ce qui m'a frappé le plus vivement, ce ne sont pas seulement ces pierres levées, débris informes dont l'origine est si incertaine, mais qui nous représentent les derniers vestiges d'un état social anéanti et dont nous ne pourrons jamais retrouver l'histoire. Mais j'ai été aussi fort impressionné par la nature du pays : ces champs si petits, entourés d'ajoncs et de chênes ébranchés, ces landes couvertes de genêts épineux et s'étendant sans arbres, ni points de repère, sur une vaste étendue, ce climat doux et tempéré, cette population bienveillante, si bien en harmonie avec son pays, tout cela m'a fort touché.

Là, comme dans tant de pays que j'ai déjà visités, je me suis dit qu'il serait doux de s'arrêter et de s'endormir. Mais il ne nous est plus permis de sortir du tourbillon. Sans parler des liens qui nous attachent de toutes parts, notre sang circule maintenant trop vite, notre fibre a été trop tendue, la fièvre court toujours dans nos veines, et, pour nous arrêter, il faudrait changer de nature. Là-bas on peut bien se reposer un moment : mais le réveil n'est pas loin, et une force impérieuse, la loi, le rythme inné ou acquis de notre propre nature, nous chasse et nous pousse en avant. C'est la destinée humaine, la nôtre du moins; car peut-être vaudrait-il mieux dire avec le poète : Insensé le mortel qui pense! Mais on ne rentre pas dans l'Éden.

Je ne vous parle pas du Baby, parce qu'il va beaucoup mieux : je l'ai vu avant-hier. La rougeole est passée, il reprend ses couleurs et son appétit, et je compte le voir bientôt aussi vif que par le passé. C'est encore une crise heureusement terminée : j'espère que ceci va tranquilliser vos dames, qui ont dû être bien tourmentées par les nouvelles du mois qui vient de s'écouler.

Adieu, mon cher ami, j'espère que vous ne tarderez pas à parler de votre retour.

Tout à vous,

M. BERTHELOT

LIV

A MONSIEUR RENAN

Paris, 11 août 1861.
(avril)

Mon cher ami,

Il faut, en commençant, vous donner des nouvelles du Baby : je devrais dire du petit garçon, car il change étonnamment au physique et au moral. Il est aussi bien que possible, gai, joueur, bien portant en un mot. Si cette lettre arrive à temps, elle suffira, je pense, pour empêcher le retour de vos dames. Nos précédentes les ont bien vivement émues, et non sans raison, comme en témoignent les lettres que nous avons reçues hier. Mais à la distance où nous sommes, tout peut être perdu et regagné dans l'intervalle d'un échange de lettres.

Si dans huit jours votre sœur ou votre femme ne sont pas à Paris, nous espérons pouvoir dissiper leurs inquiétudes. Du reste elles n'auront pas été sans fondement, car la fièvre était bien vive il y a six semaines. Mais elle a disparu sans laisser de traces, si ce n'est un développement nouveau dans cette petite nature enfantine. En voyant le Baby ce matin, je n'avais qu'un regret, c'est qu'il fût si peu enfant, si peu semblable aux petits garçons de trois ans. Il y a trop de réflexion dans cette petite tête, et je dirai aussi, trop d'égoïsme. Il faudra, dès que vous reprendrez la direction de sa vie, vous et les vôtres, l'habituer un peu plus à compter avec autrui ; et pour cela le mettre en relation avec d'autres volontés d'enfants, du même ordre que la sienne et procédant par les mêmes voies. Autrement, vous le verrez vérifier un mot assez singulier, qu'il disait l'autre jour et que je n'ai pu entendre sans tristesse. Après avoir parlé de sa grand'mère et dit qu'elle faisait telle chose parce qu'elle était vieille, il a ajouté « et moi aussi, je suis vieux ». Mais pardon de vous tourmenter de ceci, quand vous êtes si loin et si entraîné vers d'autres préoccupations (ne dites pas qu'elles sont plus graves) : vous savez qu'il est dans ma nature de suivre les lignes de l'avenir, en ce qui concerne ma destinée et celle des autres, et de les suivre avec trop d'âpreté.

En tout cas que ceci vous prouve du moins que je n'ai plus d'inquiétude pour la santé physique du Baby chéri. En fait de tourment :

Uno avulso non deficit alter,

et il vaut mieux craindre pour l'avenir que pour le présent. Or le présent est calme et rassurant.

Adieu, mon cher ami, ne m'oubliez pas auprès de votre sœur et de votre femme, si elles sont encore avec vous.

J'ai lu avec joie la description de la mosaïque que vous avez trouvée. Si vous commencez à être en veine, n'abandonnez pas trop tôt la partie, et cependant prenez garde aux chaleurs.

Tout à vous,

M. BERTHELOT

LV

A MONSIEUR RENAN

18 avril 1861.

Mon cher ami,

Je commence par les nouvelles du Baby : c'est ce qui vous intéresse le plus en ce moment, du moins en ce qui vient de Paris. Il se porte à merveille, mieux qu'il ne l'a jamais fait peut-être depuis sa naissance : les petits orages qu'il vient de traverser ont purifié son ciel. C'est à présent un enfant, non plus un baby : il change chaque semaine. Vous diriez un enfant de six ou sept ans par moments, tant l'expression de sa figure est réfléchie et volontaire. Du reste gai et vif, autant que le comporte sa nature, mais peu sympathique: c'est un trait de race. Il ne peut souffrir les autres enfants. Que fera-t-il plus tard des camarades, plus tard encore des autres hommes?

En attendant ces prévisions lointaines, et qui sans doute ne vous tourmentent guère, je vous adresse deux dessins que j'ai fait faire à votre intention ou plutôt à celle de vos dames : c'est un bonhomme et une cigogne. Vous trouverez déjà dans le trait quelque intention rudimentaire, à peu près de l'ordre des hommes qui ont laissé leur empreinte sur les parois de la grotte de Gavr'innis, dans la mer de Vannes.

Mais, après avoir terminé ce petit barbouillage, il

faut que je revienne à mes moutons, c'est-à-dire au caractère du Baby. Un trait récent vous le montrera bien clairement. Hier, il était au Luxembourg avec sa bonne : une dame qui avait son enfant avec elle voulut les faire jouer ensemble ; mais Baby, au lieu de répondre à ces avances : « Bonne, je te commande de revenir avec moi à la maison... Bonne, j'ai beaucoup de choses à faire à la maison. » Il donne déjà une fausse excuse de son caprice. Du reste, sa tante et sa cousine ont si peur de le voir malade qu'elles le gâtent tout à fait. Ce qui n'empêche pas Baby de m'obéir et de m'accueillir toujours joyeusement. Mais vous voyez qu'il est absolument nécessaire que vous reveniez le plus tôt possible pour veiller à son éducation. Ce sera désormais mon refrain jusqu'à ce que vous soyez embarqué. Veuillez présenter mes respects affectueux à vos dames.

Tout à vous.

M. BERTHELOT

Maury me prie de vous dire qu'il insère dans la *Revue archéologique* vos lettres à l'Académie, votre rapport à l'empereur et quelques extraits de vos lettres et de celle de votre sœur à M. Egger (mosaïque, etc.).

LVI

A MONSIEUR BERTHELOT

Sour, 10 avril 1861.

Mon cher ami,

Quelle vie que la nôtre! une course sans repos, d'un bout à l'autre de la Syrie. J'ai monté en huit jours ma campagne de Tortose par un vrai enchantement; le lendemain j'étais à Tyr. Depuis mon arrivée j'ai organisé nos fouilles d'Oum-el-Awamid, qui produisent déjà de beaux résultats. Enfin je suis un peu libre : j'en ai profité d'abord pour être un peu malade; maintenant que je suis rétabli, je pars pour mon exploration de Galilée.

Demain nous allons (car, le croiriez-vous? les dames veulent être de la partie), nous allons, dis-je, dans un pays perdu du côté du lac Huleh que je sais être plein de monuments anciens. Dans quatre jours, nous aurons regagné Oum-el-Awamid; de là nous gagnerons le Carmel, puis Nazareth, puis la Mer de Tibériade. Tout ce pays est complètement sauvage; j'avoue cependant que je le préfère à Tortose et à Ruad.

C'est ici que le fanatisme musulman est porté à son comble.

Un parti frénétique, cantonné dans la mosquée et dans le bazar, règne par la menace de mort et d'incendie, réduit à néant le pouvoir turc et maintient une haine farouche contre tout ce qui n'est pas l'esprit exalté de l'Islam. C'est là que l'on comprend quel malheur a été l'islamisme, quel levain de haine, d'exclusivisme il a semé dans le monde, combien le monothéisme exalté est contraire à toute science, à toute vie civile, à toute idée large. Ce que l'islamisme a fait de la vie humaine est chose à peine croyable; l'ascétisme du moyen âge n'est rien en comparaison. L'Espagne n'a jamais inventé une terreur religieuse qui approche de cela.

Mais la nature est toujours délicieuse et splendide. La Syrie, d'un bout à l'autre, est un parterre, dont les massifs les mieux soignés de nos jardins publics peuvent à peine nous donner une idée. Ces fleurs ont une naïveté, une grâce, une franchise que rien n'égale. Il ne fait pas chaud encore, si ce n'est quand souffle l'insupportable khamsin. Nous avons passé à Oum-el-Awamid sous la tente huit bons jours. La vie de la tente est agréable et gaie, mais il faut un temps sûr.

Je suis ravi que vous ayez vu la Bretagne, et je vois que vous l'avez bien comprise. Nos petites îles des Côtes-du-Nord ne vous auraient pas moins enchanté. Quand j'y pense, je suis pris d'un tel sentiment de désir de retour que le devoir qui me retient ici me devient à charge. Jamais ces pays-ci ne m'ont inspiré de tels sentiments; on les admire, mais ils n'ont pas ce charme mélancolique et profond.

Nous sommes tous bien; mais les nouvelles de Baby nous ont bien alarmés. Ma femme va probablement partir bientôt, non qu'elle se défie des soins que reçoit l'enfant, mais pour calmer ses inquiétudes.

Quand vous reverrai-je? Aimez-moi toujours, et croyez-moi

Votre meilleur ami,

E. RENAN.

LVII

A MONSIEUR RENAN

Paris, 3 mai 1864.

Mon cher ami,

Tout va toujours bien : Baby grandit et devient de jour en jour plus réfléchi; sa petite figure est d'ailleurs parfaitement reposée et a repris ses teintes rosées et de bonne santé. Ainsi, plus d'inquiétudes de ce côté.

J'en aurais peut-être un peu plus du vôtre : vous me parlez d'une indisposition. J'ajoute, — peut-être est-ce subtil, mais vous connaissez mon inquiète amitié, — j'ajoute que je trouve un peu de surexcitation dans votre lettre du 19 avril. Tâchez de prendre une huitaine de repos, sans aucune préoccupation; je serais plus tranquille si j'étais sûr que vous suiviez ce conseil. Je le recommande à votre sœur, mais avec peu d'espoir de le voir suivre. En tout cas, ne vous attardez pas : je redoute toujours l'été et la prolongation d'une influence de climat, à laquelle on résiste quelque temps, mais pas indéfiniment. N'oubliez pas qu'en Syrie la fatigue et l'épuisement sont toujours précédés par une période d'excitation où l'on se croit de fer : tous les voyageurs qui ont parcouru ce pays sont d'accord là-dessus.

Je désire d'autant plus vous savoir bien portant que j'ai une bonne nouvelle à vous annoncer, et que vous savoir malade troublerait bien ma joie. Je me marie dans huit jours; je ne vous en ai pas parlé plus tôt, parce qu'à cette distance toute confidence de ce genre est impossible. J'épouse une nièce de monsieur Breguet, dont le caractère sérieux et la personne me conviennent de tout point : vous la verrez, car nous avons souvent parlé de vous. Peut-être votre sœur en a-t-elle entendu parler : c'est une amie de madame Laugier, qui est, je crois, des connaissances de mademoiselle Renan.

Ce sera, je l'espère, pour elle une grande douceur que l'affection de vous et de vos dames. Aussi je suis doublement impatient de vous voir de retour.

En attendant, écrivez-moi régulièrement; voici mon adresse (car j'ai pris logement, comme vous le pensez) : rue Monsieur-le-Prince, 25.

Vous voyez que je me suis rapproché de moitié : en étant plus près, nous nous verrons plus aisément que par le passé.

Tout à vous et aux vôtres.

M. BERTHELOT

LVIII

A MONSIEUR RENAN

A *Beyrouth* (*Syrie*).

Fontainebleau, 16 mai 1861.

Mon cher ami,

Je vous écris ce mot pour vous prouver que je ne vous oublie pas, même quand je suis heureux. Ma femme désire bien vivement vous connaître, car je lui ai beaucoup parlé de vous. Elle s'appelle Sophie, comme l'élève bien-aimée de votre sœur : ce sera entre ces dames comme un premier signe d'affection. J'espère trouver à Paris à mon retour une lettre de vous; puisse votre retour aussi ne pas être trop éloigné !

Tout à vous et aux vôtres,

M. BERTHELOT

P.-S. — Maman m'a écrit des nouvelles de Baby, toujours excellentes.

LIX

A MONSIEUR BERTHELOT

Jérusalem, 9 mai 1861.

Cher ami,

Jérusalem est bien le point le plus singulier du monde : dans le présent un mélange de comédie et d'odieux, dont rien n'approche; et derrière cela, le passé le plus extraordinaire, encore translucide à chaque pas. La topographie est ici très précise. Certes on est agacé de cette topographie légendaire, qui supposerait qu'à chaque endroit remarquable de la vie des prophètes ou de Jésus, quelqu'un les suivait à la piste pour faire une marque à la craie. Mais, à part les chimères, en somme tout cela ne fait qu'une différence de quelques mètres. Voilà sûrement Bethphagé, Béthanie, le Mont des Oliviers, les endroits chéris de Jésus. Gethsémani n'était pas loin de ce petit enclos, fait par les moines autour de quelques très vieux oliviers. Voilà Bethsaïda, voilà Siloé et sa fontaine. Le Golgotha n'était pas loin de l'endroit où on le place! Ce chemin taillé dans le roc, qui descend de la Galilée est bien celui qu'a foulé Jésus et où il reçut, de ces pauvres bandes de Galiléens, ce triomphe de pauvres gens qui lui coûta la vie. Quant au temple, qu'on remplace le dôme d'Omar par un édifice carré, dont le style se laisse fort bien entrevoir, et rien ne sera changé. Quelques petites parties des murs et les souterrains de la mosquée El-Aksa sont de vrais monuments *hébreux*. Quant aux monuments *juifs*, on les trouve partout : le passé se voit très bien ici pour des gens pénétrants. Les tombeaux de la vallée de Josaphat, la porte dorée sont des monuments fort au-dessus de leur réputation.

En somme je suis enchanté de mon séjour ici. Je ne vous dissimulerai pas du reste que je suis très fatigué. Le climat de la Palestine, avec ses alternatives étranges, ne me va pas. Mais cela n'a pas de gravité, je finirai. Excusez-moi seulement d'être bref et rare. Vous avez été injuste pour moi en ne voyant pas que dans ce tourbillon où je suis engagé je ne pouvais guère écrire. Croyez toujours à ma vive amitié.

E. RENAN

LX

A MONSIEUR BERTHELOT

Beyrouth, 2 juin 1861.

Mon cher ami,

Comme vous annoncez inopinément les bonnes et grandes nouvelles! Celle que vous m'avez apprise m'a rempli de joie. Je souhaitais depuis longtemps vous voir fixer votre choix. Votre bonheur ne fait pas question pour moi; car votre nature est de celles qu'on aime d'autant plus qu'on les voit de plus près. Soyez donc heureux, cher ami. Présentez d'avance à madame Berthelot l'hommage du meilleur de vos amis et les compliments de ces dames, qui sont si désireuses de faire sa connaissance.

Voilà ma mission accomplie et fermée brusquement par un coup bien inattendu [1]. Heureusement

1. L'évacuation de la Syrie par l'armée française.

les parties essentielles de mon programme sont remplies. Je vais clore toutes les parties, grouper mes résultats, visiter le haut Liban; puis je reviendrai parmi vous. Ce sera dans six semaines ou deux mois. Les chaleurs sont insupportables ici. Mais le Liban est encore couvert de neige, et à quelque distance de Beyrouth la température est délicieuse.

Adieu, croyez-moi

Tout à vous.

E. RENAN

C'est avec une vive et profonde émotion que j'ai reçu, monsieur et ami, à vingt-quatre heures de distance, la lettre qui nous annonçait votre mariage et celle que vous avez bien voulu nous adresser peu de jours après qu'il s'était célébré. Nous vous aimons trop pour n'être pas sincèrement heureux de votre bonheur, et pour ne pas désirer que madame Berthelot nous accorde quelque sympathie, en retour des sentiments affectueux que nous ressentons à l'avance pour la compagne que vous vous êtes choisie. Veuillez donc bien, monsieur, être notre interprète, le mien en particulier, pour lui offrir l'expression de notre joie et de notre amitié. Malgré mes cheveux blancs, j'espère qu'elle voudra bien m'accorder quelque part dans son affection et dans sa pensée. Son nom me rappelle une jeune femme que j'ai tendrement aimée et dont la perte me laisse un ineffaçable regret. Mais, bien plus que par ce souvenir, monsieur, je serai portée vers madame Berthelot par les qualités que vous aimez en elle, par les sentiments qui l'ont guidée en unissant sa destinée à la vôtre, en sachant vous distinguer et vous choisir. Aidez-moi, je vous prie, à lui plaire, autant qu'on le peut à vingt-cinq ou trente ans de distance, et croyez que le plaisir de la connaître est l'un des plus vifs que je puisse ressentir en revoyant notre patrie.

Depuis deux mois nous vivons dans un vrai tourbillon, toujours à cheval ou transportés d'un point à l'autre du littoral sur quelque navire à vapeur. Nous avons passé trente-quatre jours en Palestine, visitant tous les coins et recoins de cette terre vraiment sainte et belle encore dans son abandon et sa nudité. Les jours derniers nous avons fait une apparition à Tortose; puis nous sommes revenus à Beyrouth, que nous quittons demain pour remonter dans le Liban. Je vous écris à une heure fort avancée, après avoir terminé nos préparatifs de départ; aussi ma lettre pourrait bien être à peu près illisible. — Le départ de l'armée cause ici une agitation extrême. Les malheureux qui étaient retournés dans la montagne redescendent par milliers à la suite de nos soldats, et je crois que déjà Fuad-Pacha est un peu embarrassé de son triomphe. La situation des chrétiens dans les cantons mixtes est vraiment affreuse; mais pour nous nous n'avons réellement rien à craindre. Soyez bien tranquille à ce sujet, monsieur et cher ami. J'espère que bientôt nous verrons approcher ce jour qui nous conduira vers vous. Il sera doublement désiré puisque nous devons vous voir heureux.

Adieu, monsieur!... Permettez-moi plutôt de dire : adieu, chers jeunes amis.

H. RENAN

LXI

A MONSIEUR RENAN

Paris, 31 mai 1861.

Mon cher ami,

Nous voici depuis quinze jours sans nouvelles, et bien que je me dise qu'il ne peut en être autrement en raison du voyage en Palestine, cependant je ne laisse pas d'avoir quelque inquiétude sur votre compte. Je voudrais déjà vous voir de retour, vous et les vôtres : j'espère que la chose ne tardera guère, car voici que l'armée évacue la Syrie et que vos travaux deviennent moins faciles et moins sûrs. Hâtez-vous de liquider ce qui vous reste encore à faire et de nous revenir. J'ai soif de vous revoir. Du reste nous sommes maintenant plus rapprochés, sinon tout à fait voisins, et vous me trouverez aux trois quarts installé. Ma femme désire bien vivement vous connaître : elle avait déjà lu vos ouvrages et avait beaucoup de sympathie pour vous. Je n'ai pas besoin de vous dire combien cette sympathie a maintenant augmenté. Elle se réjouit aussi à l'idée de connaître votre femme et votre sœur; car elle est digne de leur amitié de toute façon, et surtout par le sérieux de son caractère. Nous ferons tous ensemble une bonne petite coterie (en prenant ce mot dans le bon sens). Mais revenez au plus vite, et, si vous tardez trop, prenez garde que je n'écrive plus. (Ne vous effrayez pas trop de cette menace, pourtant.) Adieu, mon cher ami, Baby va très bien et se développe étrangement : il commence à jouer avec d'autres enfants. J'espère que vous vous portez bien, vous et vos dames. Si vous ne revenez pas encore, priez donc votre sœur d'ajouter à vos lettres une ligne ou deux de son écriture : il y a si longtemps que je n'ai rien reçu d'elle!

Tout à vous.

M. BERTHELOT

25, rue Monsieur-le-Prince.

LXII

A MADEMOISELLE RENAN

A Beyrouth (Syrie).

Paris, 12 juin 1861.

Mademoiselle,

Depuis que je connais M. Berthelot, je vous connais. A peine l'ai-je vu une fois avant mon mariage, sans qu'il m'ait parlé de vous ou de monsieur votre frère. Depuis, croyez bien, mademoiselle, qu'il n'a pas changé; vous occupez une grande place dans son cœur.

J'ai eu l'honneur d'être présentée à madame votre mère qui m'a accueillie avec une grande bonté. J'ai aussi vu le petit Ary, qui a consenti à m'embrasser sans trop se faire prier, bien qu'il dise ne point aimer les jeunes dames parce qu'elles n'ont pas de cheveux blancs. Je lui ai prédit qu'il changerait d'avis quelque jour. C'est un amour d'enfant qui ressemble, me dit-on, beaucoup à sa mère : je lui en fais mon compliment.

Vous êtes mille fois trop bonne, mademoiselle, de vous demander si vous avez quelque part dans mon affection; je pourrais, à plus juste titre, concevoir quelque inquiétude pour mon propre compte, bien que M. Berthelot m'ait prédit vos sympathies. J'ai la faiblesse de croire tout ce qu'il me dit, et je compte si bien sur votre indulgence, que je me suis hasardée à vous écrire. Veuillez faire mes compliments à monsieur et madame Renan, il me semble que je connais déjà un peu monsieur votre frère, ayant lu quelques-uns de ses livres, et ayant tenu son fils dans mes bras, sans parler de l'affection qu'il sait inspirer à ses amis, parmi lesquels mon mari prétend occuper la première place.

Veuillez, mademoiselle, agréer l'expression de mes sentiments respectueux.

SOPHIE BERTHELOT

LXIII

A MONSIEUR RENAN

14 juin 1861.

Mon cher ami,

Je n'ai aujourd'hui que de tristes nouvelles à vous transmettre : elles changeront sans doute par le prochain courrier. Baby a été pris hier d'une fièvre scarlatine qui m'inquiète, bien qu'il aille passablement aujourd'hui : le voilà rejeté pour la troisième fois cette année dans les hasards de la maladie. Heureusement, votre belle-sœur veille sur lui avec une affection toute maternelle.

Moi aussi, j'ai quelque tristesse : mon père ne va pas bien. Ses forces sont complètement épuisées, sans qu'il ait d'ailleurs de maladie localisée. Depuis trois jours il ne peut plus se lever. Cependant il se ranime un peu, et j'espère qu'il pourra partir la semaine prochaine pour la campagne, d'abord pour un mois, et qu'il s'habituera à l'idée de renoncer à tout travail actif. Son éloignement nous sera d'autant plus douloureux que je ne l'avais guère quitté jusqu'ici, comme vous le savez, et qu'il a pris ma femme en vive affection. Je tâche qu'il n'aille pas trop loin : mais il faut ménager tous ses désirs.

Adieu, mon cher ami, voici de nouvelles raisons de retour ; plût à Dieu qu'elles fussent plus joyeuses !

Tout à vous et aux vôtres.

M. BERTHELOT

LXIV

A MONSIEUR RENAN

A Beyrouth (Syrie).

21 juin 1861.

Mon cher ami,

Voici une semaine écoulée depuis les dernières nouvelles, qui ont dû vous attrister singulièrement, et comme il arrive le plus souvent, les choses commencent à s'acheminer vers un meilleur état : seulement leur retour est plus lent que leur première inclinaison. Baby commence à aller mieux ; le médecin nous avait fort effrayés avec le mot de scarlatine. Toutes ces fièvres éruptives présentent bien des degrés, et les médecins donnent toujours d'abord les noms les plus tristes. Cependant le pauvre petit était très abattu. Maintenant la gaieté commence à revenir et nous touchons à la convalescence. Du reste les violentes chaleurs de trente degrés qui nous accablent sont favorables à sa maladie. Vous arriverez, je l'espère, pour le trouver parfaitement de retour à la santé.

J'en voudrais pouvoir dire autant de mon pauvre père : mais il y a, hélas! moins d'élasticité dans les organes du vieillard que dans ceux de l'enfant. Il commence à se lever et même à sortir, mais combien faible et souffrant! J'espère qu'il pourra partir pour

Pierrefonds dans trois ou quatre jours, pour s'y reposer un mois et prendre une décision, au milieu du calme des bois et de la compagne.

Adieu, mon cher ami, pensez toujours à moi et surtout revenez, revenez, revenez vite, vous, votre sœur et votre femme.

Tout à vous,

M. BERTHELOT

Ma femme se rappelle à votre souvenir et se recommande à l'affection de vos dames.

LXV

A MONSIEUR BERTHELOT

Ghazir, 31 juillet 1861.

Mon cher ami,

Quand vous voyagerez en Orient, vous comprendrez pourquoi l'on doit pardonner à ceux qui y voyagent d'être mauvais correspondants. Écrire en ce pays est la chose la plus difficile et la plus fatigante, même matériellement. Il n'y a pas une table dans tout le Liban, et je ne connais rien de plus odieux que d'écrire sur sa main ou sur ses genoux, comme on le fait ici. Ma pauvre sœur souffre beaucoup de douleurs rhumatismales : cela n'est pas grave, mais cela m'attriste beaucoup. Ghazir est très sain ; mais nos fatigues du haut Liban sont de celles qui laissent toujours des traces. J'espère avec certitude partir dans quinze jours. Croyez, cher ami, que le plaisir de vous revoir, et de connaître madame Berthelot, n'est pas une des moindres récompenses que j'attends au retour.

Votre excellent ami,

E. RENAN

LXV

A MONSIEUR RENAN

5 septembre 1861.

En écrivant la date de cette lettre je ne puis m'empêcher de penser que vous m'aviez promis de revenir à la fin du mois de mai, et voici votre retour encore ajourné ! Serez-vous à Paris dans un mois, au moment de mon départ pour l'Italie ? je commence à en douter fortement. Mais ce n'est pas là ce que je veux vous reprocher, car vous ne disposez pas des choses et elles sont toujours trop lentes au gré de notre volonté ; seulement votre absence me fait paraître plus longs encore les longs intervalles que vous laissez entre vos lettres. A peine deux lignes çà et là dans l'espace de six semaines et voici que votre chère sœur me reproche mon silence ! Mais dans cet intervalle vous avez toujours reçu au moins deux et trois lettres de moi, quelle que soit la rareté de vos réponses. Que si vous me dites n'avoir rien à m'écrire de nouveau, j'ai de mon côté, à plus forte raison dans mon milieu normal, la même excuse. Mais votre retour prochain va laisser tomber tout ceci; à la condition pourtant que vous m'écriviez de Paris à Rome; car les rôles vont être intervertis, bien que j'aille moins loin que vous n'êtes présentement.

Ici, rien de nouveau. Madame Renan[1] va très bien, ainsi que le Baby que vous reconnaîtrez à peine, du reste en santé excellente. J'ai peur que votre chère sœur aussi ne paraisse bien changée à tous ceux qui l'aiment, car le climat de Syrie l'éprouve bien fortement. Hâtez-vous de revenir pour elle, sinon pour vous, et pour vos affaires qui ne s'éclairciront ici que par votre présence à Paris. Elles sont bien délicates, par le fait de la mauvaise foi facile à prévoir des interprétations, et je regretterai de ne pas être à Paris, lors de votre retour, pour vous renseigner sincèrement sur le sens qui sera donné à chacune de vos actions. Je ne puis rien vous dire de plus ici. Du reste, je crois que rien ne sera préjugé jusqu'à votre arrivée.

Madame Berthelot a été bien heureuse des lettres de votre sœur, et désire avec non moins d'impatience que moi votre retour. Du reste elle va répondre

---

1. De retour à Paris.

elle-même : les dames s'entendent mieux entre elles.

Adieu, mon cher ami, revenez au plus vite, vous et votre sœur, à qui je rappelle toute mon affection pour vous tous.

Tout à vous,

M. BERTHELOT

LXVII

A MONSIEUR BERTHELOT

Beyrouth, 12 septembre 1861.

Il est donc décidé, mon cher ami, que vous ne nous écrirez pas depuis que vous êtes marié. Vous allez me faire prendre en haine madame Berthelot, et si j'osais, je lui écrirais pour me plaindre. Notre négligence à nous n'excuse pas la vôtre. A nous tout est permis, à nous qui, en plein mois d'août, avons eu à embarquer sur la côte de Syrie cent cinquante grosses pierres, de une à deux tonnes chacune. Enfin, tout est fini. Mais quelle différence entre l'armée et la marine pour ces sortes d'expéditions! Avec la première tout est facile, avec la seconde tout est épineux.

Ajoutez que les dispositions du pays ont changé du blanc au noir. Il y a un an, la France était crainte des Musulmans et adorée des Chrétiens. A l'heure qu'il est, elle est insultée ouvertement par les premiers et maudite par les seconds. Il est certain qu'on a rendu leur position bien plus difficile. Être venu ici pour en partir, est une faute sans pareille. Quoique notre expédition de Chypre ait bien de la peine à s'organiser, par suite de la légèreté de M. de la Rivière, qui ne prend que des mesures contradictoires, ou fondées sur des erreurs, nous la ferons, et je serai de retour avant le 1er novembre. Quelle absence, n'est-ce pas, et le croyions-nous, il y a un an, en nous séparant?

J'ai employé mes longues journées de Ghazir à rédiger ma *Vie de Jésus*, telle que je l'ai conçue en Galilée et dans le pays de Sour. Dans huit jours, ce sera fini; je n'ai plus à écrire que le récit de ses deux derniers jours. J'ai réussi à donner à tout cela une marche organique, qui manque si complètement dans les évangiles. Je crois que pour le coup on aura sous les yeux des êtres vivants, et non ces pâles fantômes sans vie : Jésus, Marie, Pierre, etc., passés à l'état abstrait et complètement typifiés.

J'ai essayé, comme dans la vibration des plaques sonores, de donner le coup d'archet qui range les grains de sable en ondes naturelles. Ai-je réussi? Vous en jugerez. Mais je vous demande de ne dire mot de cela à personne, en dehors de notre cénacle. Ce gros morceau en portefeuille fait toute ma force. Il ne faut pas l'éventer. Il sortira en son temps. Maintenant qu'il est fait, j'en suis venu à faire peu de cas du Collège de France et de tout au monde. Qu'on me laisse le publier (et on ne peut me le refuser), et cela me suffit.

Présentez mes hommages à madame Berthelot et croyez-moi

Votre meilleur ami.

E. RENAN

LXVIII

A MONSIEUR RENAN

26 septembre 1861.

Mon cher ami,

A l'heure qu'il est, vous devez regretter vos reproches, car vous avez reçu ma dernière lettre. Je ne veux pas faire le compte comparé de nos lettres depuis mon mariage, car il me serait trop facile de vous prouver que c'est toujours vous qui êtes en retard et que mon amitié n'a subi aucun ralentissement.

Mais laissons ce badinage. Aussi bien votre lettre respire je ne sais quelle joie secrète d'avoir terminé votre œuvre au sein du pays où s'est accomplie la grande histoire que vous racontez. J'attends tout cela avec bien de l'impatience ; mais je désire, et vous me semblez dans le même sentiment, vous voir retarder quelque peu la publication. D'ailleurs, vous aurez, en arrivant ici, assez de besogne dans les récits de voyage, classement et commentaires de collection, etc.

Je ne sais où cette lettre vous trouvera, mais j'ai

tenu à l'écrire parce que c'est probablement la dernière, tant à cause de votre voyage qui s'achève que du mien qui va commencer. Mais c'est auprès du vôtre une simple promenade. Je pars dans une dizaine de jours pour l'Italie avec ma femme, qui est extrêmement désireuse de voir ce beau pays, dont elle a déjà deviné en partie le caractère.

Adieu, mon cher ami, vous serez sans doute à Paris avant moi : j'y laisse les vôtres en bonne santé, malgré quelque indisposition légère de votre mère et du Baby. Je n'ai qu'un regret, c'est de ne pouvoir vous accueillir à la descente du wagon, vous et votre sœur tant aimée. Dites-lui de ne pas m'oublier et croyez-moi toujours

Tout à vous,

M. BERTHELOT

N.-B. Mademoiselle H. Renan mourut le 24 septembre 1861, à Amschit, et Renan faillit y mourir également, d'un accès de fièvre pernicieuse.

TROISIÈME SÉRIE

(1862-1869)

TROISIÈME SÉRIE

(1862-1869)

I

A MONSIEUR BERTHELOT

Paris, 1er juillet 1862.

Mon cher ami,

Vendredi soir M. Réville viendra prendre le thé avec nous. C'est un homme charmant, que je veux vous faire connaître. Tâchez de venir avec madame Berthelot.

Tout à vous.

E. RENAN

J'irai demain (mercredi) soir chez madame d'Agoult. Mais je ne sais trop encore d'où je partirai, devant dîner chez mon frère. Ma femme part demain pour Challifer. Elle reviendra jeudi.

II

Mon cher ami,

J'avais oublié hier de vous dire que j'avais rencontré Chenavard, et que nous étions convenus d'aller mercredi à Passy chez le docteur Blanche. Je reçois une lettre de Bouley, qui me charge de vous inviter à venir. Ainsi venez me prendre vers six heures.
Tout à vous.

E. RENAN

Lundi matin.

III

A MONSIEUR RENAN

30 juillet 1863.

Mon cher ami,

Nous avons été fort contents d'avoir de vos nouvelles, non par vous qui continuez de pratiquer l'abstension en matière épistolaire, mais par madame Renan. C'est sur elle que je compte pour entretenir notre correspondance, car vous êtes endurci dans le silence à l'égard de vos amis. Les nouvelles de vous et de vos enfants nous ont fort réjouis et nous regrettons de ne pouvoir participer à vos tribulations.

Ici tout va bien comme d'ordinaire, si ce n'est que

la démolition de la maison Dubois [1] marche nuit et jour sans relâche ; la nuit, on jette les pierres de taille à travers la rue, sans souci ni des passants, ni du sommeil des maisons voisines, qui sont ébranlées jusque dans leurs fondements par le choc des pierres sur le pavé. On a une singulière manière d'entendre le repos de la nuit, dans ce pays si administré. Ce matin, à neuf heures, la rue Monsieur-le-Prince était complètement obstruée par les pierres jetées pendant la nuit. Ce sont les petites misères de la vie humaine. Mais je n'ai pas d'autres nouvelles à vous donner. André va bien, si ce n'est qu'il a protesté cette nuit contre les démolisseurs vis-à-vis ; Sophie va bien aussi. Ainsi tout est en somme pour le mieux.

J'envie vos promenades au bord de la mer, qui doit être ravissante par cette saison ; surtout avec la conversation de M. Duveyrier pour distraction.

Ici, calme plat sur tous les points ; on s'occupe beaucoup de la Pologne ; mais je commence à croire qu'il n'y aura rien cette année, car nous voici déjà en août. Les journaux vous en apprennent aussi long qu'à nous à cet égard et précisément les mêmes choses : il est donc inutile d'en parler. J'ai lu un article de Schérer sur votre livre et votre manière d'envisager les miracles. Peut-être a-t-il raison, je ne dis pas d'une manière absolue, mais étant donnée la signification générale que vous avez attribuée au

---

1. Au coin de la rue Monsieur-le-Prince et de la rue Casimir-Delavigne.

caractère de Jésus. Votre livre marche toujours : il est, somme toute, venu à un bon moment de l'année : celui où il ne soulève pas un bruit inutile dans les salons, aujourd'hui dispersés, sans manquer en rien son effet sérieux. Mais il faudra voir s'il y a recrudescence au retour de l'hiver.

Adieu, mon cher ami; présentez mes respects à madame Renan, mes amitiés à vos enfants. Madame Berthelot se rappelle à vous tous.

Tout à vous.

M. BERTHELOT

IV

A MONSIEUR BERTHELOT

Dinard, 4 août 1863.

Mon cher ami,

Je veux mettre vos accusations en défaut, ou vous prouver du moins que si je suis peu épistolier, je n'oublie pas un ami comme vous. Je suis si loin de vous négliger que je passe mes heures avec vous. Pour distraire ma pensée du sujet qui l'a remplie en ces derniers temps, je me suis mis à mettre par écrit certaines vues de philosophie générale sur l'histoire de l'être, se rattachant à des conversations que nous avons eues ensemble. Je le fais sous forme de lettre que je vous adresse. Vous y répondrez si vous voulez, et ces deux morceaux réunis pourraient former un petit ensemble, résumant notre philosophie scientifique. Ce sera comme vous voudrez, bien entendu ; car pour moi, en écrivant ces idées, j'ai voulu surtout me satisfaire et me délasser.

Nous sommes très bien ici. Installation suffisamment confortable, ne nous donnant nul souci et assez économique ; belle plage pour les bains, nature charmante, calme parfait : l'endroit est encore peu envahi. Ary est très bien sous le rapport de la santé générale. Il a un air de force que vous ne lui avez jamais vu. Il se donne toute la journée un exercice énorme, et le soir il faut de longs raisonnements pour le déterminer à se coucher.

En attendant, il est heureux comme un roi. Du matin au soir, sa vie est une fête. Les bains de mer l'enchantent ; tout d'abord il s'y est habitué. Noémi est très bien aussi.

Nous resterons ici jusque vers le 20 août. Alors nous irons faire une excursion en basse Bretagne. Duveyrier reviendra vers ce temps-là et peut-être nous accompagnera en basse Bretagne. Ah ! que n'êtes-vous aussi de la partie! J'ai réussi à lui ôter de la tête sa folle idée d'une Revue.

Quant à l'Encyclopédie, elle est passée à l'état de projet fossile de la plus ancienne époque. J'ai tâché de lui donner quelques idées saines, qu'il a bien comprises, car il est très intelligent ; mais vous comprendrez que je compte peu sur l'exécution. Ce à quoi je l'ai ramené est une société analogue à la *Felix meritis* d'Amsterdam, avec des comités (dont un de la science pure, disposant des fonds). Mais Dieu sait s'ils feront rien du tout.

Que j'ai bien fait de m'abstraire totalement du tapage qu'on fait sur ma *Vie de Jésus*! Ma vie se passerait à répondre et à rectifier. Il m'en arrive ici très peu de choses. Quelle mauvaise foi, grand Dieu! et quel tissu de mensonges! Mais je tiens ferme à ne souffler mot. Peut-être seulement, pour bien marquer la polémique que j'admets et celle que je n'admets pas, écrirai-je à Schérer une lettre sur le grand point controversable, l'usage qu'il convient de faire du quatrième Évangile dans la vie de Jésus. L'article de Schérer sur les miracles ne m'a pas satisfait. Il y a là un malentendu, avec lequel il eût été impossible d'écrire un récit quelconque de la vie de Jésus. L'avantage du récit est qu'il force à ne rien caractériser. Or le tour de Schérer est un peu de l'escamotage. Il faut rejeter tous les Évangiles en bloc, ou admettre que Jésus fit des choses qu'on prit pour des miracles. L'Évangile de Marc d'un bout à l'autre est un tissu de miracles, et c'est là l'Évangile narratif original. Or un homme dont le métier est d'être thaumaturge ne peut pas ne pas avoir une certaine conscience du métier. Concilier tout cela avec le grand rôle de Jésus est le problème que j'ai essayé de résoudre. Mais on ne le résout pas en supprimant un des termes.

Nous serons à Paris vers le 15 ou le 20 septembre. D'ici là écrivez-moi souvent. Présentez mes respects à madame Berthelot et croyez-moi

Votre bon ami,

E. RENAN

Ma femme me charge de mille compliments pour vous et madame Berthelot.

V

A MONSIEUR BERTHELOT

Dinard, 23 août 1863.

Mille félicitations, cher ami! Mille compliments de nous deux à madame Berthelot! Voilà donc la petite future d'Ary venue en ce monde [1]. Nous le lui avons dit et il en a paru fort réjoui. L'intelligence de l'enfant se développe avec beaucoup de charme et de spontanéité. Son excitation nerveuse se calme beaucoup.

Notre temps de Dinard est fini. Nous avons beaucoup hésité ces jours-ci si nous ferions le voyage de basse Bretagne, et nous avons fini par y renoncer. C'eût été bien difficile avec les enfants. Après-demain nous partons pour Jersey, où nous ferons un second séjour, après lequel nous reviendrons à Paris. Les

1. Naissance de ma fille Hélène.

locomotions avec une telle *smala* sont difficiles, et en basse Bretagne c'eût été à changer tous les jours de carriole. Du reste, je commence à aspirer au retour. Une foule de soucis me rappellent. Je fais le mort devant ce flot d'injures du parti clérical, et certes je ne changerai pas de plan de conduite. Mais il faut que je me fortifie d'ailleurs. J'ai fini ma lettre philosophique, à vous adressée. Ma femme la copie; je vous donnerai cela au retour. Je travaille en ce moment à ma dissertation sur la valeur historique de saint Jean.

De nouveau mille amitiés à madame Berthelot et nos baisers au nouveau-né.

Votre meilleur ami,

E. RENAN

VI

A MONSIEUR BERTHELOT

Hermitage, Jersey.

Mon cher ami,

Nous voici dans cette petite île, qui est bien l'une des choses les plus originales du monde. Tout le monde est bien, quoique la traversée nous ait rendu fort malades, Cornélie exceptée. C'est bien la mer la plus atroce du monde; la mer courte s'affolant au moindre vent; courants de cinq lieues à l'heure, changeant d'instant en instant, entassement de rochers sous-marins, qui en font moins une mer qu'un chaos de granit, tour à tour émergeant et submergé selon la marée. Nos côtes mêmes de Bretagne ne m'avaient pas donné l'idée de cela. Toute la côte du nord de l'île est une vraie chaîne de montagnes de granit plongeant à pic dans la mer, avec des aspects d'une tristesse indicible. C'est sans contredit le lieu le plus romantique et le plus sombre que j'aie jamais vu. Le contraste avec les parties civilisées et habitées en est plus frappant. Toute l'île, à l'exception de ses immenses contreforts rocheux, est un jardin anglais, d'une verdure, d'une richesse, d'une minutie de propreté, dont l'Angleterre et la Hollande même n'approchent pas. Vous savez que ces îles sont détachées de la Normandie depuis Jean sans Terre, Philippe-Auguste n'ayant pu les prendre quand il conquit la Normandie. Elles sont encore gouvernées par les pures lois de Rollon; elles sont sous le protectorat, non sous le gouvernement de l'Angleterre, qui ne fait guère qu'y tenir garnison. L'anglais y a beaucoup gagné; cependant la langue indigène est le vrai patois normand du temps de Robert Wace. La justice se rend en cette langue, et dans les paroisses de campagne on s'en sert aussi pour la prédication. Voilà donc des gens parfaitement identiques comme race, langues, mœurs primitives, lois, aux gens de Valognes et de Coutances. La colossale différence des deux pays et des deux populations à l'heure qu'il est, est bien le meilleur *criterium* de l'action centrale de cette grande machine qu'on appelle la France. Figurez-vous une population de protestants fanatiques, tristes, sans esprit, sans besoin de société, sans aucun goût de l'art, froids, industrieux, riches, ultra-conservateurs en toute chose.

Il y a encore ici des fiefs, des dîmes, des droits de champart. Le système de la propriété y est le système normand, c'est-à-dire le système de l'hypothèque insaisissable, empêchant en réalité la propriété de changer de mains. Le droit d'aînesse y est énorme.

Il semble que cela eût dû tout atrophier. Cela a produit une richesse, qui est quelque chose de surprenant. Le *self-government* (l'île a son parlement) et la *self-religion* ont tout sauvé.

Ne croyez pas cependant que je leur porte envie. Sans contredit j'aimerais fort à avoir un de ces *cottages*, si verts, si fleuris, si bien attifés, pour y passer avec vous un ou deux mois par an. Mais l'ennui de cette vie froide, réglée, monotone, sans luttes, ni révolutions, ni société, doit être insupportable. C'était aujourd'hui dimanche, la ville de Saint-Hélier (25 000 habitants) était comme un désert. Toute l'après-midi, nous n'avons entendu que les cantilènes des enfants, chantant dans les maisons la doctrine chrétienne en cadence. Pas un cocher pour nous faire faire une promenade. Il y a dans l'île une vingtaine de sectes, dont chacune a sa chapelle et ses prédicateurs, souvent en plein vent, plus bizarres les uns que les autres. Ce spectacle du développement de l'individualité avec une liberté absolue est des plus curieux.

Quant à notre installation, elle n'a pas répondu à notre attente. Cette vie est si fermée, si privée que toutes nos façons françaises de vivre en commun y sont inconnues. L'hôtel y est fait pour y passer un ou deux jours, non pour y demeurer. Pas une trace d'hôtel de bains, ni autres établissements de ce genre.

Pour comble de malheur, nous avons été accaparés à notre débarquement par les réfugiés, qui ont laissé ici de pauvres épaves. Ils nous ont installés à leur petit hôtel; ces bonnes gens nous font tant de pitié, ils ont tant d'envie de nous garder, il y a dans le cœur français, à travers tous les égarements du cerveau, tant de chaleur, de bonté, de droiture, de gaieté, que nous restons. Du matin au soir nous sommes assourdis de la *Marseillaise* et du chœur des *Girondins*. Tout cela vit de ses souvenirs de 1848, comme on vit d'une religion morte pour le reste du monde, mais qu'on garde en son cœur.

S'il fait beau mardi, nous partirons pour Granville. Adressez votre prochaine à Granville, poste restante (Manche).

Nos meilleurs souvenirs à madame Berthelot. Croyez-moi tout à vous.

E. RENAN

VII

A MONSIEUR RENAN

3 septembre 1863.

Mon cher ami,

Votre lettre est venue à propos pour faire diversion à une série de petits ennuis qui se succèdent comme des coups d'épingles depuis deux mois. J'en suis venu à me demander si c'est là une mauvaise série, ou s'il y a quelque chose de changé dans ma manière de vivre, car je n'ai pas encore éprouvé une suite aussi continue de contrariétés. Mais passons : aussi bien tout cela ne vaut pas une minute d'attention. Vous êtes désenchanté de Jersey, et cependant je voudrais vous voir retarder le plus possible votre retour, non que je ne sois aussi heureux que possible de vous revoir; mais à votre retour ce ne sont pas des contrariétés qui vont vous assaillir, mais une tempête de contradiction et de haine : pape, archevêques, évêques, curés, diacres et sous-diacres, tout le monde s'en mêle, sans parler du tiers ordre, et des fils des ex-libéraux d'autrefois. Mais vous dominerez tout cela, en vous tenant fermement dans l'opinion : Voltaire a bien résisté et sans trop de persécutions. Mais c'est pour la vie désormais, et vous n'éviterez la persécution qu'en ne faiblissant pas un moment. Votre nom va marquer dans le XIX° siècle, à l'égal des philosophes du xviii°. L'acharnement et la haine persistante des catholiques suffiront pour vous montrer la route, si elle pouvait jamais s'obscurcir devant vous.

J'ai appris de Maury une nouvelle qui m'a fait plaisir, c'est que l'impératrice, circonvenue par tout son entourage, s'est prononcée fermement pour votre droit d'écrire ce que vous avez dit; bien entendu sans incliner vers vos opinions. Ce libéralisme m'a surpris, mais il est de bon augure. Quant au cours [1], n'y comptez plus une seule minute; n'y arrêtez plus aucune espérance : il n'y a là-dessus qu'une voix, même parmi vos adhérents et vos amis les plus dévoués. Je n'ai rencontré personne, je dis *personne*, qui différât d'opinion là-dessus. Si je vous écris cela, croyez bien que ce n'est pas pour vous faire de la peine, mais pour éviter que vous fassiez quelque fausse démarche de ce côté. Il faut maintenant en tout lieu de la prudence et de la fermeté.

Adieu, mon cher ami; madame Berthelot va bien : elle se lève depuis deux jours, pendant deux ou trois heures. Les enfants aussi sont bien. Nos respects à madame Renan.

Tout à vous.

M. BERTHELOT

[1]. Du Collège de France, suspendu après la première leçon.

VIII

A MONSIEUR BERTHELOT

Granville, 8 septembre 1863.

Cher ami,

Nous voici en terre ferme et à bon port. Nous avons eu très beau temps; Ary a été à peine malade; quant à la petite Noémi, elle a payé encore son petit tribut. Nous sommes restés à Jersey plus longtemps que nous ne vous l'écrivions. Nous attendions un beau jour pour passer. Nous y avons trouvé beaucoup de repos.

Je suis du reste résolu à en trouver partout. Car je vous jure que je ne permettrai pas à ces sottes criailleries de m'atteindre. Voici mon plan. A mon retour je fais un dernier effort pour rouvrir le cours. Vous me dites que sûrement cela n'aura pas lieu; je n'examine donc que l'hypothèse où cette réouverture me serait refusée. Dans cette hypothèse : 1° j'adresse avec publicité, à M. Duruy, non pas comme professeur au Collège de France, mais comme citoyen français, la demande d'autorisation pour un cours libre, dans une salle louée par moi; 2° je me porte à la députation de Paris, en posant nettement la question de la liberté scientifique au peuple de Paris, la vraie noblesse de notre temps. Je vous garantis que je n'irai pas de main morte. Maintenant je ne suis pas si sûr que vous que le cours ne rouvrira pas. Il est difficile de me destituer à l'heure qu'il est. Comment Duruy sortira-t-il de cette impasse?

J'ai reçu une lettre de M. Taschereau qui ouvrirait une solution, mais à laquelle bien entendu je ne me prête pas. M. Taschereau me propose la place de sous-conservateur au département des manuscrits (7000 francs d'appointements), place incompatible d'après le règlement avec un professorat. J'ai répondu que je ne me prêterais à rien qui ressemblât de près ou de loin à ma démission du Collège de France.

En somme, je m'attends à toutes sortes de traverses; mais que tout cela est à l'eau de rose! Songeons au temps où, pour penser librement, il fallait soigneusement cacher sa pensée, ou s'exposer à la mort. La question était de savoir si je serais poursuivi; alors c'eût été très grave. Mais le principe étant posé qu'on a droit d'être libre dans cette mesure-là (l'anecdote que vous m'écrivez me réjouit fort), que pensent-ils? Me faire destituer, me rendre inhabile aux fonctions? Ils n'empêcheront pas le public d'acheter mes livres, mon éditeur d'en désirer, Buloz et les *Débats* de vouloir mes articles! Ils ne m'empêcheront pas surtout d'avoir derrière moi une masse considérable d'opinion, centralisée puissamment à Paris.

Ne soyons donc pas trop pessimistes pour notre temps et notre pays. A chaque jour suffit son mal.

Que je voudrais vous avoir avec nous pour vous

enlever à ces soucis, qui sont le pain quotidien de la vie! Il me tarde au moins d'être près de vous pour reprendre nos chers entretiens. Présentez nos compliments à madame Berthelot, et croyez à ma plus vive amitié.

E. RENAN

Mercredi.

Nous venons de trouver tout à fait ce qu'il nous faut au village de Saint-Pair, à une demi-lieue de Granville (Manche), hôtel Manet.

IX

A MONSIEUR RENAN

Paris, 11 septembre 1863.

Cher ami,

Ici tout va bien. Sophie se lève maintenant : Hélène commence à prendre des habitudes de sommeil régulier, comparables à celles de son frère André. André est à Neuilly, où ma mère a voulu absolument l'avoir. Ma belle-sœur et son mari sont installés dans ma maison depuis trois semaines, avec leur Baby. Ainsi peu de nouvelles à vous donner, et je m'en réjouis.

J'en viens à l'objet de nos lettres dernières, votre cours et votre avenir prochain. Nous avons causé encore du cours avec Bouley hier. Voici ce qui le rend impossible, de l'avis de tous vos amis, comme des autres. Il ne s'agit pas de la bonne volonté personnelle de l'empereur, ni de celle de Duruy : je mets cette dernière hors de cause, ou je la suppose telle pour simplifier. Mais supposez le cours ouvert. A la première leçon arrivent cent ou deux cents fanatiques convoqués par ordre, et ils le seront. A cette nouvelle, mille ou deux mille partisans surviennent, soit à la première, soit à la deuxième leçon. De là conflit : *la paix publique* est troublée. C'est stupide, mais inévitable. La France n'est pas encore en état de supporter la vérité scientifique, sans passion favorable ou contraire, et je ne sais si les autres pays la supporteraient, dans les conditions où vous la proclamez et qui ne sont pas celles de l'érudition abstraite.

Vous avez voulu faire un Jésus vivant : c'est ce qui fait la grandeur et le succès de votre œuvre; mais cette action appelle une réaction, à laquelle vous ne pouvez prétendre échapper. Une vie de Bouddha renfermerait les mêmes problèmes et aurait au point de vue de l'humanité peut-être le même intérêt. Mais parmi nous elle ne soulèverait aucune opposition, parce qu'elle n'exercerait pas une action de propagande contre sa religion. Vous n'êtes pas dans la science pure; mais, comme Voltaire, vous êtes dans le combat. Du reste je vois que votre sérénité n'en est pas troublée. Mais il faut renoncer à votre cours, parce qu'aucun gouvernement en ce moment ne peut laisser la foule s'assembler dans la rue et manifester collectivement et en public ses opinions. Or je regarde, et tout le monde est de cet avis, comme impossible que votre cours ne devienne pas l'occasion de ce genre de manifestations. Ce n'est pas votre cours que l'empereur veut empêcher, il y tient fort peu; mais c'est l'ameutement des foules et les promenades par milliers sur la voie publique.

C'est pourquoi, non seulement votre cours ne sera pas ouvert, mais on ne vous permettra pas d'ouvrir des leçons privées. Quant à vous destituer, personne n'y songe en ce moment; mais ce sera vous-même qui prendrez l'initiative à cet égard, d'ici quelques mois, en raison d'une situation impossible. Quant à votre refus vis-à-vis de Taschereau, c'est une question de dignité. Aujourd'hui je suis de votre avis, vous n'avez de refuge que la vie indépendante.

Maintenant il y a deux manières d'agir. Vous pouvez vous enfermer dans votre dignité, capitaliser le produit de votre livre, qui d'ici un an vous donnera une rente égale à celle du cours du Collège de France, sortir de la vie active parisienne et continuer à écrire des articles et des livres à votre fantaisie. C'est la vie que je vous conseillerais, si vous vouliez m'entendre. Vous y serez heureux et indépendant de tout compromis et vous exercerez finalement par vos écrits sur votre temps une action plus profonde et plus durable, parce qu'elle sera moins mêlée aux perturbations éphémères de la politique.

Mais je crains que vous n'ayez pris goût au mouvement et à l'agitation politique. Dans cet ordre de conduite, il n'y a en effet autre chose à faire que de vous présenter à Paris. Seulement calculez bien votre coup : *il faut* que vous vous présentiez dans le faubourg populaire et non dans le quartier bourgeois, et *il faut* que vous ayez avec vous le comité et les journaux. Vos lettres à l'empereur vont devenir une arme empoisonnée contre vous et on en usera sans pudeur ni ménagement : n'ayez aucune illusion à cet égard et agissez en conséquence : la politique est la politique. Mais j'aimerais mieux pour vous une attitude scientifique. Madame Berthelot me prie de gronder madame Renan qui ne lui écrit pas une ligne.

Tout à vous,

M. BERTHELOT

X

A MONSIEUR RENAN

1863.

Mon cher ami,

Je me borne cette fois à deux mots, ayant été assommé d'examens depuis une quinzaine et devant en faire encore dans une heure. C'est une des idées les plus stupides que l'on ait eues dans cette administration que l'Europe nous envie, de prendre le temps des gens distingués et d'initiative pour l'employer à faire dire des sottises à des débutants. Je ne connais de raisonnable en ce genre que l'École polytechnique où les deux fonctions sont séparées, celle du professeur et celle de l'examinateur. C'est un dédoublement qui offre toutes sortes d'avantages : car il permet au besoin de créer des retraites honorables pour les gens fatigués de la vie active, et qui n'en sont que plus propres à juger les hommes, en raison de leur âge et de leur expérience. Mais le monde me paraît si irrationnel et organisé tellement au hasard, je veux dire par un concours de circonstances indépendantes du but final de chaque chose, que je perds chaque jour davantage l'espérance de voir la raison l'emporter en quoi que ce soit. Sans doute tout ne finit pas là ; mais, pauvres éphémères, nous avons disparu avant de voir finir les maux dont souffrent nos contemporains et contre lesquels nous avons protesté.

Le projet de vos lettres me sourit assez, mais je crains que mes réponses ne se bornent à des négations sur la plupart des points : car dans les hautes régions tout devient indéterminé ; mais je crois que nous reviendrons là-dessus. Madame Berthelot s'étant chargée des nouvelles, je n'ai plus qu'à présenter mes respects à madame Renan.

Tout à vous.

M. BERTHELOT

XI

A MONSIEUR BERTHELOT

Saint-Pair, près Granville, 24 septembre 1863.

Mon cher ami,

Que m'écrit monsieur de Mars ? Que vous êtes parti pour les Pyrénées jusqu'au 29 octobre. Ce voyage dont vous ne m'aviez pas parlé me surprend beaucoup. Quelquefois je pense que c'est une défaite que vous avez prise pour vous débarrasser de lui. J'ai fait imprimer en épreuves ma lettre à vous adressée. Je voulais que vous pussiez lire cela dès à présent, et voir si le sujet vous allèche et vous met en veine. J'avais dit de vous en faire porter les épreuves. Si vous n'êtes pas perdu dans les Pyrénées, faites-les venir. Si vous n'admettez pas cette forme, et ne voulez pas répondre, je supprimerai la forme épistolaire et coudrai le morceau à un article sur le nouvel écrit de Littré sur Auguste Comte.

Nous sommes toujours très bien ici, quoique le temps soit devenu inégal. Nous serons à Paris jeudi prochain, 1er octobre.

Je regretterai fort si vous n'êtes pas à Paris à mon arrivée, car j'aurais bien besoin de causer avec vous. Ne croyez pas que la politique m'attire ; je vous jure bien sincèrement que j'aimerais mieux être paisible professeur à dix élèves, faisant mes livres à loisir et ayant un jour pour suprême perspective de devenir administrateur du Collège, en ce moment très favorable.

Mais c'est l'esprit bizarre du pays qui me prend malgré moi et m'entraîne, malgré mes efforts, à cette sorte d'activité. Nos bons Allemands comprendront peu qu'une carrière dirigée de façon à devenir *Professor publicus ordinarius* aboutisse à être député. Mais en France, tout prend fatalement la forme politique. Il va sans dire que je ne me présenterais qu'avec le comité. Je verrai à mon arrivée cinq ou six personnes, dont l'avis me décidera. Mais avant cela je brûlerai ma dernière cartouche pour la réouverture du cours. Car c'est là mon but; le reste n'est qu'un pis-aller. Où que vous soyez, écrivez-nous, et croyez à notre vive amitié.

E. RENAN

XII

A MONSIEUR BERTHELOT

Alexandrie, 16 novembre 1864.

Mon cher ami,

Nous voici à Alexandrie, après une admirable traversée. Je n'ai jamais vu de plus belle mer; un jour seulement le roulis s'est un peu fait sentir; et encore fallait-il le défaut particulier des navires à hélices, incapables de supporter la moindre lame de côté, pour avoir été indisposés comme nous le fûmes. Le Stromboli, les îles Lipari, Messine et le détroit m'ont fort intéressé.

Le Stromboli est une des plus étranges choses, un cône de cendres de 2 ou 300 mètres, sortant à vive arête de l'eau, sous un angle de 40 degrés; aspect complètement cendreux, et déliquescent, d'une formation non mûre. L'éruption se fait par un trou sur le flanc, elle est considérable; mais de jour on ne voit que la fumée. Un éboulement d'un côté a fait talus, et là déjà un village et des cultures se sont établies.

La côte de Calabre est du plus grandiose aspect, l'Aspromonte surtout, sombre et terrible sommet perdu dans les nuages. Je n'ai vu l'Etna que de bien loin, comme une sorte de vision olympienne dans le ciel : c'est colossal.

Quant à Alexandrie, je l'ai trouvée telle que je la vis il y a trois ans, sale, hideuse, vulgaire, dégoûtante d'immoralité, de bassesse, de laideur. En vain on m'a montré sur les bords du canal les plus belles fleurs du monde ; je n'ai pu, malgré mes efforts (j'avais refusé d'entrer), éviter la rencontre du propriétaire, qui est M. B... Il est vrai que, depuis deux jours que j'entends raisonner des faits et gestes de ce personnage, je suis amené à le croire moins ignoble qu'on ne le dit. Sa naïveté parfaite à raconter les drôleries, qu'on présente ailleurs comme des rouerics sans pareilles, m'a paru une circonstance atténuante. Il n'a rien fait de plus que tous les autres Européens qui, en ce pays, tripotent avec le vice-roi. Mariette, Gaillardot, tous les Français, et des plus honnêtes, sont hautement pour lui.

J'oublie tout cela en regardant de ma fenêtre cet ancien port, où Ammonius Saccas créa la philosophie alexandrine, en exerçant son métier de portefaix; ce cimetière juif, là-bas, où dorment Philon et tant de nobles penseurs religieux, frères de Jésus.

Demain nous partons pour le Caire en chemin de fer; mais ne vous y trompez pas. On part à huit heures du matin et on arrive à cinq heures du soir, pour un trajet qui devait être de trois heures; et cela est heureux, car sans cela il arriverait des accidents épouvantables.

J'ai trouvé ici mon excellent docteur Gaillardot, qui nous suit au Caire et nous suivra en Syrie. Mariette nous attend au Caire et doit nous mener aux Pyramides et à Sakkara.

Vous voyez que jusqu'ici tout va à souhait. Nous avons bon espoir; cela s'emmanche très bien. Ah! si nous n'avions laissé derrière nous tant d'objets de préoccupation! Allez voir le pauvre petit Ary; caressez-le, choyez-le; il vous aime beaucoup, et il est triste quand vous ne lui donnez pas quelque marque d'affection. Remplacez-moi près de lui.

Écrivez-moi dans votre prochaine lettre à *Beyrouth, poste restante, par Marseille, Syrie.*

Si vous voyez monsieur Egger, dites-lui que je lui écrirai par le prochain courrier, et priez-le de presser l'imprimerie impériale pour ma livraison de la Mission, en faisant observer que cette livraison doit aller jusqu'à la page 200 inclusivement. Rappelez-moi au souvenir de Taine, Sainte-Beuve et de tous nos amis.

En somme, je ne me repens pas jusqu'ici d'être venu prendre de nouveau le grand air de l'antiquité. Il ne faut rien moins que le sentiment de ce que je dois à mon œuvre pour compenser tout ce que j'ai laissé derrière moi de sacrifices et de regrets. Présentez mes respects à madame Berthelot, et croyez à ma vive amitié. Ma femme présente ses meilleures amitiés à madame Berthelot.

E. RENAN

XIII

A MONSIEUR RENAN

4 décembre 1864.

Mon cher ami,

N'ayant pas prévu un si long séjour en Égypte, je vous ai adressé ma première lettre à Beyrouth et j'y envoie également celle-ci.

Vous venez de faire une belle excursion, mais je redoute ces intercalations, qui vont vous entraîner au delà du terme prudent de votre voyage : je pense toujours à la fin des choses dès leur origine et je ne serai tranquille sur votre sagesse que quand je vous reverrai.

De vos enfants et de votre mère toujours mêmes nouvelles : Sophie les a vus tous deux hier, Ary jouait comme d'habitude, avec la compagnie si affectueuse de madame Scheffer.

Venons au Collège. Dimanche on a présenté Munck, à la presque unanimité. Duruy avait quelques scrupules, fondés l'un sur la cécité, l'autre sur *ce qu'il y aurait trois Juifs au Collège* : vous reconnaissez là notre homme. Le terrain était d'ailleurs préparé à l'avance. Laboulaye n'a pas voulu venir, regardant une discussion comme inutile. Mohl a présenté une sorte d'ordre du jour, d'après lequel les professeurs exprimaient le regret que les garanties voulues n'eussent pas été observées dans la révocation de M. R... Mais il n'a pas été appuyé. M. Franck a proposé une autre rédaction, d'après laquelle les professeurs demandaient les mêmes garanties que les membres de l'Université. Maury a présenté une rédaction analogue, qu'il a abandonnée pour se rallier à celle de M. Franck. Celle-ci a été définitivement adoptée par les 16 professeurs présents. On n'a pas encore demandé la présentation à l'Académie, comme je m'en suis assuré vendredi. A cette occasion j'ai remercié Mohl de votre part.

Les étudiants s'agitent beaucoup en ce moment. Nous avons eu cette semaine l'ouverture du cours d'économie politique à l'École de droit, par Batbie. La première leçon n'a pu être professée, la seconde a eu lieu au milieu d'un vif tumulte *extérieur* : « A bas Duruy, etc. » — Batbie est fort avancé et il rencontre cette même coalition que vous connaissez, des républicains qui lui reprochent sa nomination et qui sont poussés sous main par les cléricaux, hostiles au libéral. C'est décidément l'un des traits de ce temps et l'une des menaces de l'avenir. Je crois Taine fort en danger : son cours ouvre à la fin de janvier, et il a de plus contre lui les gens froissés par la nouvelle organisation des Beaux-Arts, cabale fort puissante. B.... redouble ses intrigues : ce personnage me déplaît extrêmement : il me paraît remuer ciel et terre, jusqu'au jour où il obtiendra un gros morceau pour lui et une fausse satisfaction pour son Académie.

Tout à vous.

M. BERTHELOT

XIV

A MONSIEUR BERTHELOT

Sur le Nil, près Sakkara, 17 décembre 1864.

Mon cher ami,

Vous allez sûrement m'adresser toutes sortes de reproches et trouver que j'ai justifié toutes vos prédictions. Voilà que ce voyage d'Égypte, qui devait être une simple course, au Caire et aux Pyramides, est devenu un voyage complet de 500 lieues, jusqu'à la première cataracte d'Assouan. Mariette m'a entraîné, il a voulu que je voie toute l'Égypte. Le vice-roi m'a donné, avec une rare bonne grâce, les facilités qui sont réservées aux personnages les plus privilégiés. Mariette a été pas à pas mon guide; enfin j'ai fait ce voyage dans les meilleures conditions; j'ai tout vu, et admirablement bien vu. J'ai été indisposé par insolation et refroidissement à Thèbes. A cela près je suis admirablement frais et dispos, et je supporte sans peine des journées de fatigue, au moins aussi fortes que lors de mon voyage en Syrie.

Je puis donc vous donner maintenant mon impression d'ensemble sur cet étrange pays. Ce qui est absolument sans égal, c'est le ciel. Rien, rien, ni en Syrie ni en Italie, ne m'avait donné la moindre idée de cela. La sécheresse absolue de l'atmosphère produit des tons d'une douceur, d'une délicatesse sans pareilles. Les matinées et les soirées sont ravissantes; les choses les plus simples, un groupe de palmiers, une plaine de verdure, un horizon de collines rocheuses, prennent alors des valeurs de paysage vraiment inouïes. Certains endroits de la campagne sont charmants aussi; en général cependant le détail nous blesse. C'est poudreux, sale, sans petite verdure; l'absence complète d'eau claire nous choque; l'arbre est rugueux, épineux, naissant d'un sol de cendre. Ce qu'il y a d'admirable, c'est le ciel, l'horizon, le Nil. Sa largeur moyenne est d'un kilomètre; par moments, il forme d'immenses nappes d'eau.

Une journée avant Assouan, tout change, la vallée se resserre; le chenal se remplit de rochers; les berges en revanche se couvrent d'une petite verdure aussi tendre que celle des gazons de nos jardins.

Rien de plus étrange que l'aspect d'Assouan à Philœ (la cataracte est dans l'intervalle); le fleuve coule dans un dédale de blocs de granit; le désert des deux côtés vient maintenant jusqu'au bord. Tout cela, en y joignant cette petite merveille de Philœ, et l'aspect bizarre de la population, toute nubienne et déjà complètement sauvage, forme un ensemble des plus saisissants. Ce n'est pas sans émotion que, du dernier rocher de Philœ, j'ai dit adieu à la vallée nubienne, réduite ici à un étroit ruban vert. Il est probable que je n'irai jamais plus près du soleil, que je ne verrai pas Ipsamboul, Gebel Barkal, Kartoum!

Quant à la vieille Égypte, c'est vraiment un monde à part. Dendérah, Esneh, Edfou, Ombos, Philœ sont de l'époque ptolémaïque ou romaine. Mais l'ensemble de Thèbes est tout entier de 1700 à 1000 avant Jésus-Christ. Sur cela, nul doute; il suffit de se mettre au courant pour voir cela avec une évidence absolue. Or Thèbes est le Versailles et le Saint-Denys d'une monarchie égyptienne, supposant avant elle d'immenses développements. Les admirables tombeaux de Beni-Hassan, d'un style exquis, couverts de peintures qui sont le tableau complet de la vie égyptienne, sont de 2500 avant Jésus-Christ, datés d'une façon indubitable par les cartouches des rois. Enfin Abydos ou Thinis, Sakkara (Memphis), les Pyramides, nous font remonter à un monde bien plus ancien encore, un monde bien plus différent du monde de Thèbes, que notre monde moderne ne diffère du monde romain. J'en suis venu pleinement à croire, avec M. Mariette, que le chiffre de 5000 ans avant Jésus-Christ, donné par Manéthon pour la fondation du premier empire égyptien, est fort modéré.

En somme, ce qu'il y a de plus frappant, ce sont les pyramides et le champ qui les environne, le Sphinx, les tombeaux, le temple découvert par M. Mariette, nu, sans écriture, sans sculpture, tout en prismes de granit, sans nul ornement. Ce temple a été bâti par Chéphrem, le constructeur de la deuxième pyramide, dont M. Mariette a trouvé la statue, maintenant au musée de Boulaq. Tout cet ensemble-là est de 4500 avant Jésus-Christ.

Je ne reviens pas d'être converti à de tels chiffres; mais la chaîne de toute cette chronologie est d'une solidité surprenante. Jusqu'à 3000 ans avant Jésus-Christ, la certitude est absolue; au delà il y a des lacunes, des parties molles; on peut regarder comme synchroniques des dynasties données par Manéthon comme successives. Mais tous ces doutes sont réduits à un champ fort limité, et il faut dire que toutes les découvertes de M. Mariette portent à adopter les chiffres les plus forts. Ces découvertes, en effet, l'amènent sur une foule de points à ceci, c'est à trouver sur toute la surface du sol égyptien des monuments, des dynasties que les partisans du système synchroniste regardaient comme locales et partielles. En somme, cet ensemble des travaux de M. Mariette est quelque chose d'incomparable et sans doute la plus grande entreprise archéologique de ce siècle. Tout cela a été conduit avec un courage, une persévérance, un esprit scientifique vraiment admirable.

Pas une concession faite à la frivolité; nulle préoccupation du badaud, de l'homme du monde; poursuite exclusive des résultats scientifiques. Ce brillant Musée de Boulaq s'est formé de lui-même; pas un monument n'a été détruit pour le constituer. Et que de difficultés, grand Dieu! car vous imaginez bien que cet esprit purement scientifique est fort peu compris en ce pays, et de ceux qui gouvernent et de ceux qui les entourent. Le vice-roi est un homme doux, bien élevé, plein de bonnes intentions. Mais quel état social, grand Dieu! Ce digne homme passe sa vie dans des transes, malheureusement très fondées; son frère dissimule à peine ses projets et sa volonté de lui succéder le plus tôt possible.

En résumé, ce voyage m'a fort attardé, mais puissamment intéressé. Ce contact avec la haute antiquité m'a fait du bien et du plaisir. La critique doit se faire à distance; mais son danger est de travailler ainsi, non sur des réalités, mais sur des imaginations. C'est ce qui arrive à notre ami Michelet. Je me le suis souvent figuré voyant ce que je voyais. A vrai dire, je le crois incapable de voir autre chose que ce qu'il imagine. Mais combien la vue immédiate est plus vraie et même plus poétique!

Demain, de bonne heure, nous serons au Caire. Nous ferons, je pense, une petite course à Suez, en chemin de fer; je reverrai le vice-roi pour le remercier et lui donner diverses indications, que Mariette désire que je lui donne; puis nous partirons au plus tôt pour la Syrie. Nos vœux seront accomplis. Les fouilles sont devenues à peu près impossibles. Écrivez-moi votre prochaine lettre à Beyrouth. Allez rue Vanneau avant de m'écrire, afin de me donner des nouvelles. Embrassez pour moi mon pauvre petit Ary, présentez mes respects avec les meilleurs compliments de ma femme à madame Berthelot, et croyez-moi

Votre meilleur ami,

E. RENAN

XV

A MONSIEUR RENAN

18 décembre 1864.

Mon cher ami,

Je ne vous ai pas écrit la semaine dernière, parce que je vous savais au fond de l'Égypte : c'est là un merveilleux voyage et que je vous envie. J'espère avoir une lettre à la fin de cette semaine.

Je n'ai pas vu vos enfants depuis quelque temps, à cause de la fin de grossesse de ma femme. Elle est accouchée avant-hier d'une grosse fille; toutes deux vont aussi bien que possible et j'espère que Sophie sera assez rapidement remise pour répondre elle-même à la prochaine lettre de madame Renan. Voici en effet longtemps que nous n'avons de nouvelles de vous, et si je ne vous savais au fond de l'Égypte et loin de toute communication européenne, je serais inquiet. Vous avez dû éprouver le même sentiment, car toutes mes lettres vous ont été adressées à Beyrouth, où vous n'êtes probablement pas encore arrivé à l'heure où je vous écris.

L'affaire du Collège peut être regardée comme finie. L'Académie a présenté avant-hier M. Munck à la presque unanimité, comme le Collège, et en seconde ligne M. Latouche, au lieu de M. Derenbourg, mis en avant par le Collège. La nomination finale paraîtra sans doute cette semaine.

Ici tout est au calme plat; je n'ai pas vu pareille atonie depuis près de dix ans. Cependant il y a bien des éléments de trouble extérieur et intérieur. A l'extérieur : l'Espagne en anarchie avouée, presque en banqueroute, incapable à la fois de continuer ses entreprises en Amérique et d'y renoncer; ce qu'il faudra cependant faire sous peu, l'Angleterre ayant reconnu les gens de Saint-Domingue comme belligérants. L'affaire du Schleswig ne s'éclaircit guère, la Prusse occupant le pays, sans vouloir rien résoudre, et voulant sans doute arriver à le garder : l'Italie et le pape, dans la situation que vous savez, avec un cardinal d'Andrea qui fait hautement défection.

Mais c'est surtout à l'intérieur que la situation est grave, sinon pour la minute présente, du moins dans un avenir prochain. La situation financière commence à porter le contre-coup de tous les gaspillages passés et s'alourdit tous les jours, au milieu de l'inquiétude des gens d'affaires. Les ouvriers, d'autre part, s'organisent d'une manière redoutable et imposent de toutes parts leur demandes de salaire accru, de travail diminué, aux industriels : c'est le contre-coup de la loi des coalitions. Beaucoup d'industries vont disparaître devant la concurrence étrangère.

Les idées de 48 et de Louis Blanc reparaissent étrangement : je ne sais si vous avez lu avant de partir un volume de rapports, publié par les ouvriers délégués à Londres pour l'exposition. C'est un signe du temps, et des plus menaçants. Il n'est pas jusqu'à l'idée de *limiter* le travail de chaque ouvrier, afin qu'un plus grand nombre travaillent, qui ne reparaisse et ne s'accuse fortement, dans les nouvelles conditions imposées aux patrons en ce moment. Mais nous recauserons une autre fois.

Présentez mes respects et les amitiés de ma femme à madame Renan.

Tout à vous.

M. BERTHELOT

XVI

A MONSIEUR RENAN

28 décembre 1864.

Mon cher ami,

Commençons par les nouvelles de famille. J'ai vu hier vos enfants et porté à Ary un stéréoscope, dont il avait grande envie, et à Noémi une poupée qui l'a charmée : voilà des êtres humains plus faciles à satisfaire que nous. Les désirs de l'homme grandissant jusqu'à la fin, il poursuit toujours son développement, en vertu d'une loi interne, depuis le jour où il se contente (un instant) d'une poupée, jusqu'à celui où il va voir Thèbes et les cataractes. La mesure est différente, le fond reste le même; et compte-t-il davantage dans le *prozess* infini?

Ary va assez bien : sa gaieté et sa douceur accoutumées se soutiennent. Noémi a des joues magnifiques et toute sa vivacité. Elle tousse encore, mais si peu que l'on ne sait si c'est la saison, ou la fin de la coqueluche. J'ai vu aussi votre mère, toujours bonne et heureuse d'être visitée, toujours solide et la mieux portante peut-être de votre famille.

Il a paru ces jours-ci dans les journaux l'une des pièces les plus curieuses de l'époque, une nouvelle encyclique du pape qui condamne individuellement tous les principes de la société moderne, en 80 propositions. Vous avez votre paquet dans le nombre. La conclusion n° 80 est la condamnation de la proposition suivante : « Le pontife romain peut et doit se réconcilier et composer avec le progrès, le libéralisme et la civilisation moderne. » C'est toujours le *sint ut sunt*; mais le mot n'avait pas été dit jusqu'ici d'une manière aussi catégorique, en ce qui touche les questions de discipline et de relations avec la société civile. Je vous en reparlerai plus en détail. Mes respects à madame Renan.

Tout à vous.

M. BERTHELOT

XVII

A MONSIEUR BERTHELOT

Beyrouth, 12 janvier 1865.

Mon cher ami,

Ma femme s'est chargée de vous donner par le dernier courrier de nos nouvelles. Nous ignorions encore à cette époque la naissance de votre nouvel enfant. Recevez nos sincères félicitations, et transmettez les meilleurs compliments de ma femme à madame Berthelot.

J'ai eu enfin cette consolation après laquelle j'aspirais depuis si longtemps. J'ai vu le lieu où repose ma sœur bien-aimée, j'ai pu lui rendre ces derniers devoirs, qu'une fatalité inouïe m'avait forcé de négliger il y a quatre ans. C'était un grand poids sur mon cœur; ce doux et triste voyage d'Amschit l'a un peu soulagé. Nous l'avons fait à petites journées, par un beau temps du mois d'avril. La montagne est déjà verte et fleurie comme au printemps. Chaque creux de rochers est une corbeille d'anémones et de cyclamens. Ç'a été une grande joie pour moi de revoir cette belle route qu'elle aimait tant, et où chaque pas à la lettre me rappelait un souvenir d'elle. Ces bonnes populations, qui se rappellent sa douceur, sa bonté, m'ont été aussi très sympathiques. A Amschit, en particulier, j'ai été accueilli à bras ouverts par les gens du village, le clergé et même le patriarche, que j'y ai rencontré par hasard. De ridicules caquetages de Beyrouth m'avaient fait craindre un moment que le fanatisme des Jésuites ne se fût imposé à ces bonnes gens et ne me fît trouver des difficultés en cette triste circonstance. Il n'en a rien été. Ces hommes simples ont leur fanatisme sans doute; mais leur simplicité même les élève au-dessus des misérables disputes et les rend capables de comprendre tout acte de religion élevée.

Le tombeau où dort notre chère amie est situé sur le dos légèrement arrondi d'un des contreforts du Liban, à la ligne de séparation, ou plutôt à la naissance de deux petites vallées, qui se rendent chacune à la mer en divergeant. On voit la mer par les deux côtés : au sud, le port de Byblos, encombré de ruines;

au nord, la côte qui va vers Botrys. Tout l'alentour est richement cultivé, et plein de vignes, d'oliviers, de mûriers et de palmiers. Amschit est le point de la Syrie où cette dernière plante vient le mieux. A l'horizon se dessinent de très hauts sommets, maintenant couverts de neige. Votre amie dort là, au sein d'une nature pleine de grâce et de force. Je l'ai trouvée où on l'avait déposée, dans le tombeau du riche Maronite Mikhaël Tobia, dont l'héritier est maintenant Zakhia. Ma première volonté avait été de faire creuser à côté un autre caveau, de l'y déposer et d'ériger au-dessus un petit monument. Mais Zakhia m'a si fortement prié de ne pas la retirer du caveau de sa famille; j'ai vu que cette translation serait trouvée si blessante par ces bonnes gens, que j'ai cru me conformer à la volonté de ma sœur en y renonçant. Je l'ai donc laissée dans le caveau maronite; j'enverrai de Paris un petit monument, qui sera érigé à côté, et qui dira que là repose une femme d'une rare vertu. Du reste je veux qu'un jour nous soyons réunis. Tout cela n'est à mes yeux que provisoire. Mais qui sait où elle viendra me rejoindre, et si ce n'est pas moi qui viendrai la retrouver? Une jolie chapelle s'élève à deux pas du tombeau. J'y ai fait célébrer un service en cette belle liturgie maronite, l'une des plus anciennes et qui remonte presque aux origines du christianisme. Tout le village y était; la compassion que ces bonnes gens me témoignaient, leur chant grave et antique, les troupes de femmes et d'enfants qui remplissaient l'église, en me regardant de leurs grands yeux tristes, tout cela faisait un ensemble touchant, profond, simple et bien analogue à elle. Nous sommes revenus lentement, ma femme et moi, nous arrêtant à chaque station de cette voie si douloureuse et pourtant si chère. Celle-ci désormais est une terre sainte, j'y reviendrai encore; car j'y ai laissé une des meilleures parties de moi!

A peine rentrés à Beyrouth, nous avons été bloqués par le mauvais temps. Aujourd'hui le ciel s'améliore, et demain nous partons pour Damas. J'abrègerai, je crois, mon séjour en Syrie, et il est probable que le 21 je partirai pour Alexandrie, afin de là gagner Antioche. Peut-être au mois d'avril reviendrai-je en Syrie pour tenter quelque chose à Oum-el-Awamid. Mais c'est là un projet encore peu arrêté.

Présentez mes respects à madame Berthelot et croyez à ma vive amitié.

E. RENAN

Adressez-moi votre prochaine lettre à Smyrne (Turquie).

XVIII

A MONSIEUR BERTHELOT

Rade de Tripoli, 21 janvier 1865.

Mon cher ami,

Nous avons reçu hier votre bonne lettre du 28 décembre, au moment de quitter Beyrouth. En général vos lettres me sont arrivées avec un courrier de retard, car vous les écriviez un jour trop tard. Pour l'avenir, du reste, tout est changé; car vos lettres vont nous venir maintenant par une autre ligne.

Ce que vous nous apprenez de l'état de souffrance de madame Berthelot nous a fort émus. Vous voilà bien éprouvé; mais il faut espérer que toutes ces difcultés auront une prompte fin, et que votre prochaine lettre nous apprendra le complet rétablissement de madame Berthelot. Croyez bien que de loin nous prenons part à vos peines. Je vous remercie d'avoir pensé à Ary : ce pauvre enfant aime tant à vous voir!

Depuis ma dernière lettre, nous avons vu Damas. La plaine au delà de l'Anti-Liban est admirable. Ce n'est plus du tout la nature de Syrie. Cette plaine étant à 800 mètres au-dessus du niveau de la mer, il y fait très froid. Des eaux glacées la sillonnent de toutes parts. Tous les arbres perdent leurs feuilles en hiver; la terre est jonchée de feuilles mortes; ce sont partout des peupliers, des noyers, toutes les essences de nos climats, ou du moins leurs analogues.

Damas est triste et sombre. L'ensemble est grandiose, vu des hauteurs de Salahié. Les rues, si ce mot a un sens à Damas, sont misérables. Mais les intérieurs sont surprenants. Quelques salles de harem que j'ai vues sont des chefs-d'œuvre. La grande mosquée est un morceau très important. C'est la vieille basilique chrétienne à peine modifiée.

J'ai bien fixé mon horizon de la scène de la conversion de saint Paul. Cela s'est passé dans une vaste plaine cultivée, très habitée, peut-être même au milieu des jardins. Il faut sûrement écarter tout accident extérieur; le phénomène se passa tout entier dans l'âme de Paul.

E. RENAN

XIX

A MONSIEUR BERTHELOT

Rade d'Alexandrette, 22.

Notre voyage se continue, par un temps vraiment exceptionnel en cette saison. Nous avons eu hier et aujourd'hui un beau temps du mois de mai. Demain matin nous débarquerons, et de suite, j'espère, nous partons pour Antioche. C'est un voyage assez difficile, le plus difficile de tout mon périple. Mais la condition capitale, le beau temps, nous paraît acquise. Seulement, le pays est dénué au plus haut degré.

Cette Encyclique, en effet, me paraît un acte comme en font ceux *quos vult perdere Jupiter*. Pour comprendre cet acte de folie, il faut savoir ce que c'est qu'un vieux théologien, comment les choses se casent et se formulent dans la tête de ces êtres d'un autre monde. Il est évident qu'une forte réaction gallicane, soutenue par l'État, va se former. Mais elle ne réussira pas. Une Église nationale est impossible en France, et cela est heureux; car cette Église serait, en fait, plus pesante et plus étroite que le régime religieux qui existe depuis cinquante ans. Un schisme est donc inévitable. En ceci, tout est profit pour nous; car le catholicisme était arrivé à être beaucoup trop fort. Par schisme, remarquez-le, j'entends un schisme intérieur. Dans trois ou quatre ans, le parti gallican des Darboy, du Conseil d'État, des Dupin, etc., n'existera plus. Cela sera trouvé en France trop peu logique. Il y aura deux fractions de catholiques, enragées l'une contre l'autre, l'une folle de réaction, l'autre engagée dans la filière du changement, protestante en réalité. En fin de compte l'État se désintéressera de ces querelles, et la séparation se fera. Mais tout cela amènera d'étranges déchirements, qui rempliront la fin de ce siècle.

Mes compliments à Taine, à Maury, à tous nos

amis. Présentez nos meilleurs souvenirs à madame Berthelot, et croyez à ma parfaite amitié.

E. RENAN

Écrivez-moi votre prochaine lettre à Smyrne (Turquie), si vous m'écrivez de suite. Si vous tardez de quelques jours, écrivez-moi à Athènes. Informez-vous, si vous voulez, à la poste, du jour de ces nouveaux départs.

XX

A MONSIEUR RENAN

28 janvier 1865.

Mon cher ami,

J'ai reçu la lettre où vous me racontez votre pèlerinage d'Amschit, cette dernière démarche qui accomplit le cycle et sans laquelle il semble que la vie de ceux que nous avons perdus demeurerait incomplète. Quand le lien est brisé, il faut encore une fois en rapprocher les fragments, sans quoi notre cœur conserve un vide et une blessure saignante. Moi aussi j'ai été revoir, il y a quelques jours, la place où dort mon père. Dans le cours de cette année, il s'est passé peu de nuits où je n'aie revu son image, mêlée à mes pensées et à mes songes. Ainsi disparaîtront les uns après les autres tous ceux que nous aimons, en laissant au fond de notre âme une image que le temps rendra peu à peu moins douloureuse, sans pourtant nous consoler jamais. La vie est une lutte et une défaite perpétuelle et son jour le plus pénible n'est certes pas celui de notre fin.

Je vois avec plaisir que vous abrégez votre voyage de Syrie. Quant à la pensée de revenir au printemps, elle me semble mauvaise, et j'espère que le cours naturel du voyage suffira pour vous en écarter. Ce serait tout un nouveau voyage, ajouté au premier et dans les conditions que je redouterais le plus pour votre santé. Soyez prudent! vous avez été encore malade à Thèbes. N'oubliez pas que la fièvre est toujours assise à votre chevet, tant que vous ne serez pas de retour dans nos climats. C'est surtout à madame Renan que je recommande de s'en souvenir.

Écrivez-moi de vos nouvelles le plus souvent possible et rapprochez-vous toujours, sans jamais rétrograder.

Tout à vous.

M. BERTHELOT

XXI

A MONSIEUR BERTHELOT

Athènes, 16 février 1865.

Nous sommes à Athènes, depuis trois jours. Je ne vous écris cette fois qu'un mot. Nous sommes très fatigués; je n'ai encore qu'une vue sommaire de ces merveilles; je suis à la lettre ébloui.

Mon impression dépasse de beaucoup ce que j'imaginais. C'est l'absolu, c'est la perfection; mais c'est le charme aussi, le charme infini, profond, accompagné d'une volupté douce et forte.

Oh! quelle bénédiction que ce rayon d'un autre monde soit venu jusqu'à nous! Et quand on pense que cela n'a tenu qu'à un fil! Qu'il ait suffi durant des siècles du caprice d'un aga pour que nous ne sussions rien de tout cela!

Qu'il y a longtemps que nous n'avons rien reçu de vous! Écrivez-nous de suite à l'hôtel de la Grande-Bretagne, place de la Constitution (πλατεῖα τοῦ Συντάγματος), *Athènes*. Nous sommes très bien ici et charmés d'avoir devant nous un mois de si noble repos. La ville moderne est très gaie, très jolie, la population est douce et très bienveillante. Nous sommes entourés de prévenances et d'attentions.

Dites à Egger et à nos amis que je suis arrivé ici, afin qu'au besoin ils puissent m'écrire. Les courriers vont et viennent tous les huit jours : informez-vous à la poste des départs des courriers de France. Nous ne bougerons d'ici que quand le temps sera décidément fixé et rendra possibles les voyages dans l'intérieur.

Présentez nos amitiés à madame Berthelot, et croyez à ma vive affection.

E. RENAN

XXII

A MONSIEUR RENAN

4 mars 1865.

Mon cher ami,

Je vous ai écrit deux fois à Smyrne : je ne sais si vous avez trouvé mes lettres dans cette ville, à supposer que vous l'ayez traversée. Je suis bien content de vous voir à Athènes, vous rapprochant ainsi de nous chaque jour, et j'espère que vous n'ouvrirez pas de nouvelle parenthèse. J'attends vos sentiments sur Athènes, où je regrette bien de ne pas me trouver avec vous : *Dis aliter visum!*

Si j'avais été seul (et titulaire), je ne sais si j'aurais résisté au désir de prendre un congé pour vous rejoindre.

J'ai prévenu Egger de votre séjour à Athènes.

Ici la terre continue à rouler sans grand événement : l'atonie a été rarement plus complète depuis 1855. Cependant il y a une sourde inquiétude dans le monde des affaires.

L'événement, c'est la publication de la préface de *César* : singulier morceau où se révèle la médiocrité littéraire de l'auteur et la permanence de l'idée napoléonienne : les grands hommes prédestinés, *le bien que Napoléon réservait aux peuples*, etc. Vous avez dû lire le morceau avant l'arrivée de cette lettre. C'est la principale occupation des Parisiens en ce moment; le volume n'a pas encore paru.

Vos enfants vont assez bien.

Voilà toutes mes nouvelles. Présentez nos amitiés à madame Renan.

Tout à vous.

M. BERTHELOT

XXIII

A MONSIEUR BERTHELOT

Athènes, 19 mars 1865.

Mon cher ami,

Notre séjour à Athènes se prolonge, et toujours à notre grand contentement. Nous ne partirons que le 28 de ce mois. L'hiver, cette année, a été très pluvieux dans tous ces parages, et il traîne beaucoup. Les plaines de l'Asie Mineure que nous avons à revoir sont encore inondées. Quant à attendre, nous aimons mieux attendre à Athènes qu'à Smyrne. Nous aurons donc passé six semaines dans cette ville sans égale. L'admiration et la joie que causent ses chefs-d'œuvre vont grandissant à mesure qu'on les étudie. La grandeur du Parthénon ne frappe qu'à la réflexion, l'élégance délicieuse de l'Erechteum est peut-être ce qui surprend le plus d'abord; mais il faut du temps pour rebâtir par la pensée ce charmant petit ensemble.

L'Erechteum est ce qu'il est le moins possible de concevoir à distance ; c'est une finesse, un goût dont rien ne peut donner une idée. Les Propylées ont été démantelées de la façon la plus malheureuse ; mais on comprend, par le calcul, que ce fut l'ouvrage de Périclès le plus admiré des anciens. Le temple de Thésée est le mieux conservé de tous les temples anciens. Pas une pierre n'a bougé. Le temple de la Victoire Aptère, le monument chorégique de Lysicrate sont de vrais bijoux. Quelques endroits comme le Pnyx, le théâtre de Bacchus, la voie des Tombeaux de Céramique, récemment découverte, sont d'une immense impression historique. Le Pnyx, étant taillé dans le roc, est soutenu par des blocs cyclopéens et identiquement ce qu'il était au temps de la démocratie athénienne. La tribune, ou plutôt les deux tribunes, taillées dans le roc, sont là, rien n'a changé. Les deux pierres de l'Aréopage où se tenaient le défenseur et le demandeur sont également des protubérances du rocher. On ne comprend bien qu'ici cette civilisation toute en plein air. La rue des Tombeaux est une des plus importantes découvertes de ces derniers temps. Une bonne fortune nous l'a conservée. Sylla entra par cet endroit ; les débris entassés par le siège produisirent un remblai, un petit tertre, où toute une portion de la ville antique est conservée comme Pompéi l'a été par la lave. On y a trouvé les choses exactement dans l'état où les décrivent les textes anciens, en particulier le tombeau d'un des cinq cavaliers de Corinthe, sculpture du même style que la frise du Parthénon, inscription admirable. On a des fragments importants du tombeau de Lysias; on aura, quand on voudra fouiller davantage, le tombeau de Périclès. Mais rien n'égale peut-être l'effet du théâtre de Bacchus, avec ses fauteuils de marbre, portant le nom du dignitaire à qui chacun d'entre eux était réservé, ses places marquées, sa scène parfaitement conservée. Il a été remanié à l'époque romaine; mais c'est bien, quant à l'essentiel, la vie, le vieux théâtre d'Aristophane et de Sophocle.

L'esprit de tout cela est du reste très bien rendu dans Michelet. Son Athènes est d'une parfaite justesse, et aussi vraie que sa Perse et son Égypte sont fausses ou partiellement vues. L'incomparable supériorité du monde grec, la grandeur vraie et simple de tout ce qu'il a laissé, sont des vérités qui éclatent de toutes parts. Là sont les vrais *grands hommes*, et pour moi ce qui me frappe le plus dans une certaine préface, c'est moins le manque de talent littéraire que l'horizon borné de l'auteur, qui l'empêche de rien voir au delà du monde romain. C'est là, du reste, un fait français. La France ne sait guère remonter au delà de Rome. Ce qu'elle a toujours fait sous prétexte d'art grec n'est en réalité que de l'art romain.

Notre voyage occupera encore les deux mois d'avril et de mai; je vous jure que nous n'irons pas au delà. J'ai renoncé à la Syrie; les événements m'auraient en tout cas rendu ce voyage fort difficile.

Après avoir fait notre voyage d'Asie Mineure (Smyrne, Éphèse, Tralles, Laodicée, Philadelphie, Sardes), nous irons par escales à Constantinople, Philippes, Thessalonique. Nous repasserons ici, d'où nous gagnerons Corinthe, par Tirynthe, Argos et Mycènes. Puis nous reviendrons par les îles Ioniennes et Brindisi. Le chemin de fer sera terminé pour ce moment-là, nous assure-t-on. Ma femme envoie ses meilleurs compliments à madame Berthelot, qui sans doute maintenant est tout à fait rétablie. Allez voir Ary, dont les bonnes nouvelles nous ravissent. Croyez à ma plus vive amitié.

E. RENAN

XXIV

A MONSIEUR RENAN

20 mars 1865.

Mon cher ami,

Je vous écris à tout hasard à Smyrne, ne sachant où ma lettre pourra vous joindre. J'ai de bonnes nouvelles d'Ary. Madame Scheffer s'en occupe beaucoup : elle m'a paru bien fatiguée.

Quant à vos plans, ils me paraissent comme toujours pécher par leur extension indéfinie. Le voyage en Asie Mineure et à Constantinople occupera aisément avril et mai, et la tournée en Grèce me paraît peu raisonnable; non seulement à cause des brigands et des évêques, mais surtout à cause des chaleurs du printemps. Vous y prendrez certainement la fièvre à la fin de mai, d'autant plus que vous êtes à la fin d'un voyage, ce qui dispose tout le monde, et vous en particulier, à tomber malade.

Je regarde cette queue de voyage comme fort imprudente; elle vous conduira d'ailleurs plus loin que vous ne pensez.

Ici la vie roule avec ses tracas ordinaires : indispositions d'enfants (sans gravité), indisposition de ma mère, qui m'a inquiété davantage. Paris est toujours fort atone : j'ai vu peu d'années avec ce caractère depuis dix ans; il n'y a ni élan, ni intérêt dans les choses : tout languit et semble s'éteindre.

Écrivez-moi pour me dire où vous adresser ma prochaine lettre et pour me dire que vous ne ferez pas cette déraisonnable addition à vos courses.

Tout à vous.

M. BERTHELOT

XXV

A MONSIEUR BERTHELOT

Smyrne, le 6 avril 1865.

Mon cher ami,

Notre voyage se continue selon nos désirs, quoiqu'un peu retardé par l'hiver long et pluvieux qu'il a fait en ces parages. Nous avons quitté Athènes, il y a huit jours, non sans de vifs regrets. Pendant les six semaines que nous avons passées dans cette ville incomparable, nous n'avons pas éprouvé un moment d'ennui, et, à l'heure qu'il est, nous avons besoin de croire que nous y reviendrons. Aujourd'hui même nous partons pour Éphèse par le chemin de fer, pour de là nous enfoncer dans l'intérieur. Notre course sera de quinze ou vingt jours. Elle nous mènera successivement à Tralles, Hiérapolis, Laodicée, Colosses, Aphrodisias, Philadelphie, Sardes, Magnésie du Sipyle. Le temps est superbe depuis douze jours, le printemps dans toute sa fleur. Nous augurons que ce voyage, difficile en lui-même, se fera sans encombre. On nous a organisé une bonne caravane, et en prenant ses précautions ces courses n'ont nul danger. Après cela nous tâcherons d'aller à Samos et à Pathmos, puis nous gagnerons Constantinople, Salonique, Athènes pour une seconde fois, Corinthe; alors nous reviendrons au plus court. Nous serons à Paris dans la première quinzaine de juin.

Il faut que je vous quitte; je croyais m'être réservé plus de temps. On nous presse pour le départ. Je vous écrirai plus longuement à mon retour, ou à Constantinople; écrivez-nous dans cette dernière ville; nos meilleurs compliments à madame Berthelot.

Croyez à toute notre amitié.

E. RENAN.

XXVI

A MONSIEUR RENAN

Paris, 18 avril 1865.

Mon cher ami,

Vous voilà engagé en pleine Asie Mineure, et vous grossissez votre plan de voyage à chaque pas nouveau. Je redoute de plus en plus ces prolongations, qui vont vous ramener en Grèce vers juin et juillet, c'est-à-dire au moment des fortes chaleurs. Vous êtes sans prudence et oublieux du passé.

Votre article sur l'Égypte a été généralement bien accueilli et Buloz attend avec impatience votre retour pour avoir d'autres articles de vous : vous connaissez l'homme.

Ici rien de nouveau. Ollivier accomplit de plus en plus nettement une évolution singulière qui a sa logique, mais dont le succès me paraît bien problématique. Il cherche à représenter la bourgeoisie libérale et gouvernementale, sans être révolutionnaire, et à déterminer dans la Chambre une scission dans ce sens. En réalité il exprime une sorte de libéralisme conservateur et constitutionnel, qui n'a peut-être pas de sens dans ce pays où le système parlementaire a sombré. Je ne crois pas l'empereur disposé à faire jamais la moindre concession *réelle* sur ce terrain. La majorité qu'Ollivier espère diviser ne se divisera pas, parce que les hommes qui la composent, n'ayant pas de valeur personnelle, n'ont pas le droit d'avoir une opinion indépendante : que le pouvoir les abandonne, et les électeurs ne feront plus attention à eux.

Suivant l'expression de Picard, Ollivier est également incommode pour l'opposition et pour les ministres. Mais il s'efforce en vain de prendre une importance réelle dans l'état présent : ce n'est pas qu'il ne rencontre une adhésion sérieuse dans une fraction notable de la bourgeoisie. Si nous étions en temps parlementaire, ce serait là un appoint pour son ambition. Mais la bourgeoisie ne compte guère aujourd'hui, et je doute qu'elle soit appelée à reprendre de sitôt la direction du gouvernail.

En somme tous les gens politiques de ce temps sont sacrifiés.

Voici une grosse affaire décidée, sinon terminée, la guerre d'Amérique, et il semble que la république transatlantique va en sortir plus puissante et sans atteinte à ses institutions. C'est un grand résultat, et puissions-nous ne pas en supporter les contre-coups!

Nous partons pour Sèvres dans une dizaine de jours; le temps est redevenu beau, mais très chaud et orageux. Puissiez-vous ne pas avoir là-bas un climat *proportionnel*. Présentez nos respects à madame Renan, et revenez sans trop d'imprudences.

Tout à vous.

M. BERTHELOT

XXVII

A MONSIEUR BERTHELOT
Rue Monsieur-le-Prince, 25. Paris.

Smyrne, 6 mai 1865.

Mon cher ami,

Dieu soit loué! voilà toutes nos courses difficiles et dangereuses accomplies. Ma femme a dû raconter à madame Berthelot notre rude excursion dans l'intérieur de l'Asie Mineure. Nous en avons fait depuis une autre plus dure encore. Je voulais voir Pathmos. Nous avons pris une barque à Scala-Nova. Les barques sont si mauvaises, les patrons si stupides, et le temps nous fut si contraire que nous sommes restés cinquante-deux heures en mer, sans pouvoir entrer dans le port de Pathmos. — Makarios, évêque de Caristo, va sûrement voir là dedans un fort miracle. Enfin tout est fini. Les routes de ce pays sont des coupe-gorge. Près de Scala-Nova nous avons vu les rochers de la route teints du sang d'un malheureux, assassiné il y avait quelques jours.

L'année est si bizarre sous le rapport de la saison que nous avons dû changer un peu de plan. Il gèle presque encore à Constantinople. En conséquence nous partons aujourd'hui même pour Athènes. Nous ferons notre course d'Argolide et de Corinthe dans une saison charmante. Puis nous irons à Salonique (le 25 de ce mois), et nous finirons par Constantinople. Notre retour en sera à peine retardé. En tout cas le seul danger qu'il y eût désormais pour nous, le voyage d'Argolide au commencement de juin, est écarté. Nous nous portons parfaitement bien. Tout ce qui nous reste à faire n'est rien, comparé à ce que nous avons fait.

Écrivez-nous dès la réception de cette lettre. Votre lettre nous trouvera encore à Athènes. Donnez de nos nouvelles à nos amis, et présentez nos meilleures amitiés à madame Berthelot.

Tout à vous.

E. RENAN

XXVIII

A MONSIEUR RENAN

17 mai 1865.

Mon cher ami,

Pour mettre à profit votre conseil de vous répondre sans retard à Athènes, j'utilise le papier et le local de l'Encyclopédie, où je suis en ce moment vis-à-vis de Duveyrier, qui m'a invité à dîner et qui écrit de son côté. C'est toujours le même homme excellent et original que vous connaissez, rêvant perpétuellement.

Ici rien de nouveau, nous allons tous bien : les vôtres aussi, je pense, depuis deux ou trois jours que nous les avons vus; ma mère seule est un peu souffrante. La vôtre est plus robuste que jamais.

Ménagez-vous, ménagez-vous : c'est la fin qui est toujours la plus périlleuse, parce que les chances s'accumulent, et revenez le plus vite possible.

Tout à vous.

M. BERTHELOT

XXIX

A MONSIEUR BERTHELOT

Athènes, 4 mai 1865.

Cher ami,

Pour le coup vous allez être satisfait. Demain nous partons pour Salonique, par le bateau grec, qui nous mène lentement mais fort agréablement, par l'Euripe et tout de long de la côte, en touchant à chaque port.

Nous serons à Salonique dimanche 28. Si les voyages de terre sont faciles en ces parages, nous irons à cheval de Salonique à Cavalla, en passant par Philippes. Si les voyages de terre sont difficiles ou dangereux, nous reprendrons la mer (peut-être le même bateau, dont on prolongerait l'escale de quelques heures pour nous), nous gagnerons Cavalla, de là irons à Philippes, puis reprendrons un des nombreux bateaux qui vont de là à Constantinople. Le voyage de terre serait de quatre jours. En tout cas, cher ami, nous serons à Sèvres avant un mois. Nous resterons très peu de jours à Constantinople, et nous en reviendrons par le plus court chemin.

Il n'y a pas encore de grandes chaleurs ici, l'année est fort en retard. Des personnes qui ont quitté Constantinople il y a huit jours en sont parties par un vrai temps de décembre. Salonique est un point fiévreux; mais nous y resterons très peu. Soyez donc rassuré, nous touchons au port.

Nous avons fait notre voyage d'Argolide et de Corinthe. Nous sommes ravis. Comme beauté de paysage, cela égale ce que j'ai vu de plus splendide en Syrie. Tirynthe et Mycènes sont deux choses absolument uniques, deux témoignages, restés isolés, d'une haute antiquité. Voilà le monde homérique. Ce qu'Athènes est pour l'hellénisme classique, Mycènes l'est pour l'époque qui nous est représentée par l'*Iliade* et l'*Odyssée*. Corinthe est fort effacée et d'intérêt secondaire. Des voyages ici sont des promenades. On va en voiture la moitié du temps, et les gens sont très aimables et hospitaliers. Le brigandage est réel; mais on ne court jamais risque de la vie, comme en cet odieux défilé d'Asie Mineure, où l'on est fusillé à distance sans voir les agresseurs. En somme, nous quittons la Grèce fort contents des séjours que nous y avons faits. Cette race est fort intelligente et absolument dégagée de certains boulets que nous traînons au pied. Ce qu'il y a de pitoyable, c'est la politique. L'expulsion d'Othon a été un malheur, dont le pays ne se relèvera pas durant plus d'un demi-siècle.

Les nouvelles que madame Berthelot nous a données de notre famille nous ont été bien précieuses. Allez voir Ary; vous savez combien ce pauvre enfant vous aime. Songez à nous sous ces beaux bois de Sèvres, qui ont bien aussi leur charme, et auxquels la plaine déjà totalement brûlée de l'Attique nous fait songer quelquefois. Nos meilleures amitiés à madame Berthelot; croyez à ma vive affection.

E. RENAN

Une lettre que vous nous écririez dès la réception de cette lettre nous trouverait peut-être encore à Constantinople. Nous pensons y être jusque vers le 15 du mois prochain.

XXX

A MONSIEUR BERTHELOT

Constantinople, 13 juin 1865.

Finis. A bientôt, cher ami! Nous sommes à Constantinople depuis cinq jours; nous en repartirons probablement mercredi, 21, et serons à Paris le 29 ou le 30. Dans le cas, qui n'est pas encore impossible, où nous reviendrions par le Danube, nous serions à Paris vers le même temps.

Notre voyage de Macédoine a été superbe, et c'est peut-être celui qui m'a fait le plus de plaisir. Nous avons eu très chaud à Salonique et durant deux de nos journées de cheval. Le reste a été gâté; pour gagner quelques jours nous avons pris un exécrable bateau turc, où nous avons été fort mal.

Constantinople est sûrement une merveille à sa manière. C'est la ville des peintres et du pittoresque. Ses vues d'ensemble sont sans égales au monde. Mais c'est là tout. A part Sainte-Sophie et un ou deux restes byzantins, pas une seule construction vraiment belle; rien qui supporte l'analyse, mauvais goût porté au comble; tout étant fait pour contenter un caprice éphémère et pour la montre. Jamais la bassesse humaine, la honte, la sottise, la nullité satisfaite d'elle-même ne se sont créé une image si adéquate. Le monde turc, à part deux ou trois exceptions, est tout entier stupide ou malhonnête. La populace grecque est fort déprimée et nullement comparable à celle du royaume. Mais le plus triste spécimen de l'esprit humain que l'on trouve ici est la population pérote ou levantine. Le Français, l'Italien, deviennent ici au bout d'une ou deux générations des caricatures d'eux-mêmes. Cette ville m'apparaît comme une ville de singes, une sorte de capitale perpétuelle, fondée par ce digne Constantin pour l'ignominie, l'intrigue et la bêtise. Tout cela me plaît peu; mais je le vois avec soin, car sûrement ce n'est pas vers ici que je me retirerai jamais, si je reprends le bâton du voyageur.

A bientôt. Annoncez mon prochain retour à nos amis communs, et croyez à ma bien vive amitié.

E. RENAN

XXXI

A MONSIEUR RENAN

Le Caire, 17 octobre 1869.

Mon cher ami,

Voici le moment de vous écrire quelques mots avant le départ de la poste. Cependant je n'espère guères, hélas! avoir de vos nouvelles avant de quitter le Caire, ce qui aura lieu vers le 20 ou 21, à ce qu'on nous promet, et alors Dieu sait quand et où les lettres nous parviendront. C'est là la principale tristesse du voyage de ne rien savoir de nos affections. En revanche, tout le monde va toujours bien et les santés de tous nos amis se maintiennent, malgré le prodigieux changement de toute la nature et des hommes, au milieu desquels nous avons été si rapidement transportés. Car tout est changé autour de nous. Ce n'est pas que les plaines qui nous entourent ne soient verdoyantes, au delà de ce que j'avais cru d'après les récits : le Nil en effet est toujours débordé et sa seconde crue, forte au delà de la coutume, a rompu quelques dignes. Nous ne pourrons voir Sakkarah et les Pyramides qu'au retour, à cause de cette crue, qui tient noyés aussi pour le moment quelques-uns des palais de Thèbes, d'après M. Mariette.

Mais les palmiers et les arbres, et jusqu'aux herbes, n'ont rien de commun avec la végétation de nos climats. Je ne parle pas de l'éclat du ciel, contre lequel il faut sans cesse se garder et qui se complique souvent d'une épaisse poussière, un peu combattue par l'inondation. Le moindre nuage, et nous en avons de temps en temps, change tellement la température qu'on frissonne aussitôt sous ses vêtements de laine.

La population du Caire, telle que je l'ai pu entrevoir jusqu'ici, est douce et inoffensive : on sent l'empreinte de tant de siècles d'oppression. Elle est du reste étrangement mélangée. Et ce n'est pas l'un des spectacles les moins singuliers pour nous que ces visages noirs ou bronzés, impassibles ou résignés, ces vêtements divers et souvent cette absence de vêtements, ces places tranquilles, et cependant cet extrême fourmillement dans les rues étroites et les masures pittoresques du vieux Caire.

Par malheur on est en train de gâter tout ce pittoresque, en haussmannisant la ville. La grande place était naguère un jardin ; aujourd'hui on a coupé la plupart des arbres et on a alloti le terrain pour le vendre et y bâtir des maisons modernes. La fièvre de démolition qui nous travaille a gagné jusqu'ici, et l'on croit ainsi se mettre au courant de la civilisation, aussi bien qu'en ouvrant un cirque nocturne avec écuyers, écuyères, intermèdes de cancan et autres joyeusetés, dont on nous a donné hier la primeur, en nous invitant à l'ouverture que le vice-roi en faisait. L'impératrice va bien s'amuser. Mais ce sont là les mauvaises herbes du voyage, aussi bien que les dissensions intestines qui commencent à travailler nos groupes d'invités. Je ne vous parle pas de cela, parce que cela n'en vaut pas la peine, à moins de finir, en grossissant, par compromettre la paix générale parmi nous. J'ai vu M. Gaillardot à Alexandrie et Mariette ici.

Tout à vous et aux vôtres.

M. BERTHELOT

XXXII

A MONSIEUR RENAN

Le Caire, 18 octobre 1869.

Mon cher ami,

Je viens d'assister à un spectacle étrange et vivant, qui en dit plus sur le monde musulman que tous les récits. C'est la visite de la mosquée qui joue le rôle de l'Université au Caire : avec un ordre spécial du gouverneur et quelques gens d'escorte, nous avons pénétré dans ce lieu vénéré et nous avons vu en action ce dont les ruines de la mosquée d'Amrou, visitées la veille, ne nous avaient donné qu'une imagination lointaine.

Quinze cents étudiants étaient là, groupés autour de leurs maîtres. Le maître, au centre, un peu en dehors, une page à la main, lisant et commentant à haute voix; tandis que quinze à vingt auditeurs autour de lui suivaient le texte sur des copies. Auprès, cercle semblable, où les élèves récitaient sous la surveillance du maître silencieux. D'autres étudiaient isolément ou par groupes. Quelques-uns dormaient sous leur burnous, étendus à terre.

Toute cette scène se passe sous de légères arcades, librement ouvertes sur le côté. Dans la cour de la mosquée, des gens circulent portant de l'eau et des provisions. Bref, on a sous les yeux la vie entière de l'étudiant musulman, et celle du professeur, le tout en plein air, comme il convient au climat. Je ne sais si vous avez pu pénétrer dans cette mosquée; il paraît que même aujourd'hui la chose est encore délicate. Mais nous sommes traités exceptionnellement. On nous a reçus d'ailleurs avec méfiance et on a formulé le lendemain une plainte sur l'inconvenance de notre attitude, qui avait été pourtant très réservée. Il paraît qu'il y a quelques années nous aurions reçu des pierres : on s'est borné, faute de mieux, à murmurer autour de nous quelques versets de malédiction à voix basse. Nous n'étions d'ailleurs que sept dans cette course.

J'aurais encore bien d'autres choses à vous écrire : mais j'aurai tout le loisir dans quelques jours, sur le Nil, et j'ai voulu seulement vous donner signe de vie.

A bientôt; mes respects et mes amitiés pour madame Renan; mes baisers à vos enfants.

Tout à vous.

M. BERTHELOT.

XXXIII

A MONSIEUR BERTHELOT

Sèvres, 1er novembre 1869.

Cher ami,

Votre bonne lettre me remplit de joie. Je vous suis, je vous assure, à toute heure; et quoique Sèvres soit devenu pour moi assez triste, ce m'est une fête de songer au plaisir que vous devez avoir. Je n'ai pas vu la mosquée *El Azhar* (la fleurie). C'est, en effet, l'établissement où on peut le mieux juger de ce qu'est une université musulmane, de ce qu'était l'université de Paris sous Philippe-Auguste. Vous savez que la mosquée El Azhar est le centre de la propagande musulmane dans toute l'Afrique; c'est de là que partent les missionnaires : les degrés pris là ont une valeur extraordinaire dans tout l'islamisme occidental.

Ici, la situation se tend de plus en plus, la scission est virtuellement faite dans la gauche. Picard et Favre reculent; Simon est tiré à quatre chevaux et tout à fait contradictoire. Le parti de l'action prend de plus en plus le dessus. L'action ne peut être qu'une folie : n'importe, on marchera. C'est la conséquence des élections. Gambetta et Ferry se sont fait nommer en promettant des violences, de l'action à tout prix. Ils ont le choix entre une totale déconfiture, ou un casse-cou; ils iront au casse-cou. Voilà ce que c'est que de jouer avec la période électorale. La conscience politique est trop éveillée à Paris pour qu'il soit possible au député de ne pas tenir la promesse du candidat. Cela est très facile en province aux gens peu honnêtes; à Paris, cela perd infailliblement. Quand je dis que la gauche exaltée va à une révolution, j'entends qu'elle la tentera; mais je pense comme nous le disions, il y a un mois, que le peuple ne suivra pas. Le 26 octobre a été au fond une reculade; quand la révolution calcule, soupèse les chances et le danger, elle n'est plus la révolution. La loi de la révolution (et c'est pour cela que je suis de moins en moins révolutionnaire) est d'aller toujours de l'avant, sans réflexion ni regard en arrière. Il n'y a pas de révolutionnaires prudents. Comprend-on qu'un parti donne à des misérables et à des charlatans le droit de les engager?

Le spectacle de la période électorale qui s'ouvre va être des plus étranges. Tout le monde est acculé à l'impossible. C'est un crescendo effrayant; on dirait deux flots qui s'aheurtent et montent toujours. Il y aura un éclat. Le gouvernement aurait, s'il le voulait, des cartes admirables; mais il a l'air de dormir toujours. *Dormirà sempre*, à moins qu'il ne se livre aux fous fanatiques, tels que Jérôme David, qui feraient une sorte de nouveau coup d'État et une furieuse réaction. Les grèves, les prétentions socialistes hautement avouées, effraient beaucoup. Le peuple prend de plus en plus conscience de cette formule qu'il faut qu'il ait un 89, c'est-à-dire qu'il fasse à la bourgeoisie ce que la bourgeoisie a fait à la noblesse. Il est certain que la bourgeoisie avait eu tort de croire au caractère absolu de son idéal; mais il est certain aussi que ces idées, poussées au *summum* de la logique, aboutissent à la décomposition de la société. J'ai donné à la *Revue des Deux Mondes* l'article que j'avais composé cet été et où j'ai développé ces idées. Je tourne au sort de la pauvre Cassandre; puissé-je être mauvais prophète!

Je me reproche presque de vous ramener à ces images, vous qui nagez en plein ciel bleu. Je vous suppose aujourd'hui vers Ombos ou Esneh, et je rêve avec vous cette surprenante antiquité. L'Orient a certainement sa part de sagesse; cette grande mélancolie résignée a sa vérité. Revenez-nous tout de même gai, florissant, prêt pour la noble action, c'est-à-dire pour la recherche. Voilà l'unique et l'éternelle consolation. Nous quitterons Sèvres samedi prochain; nous avons eu des froids vifs ces jours-ci, et une matinée de neige épaisse sur les arbres couverts de neige; c'était très beau. Je vais tous les jours à Paris, travaillant avec acharnement à l'achèvement de ma mission. J'aurai fini, absolument fini, le manuscrit au 1er janvier. Cette dette me pesait, puisque tous les ouvrages de ce genre restent inachevés.

L'affaire (des autographes) Chasles tourne à un comique indicible. On a la bonhomie de faire une enquête; on a porté le ballot à la Bibliothèque impériale, département des manuscrits. C'est un fou rire; les dossiers de Dante, Pétrarque, Laure, etc., dépassent toute imagination. Dante signe tous ses sonnets *français* : *E. Dante*, etc.

Nous allons assez bien. Ne nous oubliez pas dans vos délices. Croyez à ma vive amitié.

E. RENAN

XXXIV

A MONSIEUR RENAN

Le Caire, vendredi 22 octobre 1869.

Mon cher ami,

Je vous adresse, à l'intention des vôtres, un journal de mon voyage, à partir de Paris. Cela vous rappellera votre odyssée...

..... Etiam meminisse juvabit.

Jeudi 7 octobre, vendredi 8. — Chemin de fer; c'est-à-dire à peu près la portion la plus fatigante jusqu'au jour présent.

Vendredi, samedi 9. — Marseille, séjour au grand hôtel du Louvre; embarquement à cinq heures du soir. Quelques voyageurs ont déjà perdu une partie de leurs colis. Cet incident se reproduira à chaque station; car ici (au Caire) les bagages se promènent sans numéro, ni surveillance, et arrivent à la grâce de Dieu; ce qui surprend, c'est qu'il y ait aussi peu d'erreurs de destination et de vols.

Dimanche 10. — On a dîné tous à table samedi soir. Vers trois heures du matin, le tangage se prononce et le mal de mer. A cinq heures, tangage et roulis; la crise est générale sur le bateau. Résumé : je n'ai dormi ni en chemin de fer, ni ma première nuit de mer, et je suis brisé.

Je n'ai plus eu le mal de mer pendant le reste de la traversée; mais je n'ai pu manger que du bout des lèvres, et le frémissement continu de l'hélice, joint au roulis et au tangage, ne m'ont laissé qu'un sommeil troublé, avec réveil toutes les heures. Somme toute la chose, quoique pénible, aurait pu tourner plus mal.

Lundi 11. — Vers minuit, on entre dans le port de Messine; mais on ne fait qu'y échanger les dépêches et on repart au bout de deux heures.

Le dimanche nous avions navigué le long de la Corse, dont les montagnes se profilaient à notre gauche. La traversée des bouches de Bonifacio, entre la Corse et la Sardaigne, au milieu d'une multitude de petites îles, rochers et récifs, est fort pittoresque. Nous avons vu là Caprera et la maison de Garibaldi : vus de mer, ce sont d'affreux rochers, à peu près sans verdure.

Le lundi après midi, nous avons circulé à travers les îles Lipari, qui sortent de mer, comme des masses rocheuses coniques. La Sicile nous abritait à ce moment contre le vent, et la mer était comme un lac : ce qui nous a procuré à tous quelque repos. Nous avons commencé à faire connaissance entre passagers : le navire (*Mœris*), l'un des deux plus grands paquebots des Messageries sur la Méditerranée, avait d'ailleurs un plein chargement, dont 89 invités. Savants et artistes (Gérôme, Fromentin, Berchère, Tournemine, etc.) se sont tâtés, en affectant beaucoup de sympathie : mais par la suite tout cela est retombé à son juste niveau de politesse et de froideur agréable. La suite des oscillations dans la température morale du bateau, si ce mot est de mise, était assez intéressante.

12, 13 et 14. — Pendant les trois derniers jours, on formait chaque jour des listes relatives au voyage du Nil et à la composition des bateaux. Puis les listes faites, il se déclarait des sympathies et des antipathies; la liste grossissait; les gens éliminés à la sourdine se plaignaient et la liste finissait par être déchirée et jetée à la mer. Après avoir participé à deux répartitions de ce genre, j'ai pris le parti de demeurer spectateur et de laisser faire les autres. Je me suis trouvé alors sur deux listes à la fois, celle des artistes et celle des savants, et on m'a mis en demeure d'opter; peine inutile, car notre voyage du Nil n'a rien de commun avec ce que nous avions imaginé, ou ce qui nous avait été dit à Paris. Nous allons partir vendredi sur un grand bateau plat, qui porte quarante cabines sur le pont, ou plus exactement vingt cabines à deux lits. Toutes les petites exclusions et calculs sont donc tombés dans l'eau : mais ils ont accusé les traits de caractère.

Deux antipathies générales : madame ***, femme auteur, qui a cherché en vain à s'accrocher à tout le monde, et qui, entre autres, après un quart d'heure de conversation avec moi, m'a pris pour un peintre; ce dont je ne l'ai ni assurée, ni détournée; et M. ***, du journal le ***, désagréable et cynique figure. Ils ont fini par rester seuls, ou à peu près, et je ne sais dans quelle compagnie ils vont remonter le Nil.

Nous avions aussi sur le bateau plusieurs dames fort aimables, de la famille de Lesseps, ainsi que madame Nubar assez souffrante, même en dehors du mal de mer, et sa fillette de douze ans. Ce sont deux figures originales. La mère a le type arménien, avec des dents blanches et brillantes et un profil accentué. La fille a je ne sais quoi d'inconnu en Europe, à la fois enfant et déjà femme, vive et gaie et sans cesse en mouvement au milieu de nous : je crois qu'elle ressemble davantage à son père.

C'est ainsi que nous avons passé nos trois dernières journées, à travers le roulis et le tangage, qui avaient augmenté au-dessous de la Sicile. Nous avons encore admiré le beau profil de l'Etna neigeux, entrevu la Crète dans les brumes de l'horizon. Puis rien, si ce n'est la mer bleue et profonde, qui s'étendait tout autour de nous jusqu'à l'infini. Les chocs incessants et impitoyables de l'hélice sur la mer troublaient le calme de nos jours et de nos nuits. La navigation à voile doit être préférable : mais elle est trop lente. Le pont du navire était balayé de tous les points par la brise, faible d'ailleurs, mais suffisante pour inquiéter les gens nerveux; d'autant que l'absence de nourriture les rendait plus impressionnables. C'est à grand peine qu'on trouvait quelque coin exempt de courant d'air.

La gaieté de M. Balard et son égalité d'âme ravissaient tout le monde et lui gagnaient tous les cœurs. Quant aux autres, les avis étaient partagés. Théophile Gautier, qui s'est cassé le bras le premier jour de navigation, a dû rester au Caire; il va bien, du reste.

Enfin le vendredi 15, le matin, la mer a soudainement changé de couleur; elle est devenue verte, et le passage du bleu au vert s'est opéré par une ligne tranchée : c'était le Nil qui venait nous rejoindre, en étendant sur l'eau salée ses eaux plus légères, comme une nappe immense et chargée d'un limon jaune. Pendant plusieurs heures nous avons navigué dans ces eaux vertes : à l'horizon s'est dessinée une côte plate et basse, où quelques palmiers faisaient seuls saillie. Puis l'île de Pharos, les forts actuels, puis le port, où nous sommes entrés à dix heures, au milieu de la confusion des barques et des langues; entourés de visages bruns et noirs, de têtes barbues, de nègres crépus et aux grosses lèvres. Nous avons déjeuné une dernière fois sur le *Mœris*, fait nos adieux à l'équipage (le capitaine était malade) et nous avons passé sur un vapeur égyptien, envoyé pour nous et nos bagages. Au débarquer, nouvelle confusion, partage entre trois hôtels officiellement désignés : les bagages s'évanouissent et ne se retrouvent que le soir, après de longs efforts.

Ainsi, le vendredi 15 fut le jour de notre arrivée à Alexandrie, ville malpropre et malsaine, habitée par des Grecs et des Italiens, toute différente du reste de l'Égypte. A peine débarrassés de l'hôtel, des bagages, etc., nous prîmes des voitures pour visiter les curiosités de la ville, c'est-à-dire la colonne dite de Pompée, qui porte aussi le nom de Dioclétien, mais qui est plus ancienne. Nous y fûmes assaillis par une bande de mendiants effrontés, de tout âge et de tout pays, au milieu de la place aride et sablonneuse que domine cette haute colonne. Près de là, l'aiguille dite de Cléopâtre, au bord de la mer.

Ce qu'il y eut de plus intéressant fut la visite aux jardins du vice-roi. Une dérivation du canal Mahmoudié y a fait naître une splendide végétation de palmiers, bananiers, plantes rares et tropicales de toutes espèces; c'était la première vue de l'Orient. Mais, par un contraste qui se retrouve ici partout, cet ensemble féerique était censé égayé par un concert qui sortait d'une rotonde vitrée.

Nous fûmes accueillis par la *Femme à barbe* et *Rien n'est sacré pour un sapeur*. Comme notre venue n'était pas prévue, il paraît que cette musique est aujourd'hui le summum du goût pour les Alexandrins qui se promènent dans ce lieu de plaisance (ouvert seulement le vendredi), en grande et élégante toilette, hommes et dames. Mais le jardin est assez vaste pour qu'on puisse s'isoler.

Le lendemain matin, nous courions en chemin de fer à toute vapeur vers le Caire, en traversant des plaines vertes et fertiles. Les Pyramides apparurent à l'horizon. Nous les avons revues du Caire, puis du Nil, mais toujours à distance et séparées de nous par l'inondation.

C'est ainsi que nous entrâmes dans le Caire, vers une heure, le samedi. La chaleur du climat et plus encore l'éclat de la lumière nous éblouissaient; c'est à peine aujourd'hui si je commence à pouvoir regarder autour de moi hardiment et à jouir de l'étincelant coucher du soleil, s'épanouissant sur le miroir immobile du Nil, tour à tour bleu, rouge orange, jaune de soufre, puis couleur de plomb fondu sur une immense étendue; tandis qu'à l'opposé la chaîne arabique jaune d'or se détache sur un ciel d'un bleu sombre.

Au Caire, nous nous sommes trouvés en pleine vie musulmane, avec un fort élément européen (italien surtout); nous y sommes restés du samedi 16 au vendredi 22 : nous avons commencé à nous acclimater.

Donc, le samedi 16 arrivée au Caire : bagages, hôtels, nous sommes fort bien traités, même avec trop de vin. Je vais voir Mariette dans son musée de Boulaq au bord du Nil, qui deux jours auparavant inondait le jardin.

Mariette me reçoit avec plaisir; mais il était trop absorbé par cette multitude d'Européens et par l'impératrice. J'ai vu aussi Gaillardot à Alexandrie et je lui ai donné votre lettre. Mais lui aussi était absorbé.

Le dimanche 16, le Caire a pu être vu réellement pour la première fois. C'est au bazar qu'il faut le visiter. Une grande rue non pavée, où l'on circule à la fois à pied, à âne, à cheval, à chameau, et dans des calèches à quatre places, au milieu d'une incroyable activité. C'est une vraie fourmilière.

C'est un aspect singulier que celui de cette population de nègres et d'Égyptiens à la figure grave et douce, au milieu desquels nous circulons. A droite, à gauche, souvent des rues plus petites, également remplies de boutiques. Ces rues sont couvertes, pour protéger les passants contre le soleil. Les boutiques, petites, et ouvertes sur la rue, sans devantures, ressemblent à ces boutiques que l'on a essayé d'établir à Paris sous le chemin de fer de Vincennes. Elles sont surmontées d'étages en surplomb, avec balcons couverts et grillagés en bois, souvent fort élégants. Chaque rue est consacrée à un corps de métier : nouveautés, étoffes, travail du cuir, armes, poteries, fruits, chaudronnerie, etc. Le marchand se tient accroupi à son poste et attend le chaland. Mais nous ne pouvons discuter avec eux sans drogman, faute de savoir la langue. Nous allons partout en voiture ; ce qui, joint au gaz et à ces nombreux visages d'Européens, contraste étrangement avec l'aspect oriental de ces autres figures et de ces boutiques. C'est un monde musulman envahi et dominé par le flot grandissant des Européens.

Le soir, je vais voir les tombeaux des sultans mameluks (xiiie-xve siècles), monuments d'une élégance et d'une finesse ravissantes et qui rappellent singulièrement les édifices italiens de la même époque. Ces tombeaux sont tous du même style, plus ou moins beaux, situés en plein désert, au milieu de collines de sable et de cailloux. C'est une enceinte carrée, souvent à ciel ouvert, avec une fontaine au milieu, recouverte d'un petit dôme. Autour, divers édifices également carrés, dont l'un renferme le tombeau proprement dit, l'autre la chaire de l'iman ; le tout couvert de dessins légers et charmants, ornés de motifs en arabesques d'une admirable variété, en pierres plus ou moins précieuses, en émaux colorés, en nacre, etc.

L'édifice entier est dominé par le léger minaret, qui s'élance dans le ciel avec sa double couronne de balcons. Le thème qui se reproduit partout est celui de la mosquée en général ; car ces tombeaux, aujourd'hui ruinés, ont été des mosquées.

En y allant nous avons rencontré une noce arabe, avec sa musique enragée et sa mariée complètement voilée. Çà et là les femmes demi-voilées. Les plus riches ont une sorte de nasal doré, appendice allongé qui recouvre le nez et sert de lien au voile.

Retour à la place de l'Esbékié, jadis grand jardin, aujourd'hui divisé en lots à palissades, à la façon du Luxembourg.

Lundi 17. — Le matin visite au consul, à Nubar, au khédive, etc. — A midi déjeuner à l'hôtel, sieste jusqu'à trois heures. — A trois heures, je vais visiter le bazar, mine inépuisable d'observation.

Le soir nous allons, par invitation, inaugurer le cirque.

Mardi 18. — Le matin visite à la citadelle et à la mosquée de Mehemet Ali : on domine de là le Caire et l'immense plaine inondée. Dans le lointain les Pyramides, que nous n'avons pu voir encore de près. — La mosquée est curieuse à visiter pour compléter l'étude historique de ce genre d'édifices. Le double minaret s'est réduit à une aiguille grêle et peu agréable. Mais cette mosquée domine la ville et se voit de partout à plusieurs lieues à la ronde.

A la descente, la mosquée de sultan Hassan, la plus vaste et la plus belle des mosquées actuelles : malheureusement on l'a badigeonnée et on l'a peinte en blanc et en rouge à l'extérieur, suivant l'usage de toutes les municipalités.

Puis la mosquée de Touloun (xe siècle), dépôt de mendicité. La cour centrale est immense, découverte, entourée de galeries et de logements. Au centre de la cour, comme toujours, une source sous un dôme.

Mosquée d'Amrou, fondée au vii° siècle, prototype : c'est une fontaine ombragée au centre d'une cour, entourée elle-même par un triple rang de colonnes, en forme de cloître couvert; ce thème est le même que celui de El Azhar; mais la mosquée d'Amrou est ruinée, et celle d'Azhar vivante et animée. La formule est en somme celle des maisons de Pompéi, mais agrandie : le charme de l'eau et de la fraîcheur dans ces pays brûlants l'a créée.

Après midi, visite au vieux Caire (ancienne Babylone); on nous montre surtout le quartier cophte, couvent cophte et couvent grec, dans une enceinte formée par des portes massives et avec ce parfum des vieilles choses qui vous réjouit si fort.

Vous voyez que je ne vous épargne rien de mes impressions : si cela ne vous apprend sans doute pas grand'chose de nouveau, cela du moins rafraîchit vos souvenirs et nous permet de revivre ensemble notre vie interrompue. Tous mes compliments à madame Renan.

Tout à vous

M. BERTHELOT

XXXV

A MONSIEUR RENAN

Sur le Nil, octobre novembre 1869.

Mon cher ami,

Encore une nouvelle phase du voyage! nous sommes partis hier matin après avoir couché à bord sur le *Behera*, grand bateau à vapeur, avec cabines sur le pont. On nous a accumulés jusqu'au nombre de quarante-trois, auxquels viennent se joindre douze autres personnes aux heures des repas; lesquelles nous suivent la nuit en dahabié. Malgré cette agglomération le voyage commence assez bien. Mais jusqu'ici nous n'avons rien visité, le Nil débordé ferme la route des Pyramides, de Sakkarah, des grottes de Beni Hassan, toutes localités que nous devons voir seulement au retour. Partis à sept heures du matin, nous nous sommes arrêtés seulement le lendemain à trois heures du matin à Béni Souef.

Ce soir nous marcherons jusqu'à Minieh, que nous atteindrons vers minuit, s'il plaît à Dieu et aux bancs de sable, sur lesquels nous engravons de temps en temps. Demain nous marcherons encore jusqu'au soir jusqu'à Siout, etc.

Le plan du voyage est tout à fait changé, à cause du Nil débordé. C'est l'aller qui se fait à grande vitesse et les visites sont réservées pour le retour.

En attendant, nous glissons sur le vaste fleuve limoneux, agité de vagues légères entre ses rives noyées. D'un côté, c'est l'inondation, avec les palmiers sortant de l'eau, les huttes de terre pyramidales, ou plutôt cylindriques, des fellahs; les plaines couvertes d'un maïs vert, les mimosas aux fleurs jaunes. C'est l'Égypte végétante et verte. De l'autre côté la chaîne arabique s'élève à 200 mètres, jaune et étincelante, réverbérant sur nous une chaleur à peine supportable.

Voici l'emploi de la journée sur le Nil. Le matin je me lève à sept heures et je vais me promener sur la dunette, par un soleil déjà vif, mais avec un temps frais et agréable. De temps en temps, on cause, on rentre dans la cabine (nous y sommes deux dans un espace un peu plus grand que celui de quatre places en mer). A onze heures, déjeuner. On ne ménage pas la nourriture. Puis allers et venues. Vers midi, la chaleur augmentant sans cesse, et jusqu'à deux heures, sieste ou demi-sieste. C'est vers deux heures que je vous écris. Le temps devient plus frais et se refroidit tout à coup vers six heures, au moment du coucher du soleil, qui est magnifique de ton sur les palmiers et sur la montagne. On se couvre, on rentre, on dîne à sept heures. A huit heures on se promène sur le pont, puis on rentre se coucher. Ce serait monotone, sans les visites aux monuments qui nous sont promises.

26 octobre. — Encore deux jours sur le Nil, sans autre vue que celle du paysage, qui est splendide, et la visite de Siout, ville égyptienne fort accentuée. On nous a régalés le soir d'une danse d'almées : c'est un spectacle singulier, qui nous reporte au temps de la prostitution sacrée, mais que la présence et la tenue de quelques Européens rendent odieux et immonde. Ce n'est tolérable que comme phénomène historique.

Nous défilons aujourd'hui près des falaises de la chaîne Libyque, par une température humide de 33°. Une baisse à 31° semble un soulagement délicieux. De l'autre côté la plaine à fleur d'eau, couverte de maïs, de sorgho, avec les villages fellahs et leurs troupeaux de buffles, moutons, chevaux, etc. Çà et là au pied de la falaise, quelques brins de verdure, quelques palmiers, la coupole de quelques tombeaux isolés. Dans la falaise même, les ouvertures des tombeaux antiques; puis le Nil tourne et s'épanouit en un cercle immense. Demain à Denderah, qui aura notre deuxième visite. Toujours sans nouvelles de France. Nous voici à près de 130 lieues du Caire.

27 octobre. — Navigation, moustiques, mouches, etc., en un mot toutes les plaies d'Égypte. L'après-midi, visite à un santon, sorte de chimpanzé nu et hideux, accroupi depuis trente ans au bord du Nil. Les hommes de l'équipage lui baisent les mains avec vénération. Ses articulations sont ankylosées et il en est devenu incapable de tout mouvement. Mais il est entouré de disciples qui le soignent, parce qu'ils vivent des aumônes. Il porte aux épaules les traces de brûlures, produites par les grands feux dont on l'entoure en hiver. Voilà l'image des stylites et des solitaires de la Thébaïde, sur lesquels saint Jérôme a fondé de si jolis romans.

28 octobre. — Enfin voici une première visite de monument : le temple de Denderah, l'un des plus complets et des mieux conservés. On s'y rend à âne, à travers un paysage agréable, demi-inondé jusqu'auprès du temple enterré dans le sable. Un village de fellahs était installé sur les ruines; on l'a démoli et ses débris surmontent encore les terrasses. En approchant, la lumière était si vive que l'édifice semblait une masure étroite; mais arrivés devant, les proportions devinrent gigantesques. Les photographies ne donnent qu'une idée bien imparfaite de ces monuments.

Nous sommes entrés par la porte carrée; nous avons suivi la longue avenue, puis pénétré sous les hautes colonnes du péristyle, dans les grandes chambres et dans les allées latérales. Nous avons monté lentement les escaliers intérieurs, parcourus autrefois par les processions, et dont les parois retracent jusqu'au moindre détail des rites qu'on y accomplissait. Ceci ressemble étrangement aux cérémonies catholiques : l'Égypte est aux origines des religions modernes.

Nous sommes ainsi montés sur la terrasse jusqu'à la chapelle des douze mois(?), soutenue par douze colonnes; puis nous avons redescendu de nouveaux escaliers, jusqu'à la chambre du rez-de-chaussée. L'effet est grandiose, quoique l'ornementation soit imparfaite et d'une basse époque (Néron). J'ai recueilli l'estampage d'une tête de Cléopâtre-Isis, fort belle et caractéristique.

Retour à travers les champs inondés, sur une chaussée construite pour l'impératrice, qui nous apportera dans deux jours des lettres de Paris (nous l'espérons du moins). A droite et à gauche, grouillent des hommes, des enfants, les troupeaux. Les buffles se plongent dans l'eau avec délices et excitent notre envie. Sur la rive on a abattu des palmiers à fruits. On passe le Nil et on se trouve à Queneh, à onze heures du matin; chaleur torride : 34 degrés. Vent du désert : à huit heures du soir on avait encore 34 degrés sur la dunette.

Nos cabines, situées sous la dunette, sont échauffées pendant le jour à un degré intolérable, et les mouches nous persécutent au point de rendre la lecture et les occupations manuelles presque impossibles. Il faut plus de dévouement que vous ne sauriez croire pour écrire des lettres dans ces conditions. Une main occupée à chasser les mouches, pendant que l'autre écrit sur une table, qui trépide par le mouvement du bateau.

Acheté des dattes, poteries, etc., à Queneh; ces dernières dans l'intention de nos amis de France.

Dieu sait ce qu'il en arrivera à Paris; mais il faut s'occuper. Le soir, almées. Je n'ai pas été les voir, les deux premières représentations m'ayant suffisamment édifié. Le sommeil de la nuit nous a reposés des chaleurs du jour et nous voici le 29, courant depuis trois heures du matin à toute vapeur vers Louqsor et Thèbes, où nous serons dans quelques heures et où commenceront de nouvelles visites, toujours par une chaleur intense.

Le 29, nous sommes donc arrivés à Thèbes vers midi, ou plus exactement à Louqsor sur la rive opposée. Là deux temples ruinés et l'obélisque jumeau de la place de la Concorde. A trois heures, nous sommes partis pour Karnak. C'est l'amas de ruines le plus gigantesque qu'on puisse imaginer. Sur une surface de plusieurs kilomètres carrés, on voit entassés les pylones, les allées de sphinx, les salles énormes, à colonnes de 20 ou 30 mètres de hauteur et à chapiteaux colossaux, encore revêtus de leurs couleurs bleues et rouges. Au milieu d'une vaste cour se dressent des obélisques, dont l'un est tombé en travers, cassé par le milieu. Les cariatides, énormes et aujourd'hui mutilées, s'élevaient au milieu d'un étang formé par l'inondation et nous circulions en sautant de fût en fût, à travers l'eau et la boue. Nous avons ainsi visité un temple intérieur en granite rose, et une chapelle où se trouve la figure d'Alexandre. Car cet immense monument, construit par Ramsès II, a été augmenté de temps à autre, pendant deux mille ans, d'annexes nouvelles, jusqu'au temps des Romains. Mais tout est ruiné et la ruine augmente tous les jours. Non seulement la révolte et la guerre ont passé bien des fois par là, mais aussi les tremblements de terre, sans parler des vices de construction.

Les Temples sont aujourd'hui au-dessous du niveau du Nil inondé, qui y pénètre par infiltrations et ronge peu à peu la base des colonnes, qui se nitrifient, et jusqu'au granite rose, qui se détache par feuillets successifs.

Le 30 fut la journée la plus pénible, tant à cause des lieux que de l'organisation imparfaite de l'expédition. A cinq heures nous nous levâmes ; à six heures on passa le Nil en barques, ce qui dura une heure. A sept heures, on aborda sur le rivage limoneux dans les champs de doura, sorte de millet en forme de roseaux de deux mètres de haut.

Là les ânes et les âniers nous attendaient dans la confusion. Chacun prit ce qu'il put, au milieu des réclamations. L'un des assistants, membre de l'Institut, se trouvant maltraité, s'écria même que les ânes devraient être donnés *par ordre hiérarchique*. C'est qu'il oubliait les pourboires.

On partit le long d'une digue sablonneuse et interminable, chacun se tirant d'affaire sans guides, sans drogmans et avec des âniers moitié moins nombreux que les ânes. Une demi-heure après, nous entrions dans le désert aride et nous nous engagions dans la vallée Libyque, qui conduit aux tombeaux des rois.

Cette vallée est la chose la plus affreuse que j'aie vue encore : à droite et à gauche, deux montagnes calcaires et cailloutouses en ruines, et dont les débris

entassés par masses confuses sont épars çà et là.
Sous nos pieds, les cailloux, le sable fin et fatigant,
une masse de mouches vives et irritantes, attachées
à chacun de nous; sur nos têtes un soleil ardent
et une température qui a fini par monter à plus de
40 degrés. Chacun sur son âne, trébuchant dans le
sable; les yeux mal protégés par ses lunettes, la tête
à peine préservée par le chapeau, le turban et les
enveloppes multipliées dont nous l'avions pourvue,
sans oublier l'indispensable ombrelle à double couverture. C'était un spectacle risible. On marcha ainsi
jusqu'à neuf heures, et la chaleur montait toujours,
répercutée par la montagne en ruines. Enfin, on
arrive aux tombeaux.

Là, nouvelle aventure : les bougies avaient été
oubliées, et nous nous trouvions soixante avec une
seule bougie, dans un souterrain où l'on descend par
des pentes rapides et où s'ouvrent çà et là des puits
profonds et sans margelles. On visita donc à grand'
peine les peintures de cette tombe (Séti Ier), la plus
belle de toutes : on y voit jusqu'aux tracés des dessins, interrompus avant l'exécution complète par la
mort du roi auquel elle était destinée.

On se remit en route, à pied cette fois, pour gravir
la montagne, et par un sentier circulant au bord
d'horribles falaises, toujours formées non de roches
à arêtes vives, mais de calcaires en décomposition
feuilletée, sans un atome d'herbe, ou d'eau, ou de vie.

On arriva à un temple de Deïr-el-Bahari, où l'on

devait déjeuner. Mais là, nouvel incident! Les vivres, dirigés au hasard, avaient été rencontrés par quatre coulissiers, agents de change marrons, et gens du Jockey-Club, qui avaient détourné les chameaux et pillé les vivres avec le plus parfait égoïsme. Ils refusaient même aux dames le vin et les verres (car nous avions avec nous trois dames, parentes ou amies de M. de Lesseps). On déjeuna donc sur place avec les débris, ayant pour tout abri une masure de quatre mètres carrés, où s'empilèrent soixante personnes.

Les cavas auxquels nous étions soi-disant confiés, après avoir laissé piller les vivres, ne jugèrent pas à propos de nous prévenir qu'à vingt mètres de là on avait préparé des nattes, de l'abri et de l'eau fraîche dans un hypogée. Nous ne l'avons su qu'au retour. La situation était si intolérable qu'à midi, en plein soleil, nous partîmes une vingtaine pour aller à une heure de là, à travers la montagne, rejoindre les chauds abris du Ramesseum.

Le Ramesseum nous reçut donc, sous ses colonnes ruinées et près des colosses de granite, brisés et gisant à terre. Mais le repos ne nous attendait pas là; indépendamment des mouches, nous fûmes enveloppés par les indigènes, qui nous offraient avec une persistance égale à celle des mouches, qui une tête, qui un pied, qui un morceau de bois provenant des caisses de momies, qui un morceau de toile de même origine, qui un faux scarabée, qui une fausse statuette (il y a près de là une fabrique de fausses antiquités). D'autres proposent de l'eau (l'eau noirâtre tirée des puits de momies), d'autres du café; d'autres veulent changer les monnaies; d'autres montrent des scorpions vivants, etc. Nous avons autour de nous trois à quatre cents individus, de tous sexes et de tous âges, que nul refus ne rebute ni n'éloigne. Malgré notre calme, quelques-uns finissent par recourir au bâton, quoique avec mollesse.

Ainsi se passa la chaleur du jour. Il était convenu que l'on partirait à trois heures seulement; mais la majorité impatientée partit à deux heures fort imprudemment et sans prévenir les gens qui *comme moi* avaient trouvé tant bien que mal un abri ombragé. Nous nous trouvâmes donc cinq à l'état d'épaves vers trois heures : mais quatre cavas et quelques mauvais ânes étaient restés. Nous cheminâmes le long des tombes ruinées, ouvertes sous la terre, et entre lesquelles nous étions à chaque pas exposés à tomber, au milieu du sable et du désert. A notre gauche s'élevaient les colosses de Memnon, également entourés par l'inondation, qui ne nous a pas permis d'en approcher. Un temple encore, puis le sable, puis la digue interminable. Enfin le bateau à vapeur nous attendait et nous repassa de l'autre côté, à Louqsor.

Mais l'un de nous manquait à l'appel, Marcel Bertrand. Je m'occupai de suite de faire donner des ordres pour le rechercher, car la nuit était venue. On laissa donc des Arabes pour le chercher et des barques pour le ramener. Nous ne le revîmes qu'à neuf heures du soir. La traversée du Nil en barque contre le courant avait exigé deux heures.

Le lendemain 31, nouvelle course : à quatre heures précises, lever; à six heures, on s'embarque, on retrouve les baudets et l'on va à Medinet Abou, centre de l'ancienne Thèbes.

Palais et temples, avec figures des victoires de Ramsès, de ses captifs, de ses batailles sur terre et sur mer, etc.

A onze heures, on était de retour sur le rivage, où le bateau à vapeur devait venir nous prendre; mais là nous attendait une pénible déception. Il y a eu une heure de retard, par un soleil torride et au milieu des lamentations.

Vous voyez que notre route est un peu agitée. Ce n'était pas la fin : à cinq heures arrivent les cinq vapeurs de l'Impératrice; chacun attendait ses lettres comme une manne céleste. Elle nous envoie seulement un paquet de journaux. Nous avons su depuis qu'elle avait refusé de laisser embarquer le petit sac des dépêches sur un des vapeurs (comme le consul, au Caire, nous l'avait promis), en disant qu'*elle n'était pas un facteur rural*, et personne de sa suite n'avait osé le prendre. Nous ne l'avons su que le lendemain, c'est-à-dire aujourd'hui 1er novembre.

Nous avons eu seulement les journaux de France jusqu'au 17 octobre et les dépêches annonçant que le 30 il est tombé à Fontainebleau deux pieds de neige : vous devez avoir eu bien froid! Nous sentons d'autant plus le contraste que pendant ce temps nous nous promenons dans la chaîne Libyque par une chaleur de 40 degrés, réverbérée par les rochers calcaires. Marey a pris une insolation ; les autres vont bien.

Ce matin on est parti et nous arrivons à Esneh, où se trouve un grand temple de l'époque romaine. La couleur locale s'accentue dans cette ville : on voit que l'on s'avance de plus en plus vers les pays du soleil. Les têtes nubiennes apparaissent de tous côtés. Le coton vient en pleine terre et la canne à sucre. Nous avons laissé au nord les orangers. Le soir l'éternelle danse d'almées, dont on croit nous amuser, et qui finit par fatiguer tout le monde.

2 novembre. — On part à trois heures du matin, à onze heures Edfou, que nous visitons par un soleil ardent, sous une température de 34 degrés, entre midi et deux heures ; c'est le temple le mieux conservé de l'époque ptolémaïque. On nous a préparé des jeux et la danse de l'Épée et du Bouclier par les Bicharis, tribu du désert. Ces danses ont une couleur surprenante. Ce sont les guides du désert. Presque nus, armés d'une large épée (ou d'un javelot), ou d'un bouclier en peau d'hippopotame, ils s'escriment deux à deux, et poussent des cris de bêtes féroces, en montrant leurs dents blanches, et secouant leurs têtes, couvertes de cheveux frisés systématiquement par longues boucles verticales. Le tout accompagné par la musique indescriptible d'un homme qui joue d'une sorte de guitare. On est transporté dans un autre monde, plus éloigné encore que l'Égypte, et tout à fait barbare. C'est ce que nous verrons mieux encore demain; car nous irons demain soir à Assouan.

3 novembre. — Nuit déplorable au milieu des rochers et par le vent du sud. Agitation nerveuse qui réagit sur le moral de tout le monde. Enfin voici le matin. Carrières de grès et petite grotte à sculptures élégantes. On a vu hier pour la première fois un crocodile dans le Nil et un serpent naja dans les millets : ce qui était plus dangereux. En somme, la santé générale est bonne, malgré les misères de la chaleur et de l'entassement.

Nous allons précéder à Assouan l'impératrice : chose heureuse, car ses bateaux font la rafle des provisions.

Toujours le Nil jaune, entre deux rives arides et rocheuses.

M. BERTHELOT

XXXVI

Assouan, 4 novembre 1869.

Nous sommes arrivés hier à Assouan, tous en bon état, comme a dû vous l'apprendre une dépêche envoyée à ma femme; dépêche qui a été l'occasion entre nous des discussions les plus prolongées. Mais il est inutile de vous raconter ces misères! J'ai entendu quelqu'un prétendre que c'était le caractère ordinaire des voyages sur le Nil d'amener des discussions perpétuelles entre les personnes qui naviguent sur ce fleuve. Chez nous la chose ne se conçoit que trop, eu égard à l'extrême étroitesse de l'espace dans lequel nous sommes confinés; ce qui multiplie les frottements, au moral comme au physique. D'ailleurs, nous sommes quarante-trois sur ce bateau, et qui a jamais vu quarante-trois personnes indépendantes marcher d'accord pendant un mois, lorsqu'elles ne peuvent se quitter ni de jour ni de nuit? Au surplus, malgré ces vétilles incessantes, il n'y a eu aucun incident sérieux.

Hier soir, visite à l'impératrice, qui nous a atteints de nouveau, et qui demain va nous dépasser. Feu d'artifice et feux de Bengale au milieu des palmiers, ce qui est d'un effet étrange.

Ce matin, nous nous sommes répandus dans la ville, qui a un caractère plus chaud et plus brûlé du soleil que ce que nous avons vu jusqu'ici. Le Nil semble se fermer comme un lac, au milieu des montagnes granitiques. Derrière la ville nous avons visité la vallée des tombeaux, en plein désert, au milieu du sable, des pierres et du granite rose. Cette après-midi, 35 degrés. Nous allons voir l'île Éléphantine. C'est un amas de ruines anciennes et modernes, habitées par une population misérable. En revenant, on passe devant le débouché de la cataracte, en ce moment nivelée par les eaux.

5 novembre. — On part à cinq heures du matin pour l'île de Philæ. On traverse le désert pendant deux heures. Aspect nouveau et formidable. Une route de sable, tracée par les grandes lignes d'une vallée, entre deux rangées de montagnes granitiques. Celles-ci sont formées de blocs énormes et incohérents, arrondis sans doute par l'action de l'eau et empilés jusqu'à d'énormes hauteurs. Les grès de Fontainebleau représentent, mais réduits au centième, un aspect de ce genre. Du reste, ni herbe, ni vie sous aucune forme; sauf des oiseaux assemblés çà et là sur les blocs roses. Le soleil se lève peu à peu et nous débouchons devant Philœ, petite île charmante, avec une ceinture de palmiers. Elle est entièrement couverte par des ruines, deux temples; l'un surtout, du temps de Trajan, est d'une délicatesse ravissante. Là on déjeune; toasts et discours ébouriffants! nous nous retirons, Tournemine, Chenevières et moi, sous un frais abri de palmiers pour y faire la sieste.

Vers une heure, nous jetons un coup d'œil sur la rive, et à notre paisible quiétude succède un tout autre sentiment. On avait affiché le matin l'ordre du jour, d'après lequel on devait redescendre à trois heures la cataracte en dahabié. Or, il n'était qu'une heure, et la dahabié chargée de monde filait sous nos yeux à grande vitesse vers la cataracte. Pendant que nous reposions, la majorité avait décidé de partir de suite, et était partie en effet, en abandonnant sept personnes non prévenues. C'est l'incident perpétuel du voyage. A grand'peine nous nous fîmes repasser à terre. Discussion avec le cavas, avec les patrons des barques, avec le chef des bateliers de Philœ, qui avait l'ordre formel de nous fournir une seconde dahabié, à ce que nous a affirmé notre commandant le soir : nous nous en doutions, mais il a été impossible de vaincre l'entente établie entre le cavas et les gens du pays, et nous dûmes faire une seconde fois la traversée du désert. M. Balard, Tournemine et Chenevières, impatientés, partirent à une heure, en plein soleil, et les deux derniers y gagnèrent une légère ophthalmie. Les quatre autres personnes attendirent trois heures pour partir. A ce moment la traversée fut tolérable. Nous rentrâmes à cinq heures et demie à Assouan. Le voyage a atteint son terme extrême.

6 novembre. — Nous partons : le temps a changé, la température, par un ciel couvert, n'est plus que de 26 degrés, ce qui nous semble une délicieuse fraîcheur. Elle va remonter un peu plus haut, mais nous ne reverrons plus les 35 degrés qui nous accablaient. Ombos, Gebel-Silsileh, etc., défilent rapidement : ce soir nous serons à Louqsor. Nous avons encore à voir Beni-Hassan et les Pyramides. Dans cinq jours nous retrouverons le Caire et l'inauguration du canal de Suez.

7 novembre. — Navigation de Louqsor à Queneh, où l'on nous a promis les lettres. On arrive à dix heures. Déception complète. Les Allemands, les Espagnols ont les lettres. Mais le consul de France n'a pas daigné s'en occuper, malgré la demande réitérée qu'on lui en avait faite. Dieu sait ce qu'elles sont devenues !

8 novembre. — On arrive à Girgeh, et l'on décide

qu'il faut absolument voir Abydos, malgré les résistances de notre commandant. On reste donc à Girgeh jusqu'au soir. La course devait être de douze à treize heures, à cause de l'inondation qui a coupé les chemins directs par la plaine. On part donc le 9 novembre, à cinq heures du matin.

Cette course a été la plus agréable du voyage, malgré sa durée (on n'en est revenu qu'à dix heures du soir et il y a eu dix heures à âne, c'est-à-dire quinze lieues environ). Nous avons traversé d'abord la plaine égyptienne, et nous l'avons vue sous ses aspects les plus variés. Vastes surfaces couvertes d'eau et de canaux, digues interminables rompues çà et là. Les ruptures étaient passées dans des bateaux préparés d'avance. Puis voici les surfaces émergentes, la terre à fleur d'eau. A peine y a-t-il quelques pouces découverts que le fellah arrive, laboure, c'est-à-dire gratte la terre avec une charrue de bois toute primitive; il ensemence, et quelques jours après la plante sort de terre, puis elle grandit en moisson de blé, de doura, de maïs, de coton, de sorgho, de cannes à sucre, etc. Toutes les phases de la végétation, depuis le champ inondé jusqu'à la récolte, coexistent à quelques mètres d'intervalle, suivant le temps écoulé depuis le retrait des eaux, c'est-à-dire selon les niveaux. Çà et là de gros villages. Après trois heures et demie de marche, nous traversons une dernière rupture de digue et nous descendons sur la plaine de sable aride, au pied de la montagne calcaire.

Une heure encore à travers le sable, où les baudets avancent péniblement et qu'un vent violent nous jette à la figure, et voici les ruines d'Abydos. La principale est un temple bâti par Séti Ier et Ramsès II, son fils, le Sésostris légendaire. La forme en est singulière : double salle hypostyle avec les grosses colonnes et au fond sept nefs parallèles. Le plafond est formé de pierres plates, entaillées en forme de voûte ronde; c'est l'apparence de notre voûte, mais non la réalité; car elle n'est pas formée de pierres juxtaposées se soutenant entre elles, mais constituée en encorbellement. Dans un couloir latéral, la fameuse liste des soixante-seize noms de rois, ses prédécesseurs, auxquels Ramsès adresse son invocation, etc. Cependant nous étions à jeun depuis cinq heures du matin, et à midi il s'agissait de déjeuner. Les chameaux chargés de nos victuailles n'arrivèrent qu'à une heure; ce qui refroidit l'enthousiasme.

A deux heures nous repartons. Nous traversons de nouveau la plaine stérile et sablonneuse, l'eau, les digues interminables, puis la seconde plaine fertile, les digues encore, à la clarté de la lune. Rompus, harassés, mais contents, nous remontons sur notre bateau.

10 novembre. — Navigation jusqu'à Siout. A une heure, les bateaux de l'impératrice nous croisent; elle n'a pas été jusqu'au bout, et elle voyage d'une manière illusoire, sans s'arrêter à rien voir, parce qu'elle ne comprend guère ces choses.

11 novembre. — Les grottes de Beni Hassan. Le commandant et Lepsius voulaient (je ne sais pourquoi en ce qui touche ce dernier) nous faire supprimer cette visite; mais nous avons tenu bon, et avec raison. Ce sont des grottes funéraires, taillées dans la montagne trois mille ans avant notre ère, avec de belles colonnes doriques, qui se trouvent ainsi antidatées de vingt-trois siècles. Sur les parois, des représentations en fresques coloriées de la vie pastorale, antilopes, buffles et autres troupeaux, première apparition des pasteurs sémites comme tributaires des Égyptiens, etc.; le tout un peu pâli et effacé, cependant encore facile à distinguer.

Je ferme ma longue lettre, qui partira par Minieh ce soir et rejoindra à Alexandrie le paquebot du 14. Nous n'avons encore aucunes nouvelles, ni lettres de France. On prétend qu'elles ont été jusqu'à Assouan après nous et qu'elles reviennent maintenant vers le Caire. Je crains que les premières lettres ne soient perdues; enfin nous serons au Caire dans deux jours et nous y trouverons au moins les secondes lettres; car nous sommes affamés de nouvelles.

Tout à vous.

M. BERTHELOT

QUATRIÈME SÉRIE

(1870-1872)

QUATRIÈME SÉRIE

(1870-1872)

I

A MONSIEUR BERTHELOT

Storen, près Drontheim, 11 juillet 1870.

Mon cher ami,

Notre voyage se continue fort heureusement. Temps admirable, navire excellent et d'une marche étonnamment rapide, bonne humeur de tous. La petite course à Inverness m'a ravi; cela vous plairait beaucoup. Il faudra que quelque année vous fassiez ce voyage-là. C'est une toute petite nature, mais exquise de détails, et dont l'homme a tiré un charmant parti. La navigation des côtes de Norvège est délicieuse; on ne sort pas des îles et des fiords; tout cela fait une Suisse submergée à 2 000 mètres d'altitude. Les belles journées valent celles de Naples, à cela près qu'elles ne finissent pas, et qu'à minuit la mer rutile encore. Les journées couvertes sont absolument ce qu'est chez nous un jour d'éclipse presque totale. Bergen m'avait beaucoup plu, mais Drontheim m'a ravi. Vous ne pouvez imaginer une campagne plus riante, plus verte, plus fraîche. Nous avons fait deux excursions dans l'intérieur, et c'est de l'une d'elles que je vous écris. C'est enivrant, je vous assure. Ce soir, nous partons pour Tromsoë, et de là nous irons à Hammerfest. Irons-nous au Spitzberg? C'est le grand objet des délibérations. La grande condition pour y aller, le charbon, ne nous manquera ni à Hammerfest, ni à Tromsoë; nous avons pris à Peterhead un *ice-master*, qui déclare que le voyage n'est rien. Cependant cela ne sera décidé qu'à Hammerfest.

J'achève ma lettre au crayon dans la gare de Storen, petit village dans les Alpes scandinaves, où nous sommes venus voir les rivières où l'on pêche le saumon. Le petit chemin de fer est sûrement l'un des plus pittoresques du monde : superbes cascades, montagnes couvertes de sapins, il paraît que cela ressemble tout à fait aux cantons de Saint-Gall et d'Appenzell. Il fait assez chaud; mais on sent que le beau temps est de fraîche date. Tout vient de naître, les fleurs ont la virginité de couleur qu'elles ont dans les hautes prairies des Alpes. Les fonds de fiord sont délicieux; la côte est, je ne dis pas plus belle, mais plus originale que l'intérieur, et quelle bonne race! On sent un résidu, un sédiment de volcan qui a jeté sa flamme dans les Vikings et les Barsekars. Du reste les mêmes types que dans le nord de la France, l'Écosse, le nord et l'est de l'Angleterre. Cette race a prodigieusement essaimé et elle essaime encore en Amérique et chez les Mormons. Je suis fort curieux de voir les Lapons. Il paraît que la secte des liseurs ou *glossolales* norvégiens pullule chez eux et s'y développe en faits très originaux.

Le prince Napoléon est charmant en voyage. Il y a chez lui des côtés qu'on ne soupçonne pas du tout, une soif d'inconnu, un désir d'infini, quelque chose de romantique et de profond, qu'on ne voit guère à Paris. Les bruits qui nous arrivent ne l'émeuvent pas, et ne lui feraient pas déranger une étape de son voyage. Ce pays-ci le calme, et ne laisse chez lui que le fonds intellectuel et moral, qui est très riche, quoique n'ayant pas d'abord été cultivé. Le corps des officiers est d'élite et on ne peut plus distingué. Que n'êtes-vous ici ! Je suis tellement habitué à penser avec vous que toute impression que je n'ai pas partagée avec vous me paraît incomplète.

Présentez mes respects à madame Berthelot et croyez-moi votre meilleur ami.

E. RENAN

II

A MONSIEUR RENAN

Bordeaux, 24 février 1871.
Chez M. Grenier, rue Sainte-Catherine, 137.

Mon cher ami,

Nous voici à Bordeaux, loin de l'enfer parisien, là où les nerfs excités peuvent se détendre enfin et la raison reprendre son assiette. J'ai vu bien des gens, Surell, Thoumas, Serret, Hermitte et d'autres, qui ont vécu ici et qui ont assisté à tout de très près, les deux premiers surtout : notre jugement sur les choses provinciales était à peu près vrai. L'effort a été médiocre, malgré l'énergique impulsion de Gambetta, auquel Surell et Thoumas, gens d'ordre et d'administration, rendent fort justice, quoiqu'il ait perdu la tête à la fin. Mais la France ne pouvait fournir que ce qu'elle contenait, des soldats non formés et prêts à se débander, un Midi braillard et inerte, des officiers aussi incapables que les nôtres, et de plus les premiers à lâcher pied, sauf quelques exceptions, et contrairement aux officiers de Paris. Bref, la province n'a pas encore appris l'*arcanum imperii*.

Après la paix désastreuse qui va être signée, tout se reconstituera à peu près comme avant. Cette Assemblée, aussi médiocre et incapable que le Corps législatif auquel elle succède, se dissoudra, et le siège du pouvoir sera rétabli à Paris, après je ne sais quelles péripéties sinistres, qui nous attendent encore.

Non! ce n'est pas de la province que viendra un nouvel esprit. Cette ville est aussi calme au physique et au moral, aussi apathique et insoucieuse du désastre que notre peuple parisien se promenant sur ses places et dans ses rues, sans paraître se douter de la chute incessante des bombes. C'est un même état moral dans la France entière et, comme toujours, la province ne diffère de Paris que parce qu'elle est un ou deux crans plus bas.

Il est trop vrai! toutes les idées qui servaient de mobile et de principe d'action à la France ont sombré depuis vingt ans, les unes après les autres. Celle de la patrie disparaît en ce moment à son tour, pour ne plus laisser subsister que ce besoin général d'ordre matériel, sans lequel aucune société humaine ne saurait subsister.

Quel peut être désormais le principe d'action de ce pays — je n'ose dire ce peuple? — et comment une nation peut-elle exister, comme nation, sans idéal? L'idéal seul donne aux hommes la force et la puissance : nous l'avons prouvé, il y a quatre-vingts ans; et les Allemands le prouvent à leur tour en ce moment. Ce n'est pas l'intérêt personnel qui forme les armées et qui repousse les invasions; car l'intérêt personnel le plus pressant conseille de tout subir en sauvant sa vie. Voilà pourquoi, avec un million d'hommes armés en ce moment, — car tel est le chiffre vrai de nos forces encore debout, d'après Thoumas, — nous ne pouvons cependant opposer une armée véritable nulle part à nos ennemis.

Mais la France, en cédant deux provinces à son conquérant, perd autre chose que l'appoint matériel de ces deux provinces. Elle abdique son principe fondamental, celui au nom duquel elle a reconstruit l'Italie : à savoir qu'une nation existe par le libre consentement de toutes ses parties. Nous n'avons pas plus le droit de céder une province sans son consentement, que le pape d'abandonner un dogme dans un intérêt politique : c'est là aussi notre *non possumus*.

C'est pourquoi cet abandon sera le signe prochain de notre déchéance totale. Aveugle qui ne le voit pas! C'est pour cela que nous avons résisté jusqu'au bout à Paris. Et si la France le sentait suffisamment, même à l'heure présente, elle ne pourrait être domptée; car les principes sont immatériels et inaccessibles à la violence. Mais la France ne le sent plus, ou ne le sent que faiblement, à l'exception de quelques hommes d'élite : elle se console en sonnant les trompettes impuissantes et en battant les tambours ridicules, qui passent en ce moment sous ma fenêtre. Nous allons avoir, je le crains, les pires des tyrans, les prétoriens vaincus par l'étranger.

Adieu, mon cher ami, écrivez-moi, car je suis encore ici pour une semaine ou deux. Présentez mes respects à madame Renan.

Tout à vous, M. BERTHELOT.

III

A MONSIEUR BERTHELOT

Paris, 26 février 1871, au soir.

Mon cher ami,

Je viens de recevoir votre lettre, qui m'a été une grande consolation. Nous sommes fort tristes ici. Tout est morne et froid, et les plus atteints doivent être ceux qui, comme nous, voient combien le mal est profond. Je pense bien, en effet, qu'on porte en ce moment à l'âme de la vieille France un coup mortel. Je n'espère rien, car les remèdes que j'entrevois, je suis le premier à dire qu'ils sont impossibles, au moins pour le moment et même dans un avenir assez lointain.

La France s'est trompée sur la forme que peut prendre la conscience d'un peuple. Un tas de sable n'est pas une nation; or, le suffrage universel n'admet que le tas de sable, sans cohésion, ni rapports fixes entre les atomes. Nous avons ainsi détruit les organes essentiels d'une société, et nous nous étonnons que la société ne vive pas. La civilisation a été de tous temps une œuvre aristocratique, maintenue par un petit nombre; l'âme d'une nation est chose aristocratique aussi : cette âme doit être guidée par un certain nombre de pasteurs officiels, formant la continuité de la nation. Voilà ce qu'une dynastie fait à merveille.

Un sénat, comme celui de Rome ou de Venise, y suffit aussi. Des institutions religieuses, sociales, pédagogiques, gymnastiques, comme celles des villes grecques, mieux encore. Mais ce qui ne s'est jamais vu, c'est une maison de sable, une société sans institutions traditionnelles, ni éducation nationale, ni religion acceptée. Les idées de notre école radicale ont été tout à fait superficielles ; je ne nie pas ce qu'il y a de chaleur d'âme chez plusieurs des adhérents de cette école ; mais plus je vais, plus je trouve l'école bornée, funeste, au fond méridionale ; car si la France était composée seulement de la France du Nord, nous n'aurions pas cette école-là, au moins sous sa forme délétère.

Vous êtes mieux placé à Bordeaux qu'ici pour savoir les nouvelles. Je ne vous en donne pas. Il paraît que demain matin l'armée prussienne occupe les Champs-Élysées, Chaillot, Passy, Auteuil. Il est minuit, la générale bat du côté de Grenelle. Nous ne pouvons croire cependant à une collision, qui serait une pure folie.

Une nation n'a pas le droit de se suicider. L'individu peut, et même doit quelquefois préférer la mort à la honte ; une nation ne le peut pas, car elle a des devoirs envers l'avenir. Je suis entièrement de votre avis sur notre principe français de l'intégrité de l'État : ce principe ne peut céder que devant la certitude de mettre par la résistance tout le corps dans la même situation que les membres qu'il s'agit de céder. En ce cas, on peut dire qu'il vaut mieux perdre un membre que tout le corps. Une barque de naufragés ne peut jeter à la mer deux ou trois des passagers, pour rendre le sauvetage plus facile; mais devant l'évidence absolue que la barque va couler, celui que le sort désigne a pour devoir de se résigner et d'inviter les autres à le sacrifier. Or, cette évidence absolue existe pour le cas dont il s'agit. Vous savez que les renseignements de notre voisin de Sèvres (Thoumas) que vous me donnez dans votre lettre sont souvent exagérés; rappelez-vous ce qu'il nous disait au début de la guerre.

Vous ne me dites rien des proportions des partis dans l'Assemblée. Cela nous préoccupe beaucoup; ici nous n'avons que des renseignements contradictoires. Je crois plus que jamais que la république ne nous tirera jamais du gâchis, de la faiblesse, de l'indiscipline. On ne se discipline pas soi-même; des enfants mis ensemble sans magister ne s'éduqueront pas. S'il ne s'agissait que de l'honneur national, chose bien grave cependant pour la France, je me résignerais encore; mais ce qui nous a amenés à cet état de faiblesse militaire nous mènera au dernier degré de la démoralisation, et même à la débilité intellectuelle. La sélection gouvernementale se fait trop mal. Le pays a dans son sein d'excellents éléments; mais ces éléments ne peuvent être mis en valeur par la grossière machine que la révolution de 1848 a imaginée. Je vous avoue que j'incline pour les Orléans, si on peut créer pour eux un appui énergique, national, éclairé.

Nos enfants sont revenus de Bretagne en bonne santé. Arrivez-nous le plus tôt que vous pourrez. Je m'étonne que vous trouviez plus de repos à Bordeaux, où l'agitation doit être concentrée sur un petit espace, qu'à Paris, où tout se perd et où il est si facile de s'isoler.

Nos meilleurs compliments à madame Berthelot, et croyez-moi bien

Votre meilleur ami,

E. RENAN

IV

A MONSIEUR RENAN

29 mars 1871.
Honfleur, maison de la Côte de Grâce.

Mon cher ami,

Que de temps écoulé depuis que nous nous sommes dit adieu, il y a huit jours, au boulevard Montmartre, et dans quel gouffre, grand Dieu ! sommes-nous précipités ! Les voilà donc arrivés, les *sicaires* et les *zélateurs* que Nefftzer traitait de pure utopie, pendant nos longues souffrances du siège ! La machine est brisée et ses ressorts éclatent les uns après les autres. Tous les malheurs prévus par les prophètes se réalisent et ils passent en grandeur et en intensité les prévisions les plus sinistres.

C'est un contraste étrange que de voir ces populations des campagnes et des villes normandes, tranquilles, indifférentes, ignorant que le désastre ne tardera pas à venir jusqu'à elles. « C'est l'affaire des Parisiens. » Aussi a-t-on lu avec une singulière surprise l'article de l'*Officiel*, annonçant que la garde nationale de Pont-Audemer marchait sur Paris. On a bien battu quelque tambour, sonné quelque clairon ; mais pas un garde national, je dis *pas un*, n'a quitté la ville. Quinze cents mobiles, annoncés comme devant traverser la ville en se dirigeant sur Paris, étaient déjà réduits à cent trente, le reste débandé sur la route. S'il en est arrivé dix, c'est ce dont je doute fort. Ce pays a perdu tout sens politique, toute notion de patrie, toute intelligence des choses générales ; les hommes se sont laissé mobiliser sans résistance, mais pour s'enfuir plus vite encore pendant la guerre. J'ai vu tirer de la rivière la Rille des sabres d'officier, tout neufs, jetés pour fuir plus vite un ennemi éloigné de plusieurs jours de marche.

Comment le dénouement de la Commune parisienne se fera-t-il ? Évidemment, par une catastrophe sanglante. Mais je ne vois pas la force capable d'intervenir ; si ce n'est, hélas ! la force étrangère.

Pour revenir à des choses plus particulières, je voudrais savoir ce que le Collège de France et les Facultés se proposent de faire après Pâques. Reprendra-t-on les cours, sous le règne de l'Internationale ? Ou bien les tiendra-t-on suspendus ? Il m'importe fort de le savoir, afin de décider l'époque de mon retour personnel.

Quant à celui des enfants, je n'y pense pas encore ; ils sont tranquilles et heureux. Leur tête ne sera que trop tôt troublée par les tristesses de l'avenir.

Présentez nos respects à madame Renan, et croyez-moi toujours tout à vous.

M. BERTHELOT

V

A MONSIEUR BERTHELOT

Paris, 17 avril 1871.

Mon cher ami,

Votre lettre m'a fait beaucoup de bien. Vous êtes sans cesse dans ma pensée, et mille fois j'ai regretté que vous nous ayez quittés. Je crois, en somme, qu'il vaut mieux rester ; on fait toujours un peu lest sur le navire en perdition, et je crois qu'on souffre moins.

La faiblesse et l'hésitation du gouvernement nous ont perdus. Les reproches que l'*Officiel* de Versailles adresse à la population sensée de Paris sont injustes. Cette population a tenu jusqu'au vendredi soir, 25 mars. C'est le gouvernement qui ne l'a en rien soutenue, lui a envoyé un chef misérable, qui n'a pas donné un seul ordre, a fait des proclamations puériles, a rabattu plutôt qu'excité le zèle de ceux qui voulaient résister. Ce qui s'est passé le vendredi soir a été un véritable abandon du Paris légal par le gouvernement. En réalité, M. Thiers pactisait avec le vote du dimanche 27 mars. A une personne, qui l'engageait à une attitude plus nette, il a dit :

— Et s'ils font des bons choix!...

A partir de ce moment, la Commune a gagné tous les jours, et je ne saurais dire si elle est entrée dans sa période descendante. Les partisans directs de la Commune sont aussi peu nombreux que le 18 ou le 20 mars? mais une foule de personnes disent : « Oui, la Commune est misérable; mais gagnons la partie, et alors nous ferons une Commune sérieuse » : raisonnement très mauvais, mais qui séduit tous ceux que le gouvernement a blessés, et qui ne sont pas capables d'une réflexion assez élevée pour s'en tenir au strict principe de légalité.

En somme, à l'heure où j'écris ces lignes, il est douteux si le gouvernement réussira à réduire la révolte de Paris. Je regarde l'hypothèse affirmative comme plus probable, non comme certaine. Les Prussiens interviendront-ils, après l'aveu d'impuissance de Versailles? C'est infiniment probable. Je pense qu'ils renouvelleront l'investissement et couperont les vivres, évitant de s'engager dans la guerre des rues, dont les événements qui se passent à Versailles depuis quinze jours ont montré le caractère redoutable. Il n'est pas impossible qu'alors la Commune cède; car ils sont très frappés de l'ascendant

prussien, et une foule de gens du peuple disent :
« Plutôt les Prussiens que les Versaillais ! » Une bande
de fanatiques poussera cependant à la résistance jusqu'aux dernières extrémités.

Navrant, n'est-ce pas? Que voulez-vous, on a intoxiqué ce pauvre peuple de trois virus horribles, de
folles illusions, des espérances chimériques, caressées
par Trochu, et un journalisme d'écervelés, — des
armes et des munitions jetées à tort et à travers, sans
nul discernement, — une solde journalière, devenue
un appât pour la paresse et le désordre. Et on s'étonne
après cela qu'il fasse des folies ! Le mal est bien plus
profond que nous ne l'avons jamais pu dire aux heures
du plus grand pessimisme. Je crois pourtant que la
France se remontera encore une fois ; mais ici aussi
il faut mettre un point d'interrogation. Peut-être le
principe vital central ne pourra-t-il plus ressaisir les
parties, et celles-ci seront-elles livrées aux gangrènes,
aux nécroses, aux générations parasites, qui dévorent
tout être vivant dont le principe central n'est plus
assez fort pour combattre l'envahissement des vers.

Nous ne sommes pas trop mal ; mais nous sommes
fort inquiets pour nos parents de Neuilly, dont nous
n'avons pas de nouvelles depuis quinze jours. Nous
avons une répugnance invincible à fuir. Nous ne partirons que si les Prussiens font le blocus. Nos meilleurs souvenirs à madame Berthelot.

Votre meilleur ami,

E. RENAN

VI

A MONSIEUR BERTHELOT

Sèvres, 29 avril 1871.

Mon cher ami,

Malgré la résolution que nous avions prise de rester à Paris le plus longtemps possible, nous avons cru devoir partir. La sortie peut être interdite d'un jour à l'autre; je n'ai pas cru devoir exposer ma famille ni moi-même, sans utilité bien considérable, aux scènes sans nom qu'on peut prévoir.

Nous avons gagné Sèvres par Saint-Denis, non sans grandes difficultés. Nos parents de Neuilly et de la rue Casimir-Périer y étaient déjà, fuyant l'horrible bombardement, sous lequel ils ont passé trois semaines entre la vie et la mort. Vous pouvez imaginer l'installation de seize personnes dans le haut Sèvres, avenue Avice, dans une maison entièrement saccagée; l'endroit, d'ailleurs, est loin d'être sûr : il est tombé des obus chez Bertrand, chez M. Hortus, et même des fragments devant la maison de madame Faure. Le danger, cependant, ne nous paraît pas suffisant pour fuir plus loin dans l'état actuel des choses. Si le danger devenait plus grand, nous irions à Versailles, où nous avons pris quelques dispositions pour trouver asile.

Avez-vous reçu la lettre que je vous ai écrite à

Honfleur, il y a trois jours à peu près? J'ai rencontré M. Niaudet, qui m'a donné de vos nouvelles, et m'a dit que l'on vous sollicitait du côté de l'Angleterre. Au nom du ciel, repoussez cette idée. Vous manqueriez à un devoir. Plus notre patrie est malheureuse, plus nous devons nous interdire de la quitter. Certes l'individu, dans les conditions ordinaires et sans fortune, fait très bien de s'expatrier, ou pour mieux dire d'aller coloniser. Mais tel n'est pas notre cas; nous sommes des sujets particulièrement nécessaires à la patrie; nous avons bénéficié de ses institutions, de son passé, de sa vieille gloire; nous sommes ses élèves, ses *alumni*; en quittant, nous la fraudons de l'avance de capital qu'elle a faite pour nous, même quand nous pouvons avoir plus d'un grief personnel légitime à formuler contre elle. Nous ne pouvons quitter la France que si elle nous chasse, si elle nous empêche de déployer librement notre activité intellectuelle, ou si elle nous laisse tout à fait mourir de faim. Or nous n'en sommes pas là.

Le Collège de France et l'Institut, pièces essentiellement centrales, royales, françaises, sont plus compromises que toute autre chose dans cette terrible tentative de dislocation de l'œuvre des Capétiens. Je crois néanmoins qu'ils survivront. Quant au Collège, s'il subissait une interruption, nous devrions maintenir le corps, enseigner comme d'ordinaire, malgré la cessation de traitement, ainsi que cela se fit durant tout le XVIe siècle, à peu près. Personnellement, nous trouverions moyen, je crois, d'aller un ou deux ans au moins, en nous passant de l'État. Il suffirait pour cela d'organiser certaines associations, dont il faudra que nous mûrissions le plan avec cinq ou six personnes de notre ordre.

Je vous disais dans ma dernière lettre que je regardais la reconstitution de la France comme l'hypothèse la plus probable, mais nullement comme une hypothèse certaine. Ce que j'ai vu depuis à Versailles et à Paris serait plutôt de nature à augmenter les doutes sur la probabilité de ladite hypothèse. Si l'on prend Paris, ce ne sera pas avant six semaines; des crises mortelles peuvent survenir d'ici là. L'armée fait cette guerre civile comme elle a fait la campagne contre les Prussiens, avec lenteur, incapacité; le soldat est résigné, et ne tournera plus, ce semble; mais les chefs sont aussi chétifs, aussi paresseux qu'ils l'ont jamais été. M. Thiers s'envisage comme le Moltke de la situation; il combine, règle tout, embrouille tout, et fait le froid dans l'élément militaire, qui, du reste, je crois, ne ferait pas mieux sans lui. L'intrigue bonapartiste a son siège à Saint-Germain, elle grossit de jour en jour; on dit que l'armée s'y prête peu, ce qui serait décisif; mais cette cause de division, jointe à l'incident Kerdrel, donne beaucoup de forces à l'action des causes dissolvantes et putrides. Je doute donc de plus en plus que le *sensorium commune* l'emporte. On traverserait ainsi une période de communes et de provinces, les unes anarchiques, les autres cléricales; puis la fédération se constituerait sérieuse et reformerait la France.

La question est de savoir si le mouvement de Paris doit rester isolé. Si cela est, il est clair qu'il succombera; la résistance serait longue, mais une ville libre, au milieu d'une France restant centralisée, est une impossibilité absolue. Seulement s'il se forme dans la masse d'autres fissures, il n'y aura pas de sitôt de force capable de raccrocher tout cela. En somme la France était une immense société d'actionnaires, fondée par des spéculateurs séculaires de premier ordre, la maison Capétienne. Les actionnaires ont coupé la tête au banquier en chef, croyant qu'ils feraient tout aussi bien les affaires de la société, après s'être débarrassés des fondateurs. Les affaires ont été, en effet, d'abord assez belles, et la société a eu plus de cohésion que jamais. Mais un effroyable désastre est survenu; la société n'a plus à partager que des hontes et des pertes; elle court de grands dangers. N'importe. Pour continuer ma comparaison, la société dont je parlais a une raison d'être; il y a un superbe fonds à exploiter; elle se reformera toujours.

Il faudrait vingt pages pour vous dire en détail tout ce que je pense et ce que je sens, et je ne sais si ma lettre vous parviendrait. Tout cela est horriblement cruel; ce qu'on a sous les yeux est, de part et d'autre, honteux, stupide, infâme, repoussant. J'ai un parti pris absolu d'attachement à la légalité, c'est-à-dire de légitimisme, dans le sens que vous comprenez; les fautes, les ridicules, les crimes mêmes d'un gouvernement que je crois légal, ne me feront jamais me regarder comme dégagé à son égard. Que je plains Littré, Henri Martin, tant d'autres de nos amis! Ce parti a été très injuste pour moi; je vois ses fautes avec une évidence toujours croissante; il comprendra que les choses humaines ne peuvent pas se traiter d'une façon aussi simple. Nous sommes d'accord sur le but, en bien des choses du moins; mais ils ont été puérils dans le choix des moyens.

Si vous veniez de ces côtés, nous pourrions trouver moyen de vous loger encore; vous seriez bien mal, mais j'aurais tant de plaisir à causer avec vous! Votre ancienne maison est à louer; elle est réparée et remeublée. Il y a des voitures toutes les deux heures de Sèvres à Versailles. Tâchez de venir, il ne faut pas être isolé dans des circonstances comme celles-ci. Nos meilleures amitiés à madame Berthelot. Croyez-moi bien votre meilleur ami.

E. RENAN

30 avril.

Dans la nuit de ce matin, beaucoup d'obus sont tombés sur le haut Sèvres. Nous partons demain matin pour Versailles. Adressez-moi votre lettre aux soins de M. Bersot, membre de l'Institut, *rue de la Chancellerie, 20, Versailles.*

VII

A MONSIEUR BERTHELOT

Sèvres, 28 mai 1871.

Mon cher ami,

Nous voici réinstallés et pas trop mal. Venez nous voir, dîner ou déjeuner avec nous.

Il paraît que Troubat, le secrétaire de Sainte-Beuve, est arrêté[1]. Il faut tâcher de le sauver; parlez-en a Schérer, au besoin à About, et même à Picard. C'est un brave garçon. Il n'est pas possible qu'il ait soutenu jusqu'au bout cette criminelle extravagance. Si l'on fait des démarches pour lui, faites-moi joindre à ceux qui intercèdent pour lui, et, au besoin, livrez cette lettre.

Horreur! dire que nous n'étions séparés que par un pouce du cannibalisme et de l'enfer!

Venez nous voir. A bientôt.

E. RENAN

VIII

A MONSIEUR BERTHELOT

Florence, 7 octobre 1871.

Mon cher ami,

Notre voyage se poursuit à souhait. Le Simplon, le lac Majeur, l'Apennin vers la Spezzia, Lucques,

---

1. Ce bruit était erroné.

Pistoïa nous ont ravis. Florence et son art enfiévré, sa prodigieuse originalité, la folle grandeur qui caractérise toutes ses œuvres ont causé à ma femme la plus vive émotion, et ne m'ont pas moins troublé que quand je les vis, il y a vingt-trois ans. Nous partirons d'ici vers le 13; écrivez-moi à Rome, poste restante, pour que j'y trouve votre lettre à mon arrivée. Je désire fort avoir le plus tôt possible un mot de vous.

Ce que je lis des discours de Gambetta m'effraie. A Prangins (où j'ai trouvé une appréciation très juste de la situation et aussi peu d'illusions qu'on peut se le figurer), j'ai eu des données assez précises sur ce qui s'est passé à Berlin, lors de l'entrevue des trois empereurs. Une seule convention a été faite, c'est d'écraser la démocratie française, dès qu'elle lèvera franchement la tête. Les trois puissances ne se sont pas dissimulé leurs chocs futurs; mais la Prusse a demandé à ses adversaires de ne faire aucune alliance avec la démocratie française, de lui laisser à elle seule le soin de l'écraser, quand le jour serait venu. Or ce jour viendra quand elle voudra, si l'état de la France est modifié en quelque chose. La Prusse alors déclarera que, les garanties que lui offrait le gouvernement de M. Thiers n'existant plus, elle doit prendre ses garanties : elle fera des énormités, gardera Belfort, etc. Une démocratie un peu éveillée ne supportera pas cela; il se formera un parti de la guerre; un mouvement factice d'opinion, formé par les journalistes et les braillards de rue (comme en juillet 1870) se produira. Gambetta (ou tout autre), pour ne pas céder la place au parti de la guerre et sous prétexte de sauver le pays des partis extrêmes et du communalisme, fera ce qu'a fait Ollivier en 1870. Puis d'effroyables désastres, auprès desquels ceux de 1870-1871 auront été peu de chose!

J'ai demandé au prince si la Prusse avait un parti pris sur le gouvernement à donner à la France, après la seconde défaite. Il croit que la Prusse s'abstiendra obstinément de cette question, qu'elle prendra de nouveaux départements vers l'Est (relativement peu de chose cependant, voyant la difficulté de ces annexions), rendra la Savoie et Nice à l'Italie, rattachera le nord à la Belgique, et laissera le reste cuire dans son anarchie.

L'essentiel est de rester dans le *statu quo*, jusqu'à l'entière liquidation de l'affaire prussienne. Tout mouvement politique en France sera l'occasion que la Prusse saisira pour nous écraser de nouveau.

Ici je trouve un vrai fonds de sympathie pour la France. On commence à voir que le danger d'une intervention française pour le pape est bien faible. Seul, le parti radical témoigne contre nous une haine farouche, par pure habitude de déclamation et de haine irréfléchie.

Veillez aux intérêts du Collège; voyez Dumesnil pour le règlement. J'y ai réfléchi depuis; engagez-le à attendre jusqu'en décembre. Il y a deux ou trois points essentiels sur lesquels il faudrait que nous nous entendions, notamment les vacances de chaires et les nominations. Si à la séance de novembre, à laquelle je ne pourrai assister, il venait des questions importantes, tâchez de les faire ajourner après l'ouverture des cours. Il est capital de ne rien négliger; le déluge vient; calfatons l'arche sur toutes les jointures.

Le pauvre Ollivier est ici, dit-on : il doit être bien malheureux!

Ma femme écrira de Rome à madame Berthelot. Ce voyage l'enchante et lui fait beaucoup de bien. Pour moi, je jouis aussi beaucoup de retrouver les lieux qui me firent une si forte impression,

> *Quand' era in porte altr' uomo*
> *Da qual ch' i' sono.*

Je prends cette heure de joie comme un dernier rayon de soleil avant le soir. *Carpe diem.* Écrivez-moi et croyez-moi votre bien bon ami.

E. RENAN

IX

A MONSIEUR BERTHELOT

Venise, 23 octobre 1872.

Mon cher ami,

Notre voyage se continue heureusement et agréablement. Nous sommes ici depuis trois jours; le temps est beau, le soleil très doux. Cornélie est très contente et jouit beaucoup. *Carpe diem* est devenu par le temps qui court une sagesse. La Provence m'a paru plus admirable, plus grecque que jamais, et bien supérieure à l'Italie. Nice, Monaco, Menton, vrais paradis terrestres. La route de la Corniche, que nous avons faite en voiturin, est intéressante, inférieure pourtant à sa réputation. Gênes, au contraire, ne mérite pas tout le mal qu'on en dit; le goût y est mauvais assurément, mais on y voit de fort belles choses, et je ne connais pas de ville plus intéressante au point de vue de l'esthétique. Le ver rongeur de l'art italien se montre là avec une évidence frappante; c'est du Michel-Ange gâté, vieilli, poussé à l'excès, presque grotesque.

La Chartreuse de Pavie, fort critiquable dans l'idée générale qui a présidé à sa décoration, a des parties vraiment exquises; c'est comme un petit coffret d'ivoire, ciselé, achevé avec un précieux dont il est difficile de se faire une idée. J'ai revu avec plaisir Milan, Vérone, Padoue, Venise. Quelques découvertes de peintures trécentistes, quattrocentistes ont été faites depuis quelques années à Vérone et à Padoue. Ces beaux essais d'un art nouveau m'ont plus vivement frappé que jamais.

C'est vraiment là qu'on sent l'éclosion de quelque chose d'analogue à ce qui naquit en Grèce, surtout sous forme architecturale et sculpturale. Aujourd'hui nous avons vu avec Arnold Schefer, qui en est admirateur passionné, les chefs-d'œuvre de Titien, Paul

Véronèse et Tintoret, que possède Venise. Je me confirme dans mes vieilles préférences pour les écoles ombriennes et toscanes. Ce matérialisme vénitien, ce manque de noblesse et de beauté me choquent particulièrement dans les tableaux religieux.

L'état du pays est assez facile à caractériser, c'est l'avènement de la bourgeoisie, quelque chose d'analogue à notre 1830; mais sur une échelle mesquine et d'une façon qu'il est difficile d'appeler un progrès. Les vieilles fortunes disparaissent rapidement; les classes aristocratiques anciennes se retirent du jeu; il se forme quelques grandes fortunes, mais presque uniquement au profit des juifs, qui envahissent tout et profitent de l'incapacité industrielle, du manque d'initiative du pays. Le peuple est assez désintéressé de ce qui se passe. En Lombardie, il y a dans les basses classes un certain regret de l'Autriche; la nouvelle bourgeoisie est avare, économe, ne fait rien pour le peuple, tandis que les *Tedeschi spendevano molto*. Il y a des incendies par vengeance sociale; mais tout cela est isolé et non dressé, comme en France, en théorie dans la tête du peuple. La culture intellectuelle, faible, non pas nulle dans l'Italie d'il y a quarante et cinquante ans, devient d'une effrayante nullité. Plus rien; le niveau des universités de la haute culture n'atteint pas celui de la plus faible de nos facultés de province et de la plus superficielle de nos Revues.

Les sympathies pour la France sont réelles. L'instinct du pays est contre l'Allemagne; le sentiment ethnique se développe avec force et avec une conscience assez claire. L'idée que la grande lutte future sera entre l'Allemagne et les peuples latins, descend presque jusqu'au peuple, et très peu hésitent sur le choix. Seule, la question romaine fait difficulté; supprimez cette question, et l'alliance intime des deux nations ne fait pas de doute. L'armée est, dit-on, ce qu'il y a de meilleur; il est bien probable, en effet, que, savamment commandée, elle vaudrait d'autres contingents.

Nous serons de retour vers le 16 ou 17 novembre; écrivez-moi tout de suite; je recevrai encore votre lettre ici; nous ne partirons de Venise que vers le 10 : croyez, ainsi que madame Berthelot, à mes sentiments les plus affectueux.

E. RENAN

X

A MONSIEUR RENAN

Paris, 4 novembre 1871.

Mon cher ami,

Je viens de recevoir votre lettre et je suis content de voir que vous vous portez bien et que vous jouissez de votre voyage avec votre sérénité ordinaire. Ici tout mon monde va bien : seul, je suis malade, ma sciatique, suite des fatigues du siège et de la Commune, s'étant beaucoup aggravée avec les premiers froids.

J'en ai bien souffert la semaine dernière, au point de ne plus pouvoir me déplacer et travailler au laboratoire : ce qui est tout dire.

Mais c'est trop vous entretenir de mes petites misères ; venons à des choses plus générales. La réunion du Collège a lieu demain ; j'y dirai ce que vous m'écrivez. Nous devons aussi y présenter des candidats pour une chaire d'économie politique : c'est l'institution définitive de la chaire de M. Levasseur ; je ne suppose aucune complication.

Ce que vous m'écrivez de l'Italie et de son apathie morale ne m'étonne pas : c'était exactement mon impression, d'après mes propres renseignements. Je vois aussi, comme je le pensais, qu'elle a l'instinct des dangers qu'elle court de la part de l'Allemagne. Ah ! mon ami, nous allons vers une terrible lutte : car nous ne saurions douter que la France s'y prépare en silence. Thiers réorganise douze corps d'armée dans les camps, avec méthode et sans forfanterie : il a seulement soin de le faire savoir juste assez pour qu'en Europe les ennemis de l'Allemagne sachent que la France se relève peu à peu. Si rien n'y fait obstacle, nous serons prêts avec cinq cent à six cent mille hommes *effectifs* avant trois ans. Tout cela se fait sourdement, mais sûrement. Si Thiers vit quelques années, on ne peut douter qu'il essaie à son jour et à son heure de relever la France de son abaissement. L'état intérieur de la France y fera-t-il obstacle ? Voilà ce qu'on ne sait pas.

En ce moment la question de l'Autriche s'envenime étrangement : vous savez le mot de M. de Beust : « Il faut que l'on mette en état de siège Prague ou Vienne. » L'Italie sent aussi la situation. Je vous le répète, trois ans ne se passeront pas sans que la guerre générale s'allume, à moins que la France ne retombe en anarchie.

Ici la vie parisienne est triste et gênée : la misère augmente; l'argent a disparu, remplacé par les billets. Peu de réunions, et je ne sais si l'hiver nous en ramènera, avec l'Assemblée à Versailles.

Les conseils généraux, de nouvelle formation, ne semblent pas avoir en eux une grande virtualité. Quand l'Assemblée se réunira de nouveau, nous verrons s'il y a du changement dans les esprits. Jusque-là, calme plat et grand apaisement, au moins quant aux apparences. C'est le calme de l'épuisement qui suit la fièvre. La réorganisation matérielle de l'industrie et de la production se fait-elle? La vie normale reprend-elle? C'est ce qu'il est encore difficile de savoir. Et nous n'apprendrons rien à cet égard avant votre retour, que je souhaite le plus prompt possible.

Tout à vous.

M. BERTHELOT

Ma femme embrasse madame Renan et vous présente toutes ses amitiés.

XI

A MONSIEUR BERTHELOT

Venise, 8 novembre 1871.

Mon cher ami,

Votre bonne lettre nous a été d'un fort cher entretien; ce que vous nous dites de votre sciatique nous a pourtant beaucoup attristés. Comme cela dure! Il vous faudrait un hiver en Égypte, en Syrie, ou en Grèce. Vous avez besoin d'un bain prolongé de soleil et de l'air tonique de ces pays chauds et secs. Je regrettai d'abord, en lisant votre lettre, que vous ne fussiez pas venu avec nous; maintenant le temps a terriblement changé. Nous nageons dans une humidité sans nom, qui n'est pas désagréable, mais qui détend étrangement et qui a nui à nos projets de voyage dans la lagune. Je crois que nous irons tout de même demain à Torcello; mais il faut pour cela quelque courage. Air, ciel, terre, mer, tout n'est qu'eau.

Nous partirons dimanche 12; notre retour sera très rapide, et nous serons à Paris vers la fin de la semaine prochaine.

Ce que vous me dites des projets de M. Thiers m'a vivement frappé. Si telles sont réellement ses visées, nous devons y faire, au nom d'un patriotisme réfléchi, la plus vive opposition. Analysons en effet les désastres survenus à cause :

1° De l'infériorité de notre armée, comparée à l'armée allemande, infériorité du commandement, de l'armement, de la discipline, de la science militaire, du moral, etc.;

2° De l'infériorité numérique de notre armée, comparée à celle de l'envahisseur;

3° De l'infériorité morale du pays, au point de vue patriotique de la capacité de sacrifice;

4° De l'infériorité politique de notre pays : infériorité venant de la division intérieure, division dont l'effet est que le gouvernement ne peut chez nous être battu sans tomber et sans être entraîné à des fautes énormes pour éviter cette chute.

Sur le 1° j'accorderai que trois ans peuvent changer bien des choses, et encore il faudrait être sûr que nos généraux, notre état-major, nos officiers sont, sur toute la ligne, en voie d'étude sérieuse et de repentance, ce dont je doute fort.

Sur le 2°, cinq ou six cent mille hommes nous laisseraient toujours dans un état d'infériorité funeste. Après un premier choc, qui, je suppose, nous serait favorable, la masse allemande arrivant à la rescousse nous écraserait. Si les Allemands n'eussent eu que cinq cent mille hommes, ils eussent été forcés de plier vers décembre 1870.

Sur le 3°, j'admets quelques améliorations; cependant songez à Lyon, Marseille.

En tout cas, sur le 4°, la situation est bien plus mauvaise qu'elle ne l'a jamais été. Soyez sûr que, si la guerre s'allumait dans une situation politique analogue à celle où nous sommes, ce qui s'est passé se passerait encore. Des partis seraient assez coupables pour pousser à la guerre, avec l'arrière-pensée que cela renverserait le gouvernement. Si l'on éprouvait un échec grave, ils referaient le 4 septembre, renverseraient M. Thiers à la face de l'ennemi, non probablement pour résister à celui-ci, mais pour faire à leur avantage une paix honteuse. Vous voyez le reste.

Il est clair que ce raisonnement serait infirmé, si l'on pouvait croire que la force de l'empire allemand sera diminuée dans trois ans; mais les causes très réelles de dissolution que renferme cette œuvre bâclée n'opéreront qu'à bien plus longue échéance. Donc un seul programme : réforme intérieure de la France pendant quinze ou vingt ans; alors pleine et certaine revanche, si l'on sait habilement profiter des changements survenus en Allemagne et en Europe durant ce temps.

Mais il est probable que cette fois encore nous en serons pour des vœux et des conseils inutiles. Conservez-moi toujours votre amitié et croyez à la nôtre.

E. RENAN

CINQUIÈME SÉRIE

(1872-1892)

CINQUIÈME SÉRIE

(1872-1892)

I

A MONSIEUR RENAN

Naples, 3 mars 1872.

Mon cher ami,

Notre voyage se poursuit dans les meilleures conditions possibles de santé, pour ma femme et moi. Nous avons visité Parme, Ravenne, Pérugia, passé cinq jours à Rome, où nous reviendrons encore, et nous voici à Naples pour une quinzaine.

Nous demeurons « Santa Lucia, 31 » (où je vous prie de m'écrire), au quatrième étage, vis-à-vis du Vésuve et à vingt mètres du golfe qui se déroule à nos pieds. Le temps est sans pluie, et sans soleil : mais celui-ci ne tardera guère, car nous l'avons eu tous les jours à Rome.

Mes impressions sur l'Italie ancienne, plus calmes qu'il y a quelques années, s'étendent et se complètent. La vue de Ravenne a comblé pour moi une grande lacune, celle de la vie romaine à la chute de l'Empire et celle du passage entre l'empire païen et l'empire chrétien. Rome et ses basiliques, à demi ou aux trois quarts restaurées, se comprennent mieux quand on a vu Ravenne. De même la vie des républiques italiennes du xiv° siècle ne se conçoit tout à fait que lorsqu'on a vu Volterra. Les moules des temps anciens sont encore là presque entiers, conservés dans certaines villes, témoignages de chaque époque évanouie.

A ce point de vue, ce que je voudrais voir encore, et ce que je ne pourrai guère voir cette fois, ce sont les cités étrusques (j'ai visité plusieurs nécropoles), et même les débris pélasgiques dont est semée la route de Rome à Naples, par Ceprano, Frosinone, Ferentino.

Au sein de cette vallée fertile, on voit s'élever de toutes parts les collines couronnées de vieilles acropoles, dont les murs et même les portes, comme à Alatri, sont, dit-on, pélasgiques et pareils à ceux de Mycènes. Je voudrais les voir, car c'est la plus ancienne étape de l'histoire italienne. Au delà, nous entrons dans les longues ténèbres de l'âge de pierre, où l'on entrevoit à peine, à l'aide de quelques débris conservés, les formes incertaines de la première humanité.

L'état présent de l'Italie m'occupe aussi. Ce peuple me semble satisfait et content d'une destinée modeste. L'unité de l'Italie, accomplie par le jeu des politiques étrangères et au milieu des défaites des Italiens, vaincus chaque fois qu'ils ont lutté seuls et qui cependant sont parvenus au but, ne leur a pas enflé le cœur. Ils n'ont ni grand orgueil, ni exaltation; ils ont compris que le bonheur est dans la médiocrité. Aussi je crois qu'il ne leur arrivera ni une grande gloire, ni de grands malheurs; à moins que l'arrogance allemande ne vienne encore mettre le pied sur leur fourmilière. Jusque-là les classes moyennes semblent devoir rester au pouvoir, ménageant les classes populaires, sans cesser de les diriger. Le clergé seul se trouve complètement écarté, et j'ajouterai, dépouillé : car ce sont les biens ecclésiastiques qui ont fait les frais de la délivrance de l'Italie. Quant à Pie IX, il reste enfermé dans son Vatican, où il enrage à loisir, faisant sentir sa mauvaise humeur jusqu'aux touristes inoffensifs qui viennent visiter les musées.

C'est un Boniface VIII, à la façon du xix° siècle : lui aussi, il a voulu s'armer du double glaive et dire aux quatre coins de la terre : ceci est à moi. Mais sa prépotence a croulé aussi vite que celle de Boniface : il a été aussi souffleté, et s'il n'est pas mort de rage, c'est qu'il croit à un miracle, inespéré par l'incrédule vieillard d'Anagni. Adieu, mon cher ami, aimez-nous toujours, vous et madame Renan que ma femme embrasse avec affection.

Tout à vous.

M. BERTHELOT

II

A MONSIEUR BERTHELOT

Paris, 10 mars 1872.

Mon cher ami,

Vos deux lettres, ou plutôt votre lettre et celle de madame Berthelot, nous ont fait grande joie. Jouissez de ce beau soleil, détendez-vous, reposez-vous ; vous en avez le droit et vous le devez : *in questa luce vive*.

Je ne sais si vous voyez d'où vous êtes la ligne générale de ce qui se passe ici. Elle est très accusée ; nous en venons de plus en plus à une de ces situations où la liberté des agents n'existe plus, où tout est chiffré, coté. La maison de Bourbon a joué sa partie, et l'a perdue : je ne dis pas pour toujours, mais dans la campagne qui se déroule en ce moment. Les deux branches sont plus divisées que jamais ; la seule chose décidée à Anvers a été qu'il fallait écarter à tout prix la solution du duc d'Aumale, chef du pouvoir exécutif. La droite pure votera contre cette solution, le jour où elle se présentera, et la fera échouer. Nous avons toujours dit que cette Assemblée ne ferait ni la monarchie ni la république : cela est maintenant un fait accompli. Le pays, d'un autre côté, réclame plus que jamais une solution. Il est probable que dans deux mois environ le mouvement de dissolution sera irrésistible ; des parties considérables de la Chambre elles-mêmes la désireront.

L'Assemblée ne voudra pas du plébiscite; elle convoquera une nouvelle Assemblée, ou se renouvellera par fractions. Mais cela ne fera nullement disparaître l'indécision : les rapports des partis seront considérablement changés; mais l'impossibilité d'arriver à une majorité, la neutralisation des partis opposés sera la même. Peut-être alors les députés, pour sauver leur responsabilité, se décideront au plébiscite.

Le résultat du plébiscite serait tout différent; il donnerait une majorité, ce que la Chambre ne donnera pas. Après tout, c'est peut-être le seul moyen de constituer une conscience du pays; cela fait quelque chose de fort, qui tranche les doutes, s'impose et donne l'autorité de faire taire les dissidents. Sans cela je crains que nous ne sortions pas de la pétaudière. — J'écarte les hypothèses de coups de force (Vendée, 18 Fructidor, 18 Brumaire, débarquement de Cannes); non qu'ils soient improbables, mais parce que dans cet ordre toute prévision est vaine, puisqu'on n'a pas les éléments. Il est certain que, si le monde légal (la Chambre, le Gouvernement, les journaux) oppose une barrière infranchissable à l'expression de la volonté du pays, le pays sautera par-dessus la barrière, ou pour mieux dire, consentira, comme il fit en 1848 et 1851, à tous les tours de Jarnac qu'on jouera à la république et les encouragera. — Quant à notre règle de conduite, du reste, elle est claire et nous ne pourrons jamais être que pour la légalité; mais il y aura des jours, au milieu des guerres civiles que nous pouvons voir, où la légalité elle-même sera difficile à reconnaître.

Mais j'ai tort de vous communiquer mes mauvais rêves; ne pensez qu'à jouir de cette baie admirable, puis de Rome, endroit si unique au monde. Ma femme peut donner à madame Berthelot de bonnes nouvelles d'une partie de sa famille : elle a vu au cours de M. Hubert trois chérubins qui se portaient à merveille et ont chanté à ravir; le gros Daniel surtout paraît un virtuose accompli; son air consciencieux et grave, pendant qu'il chante, frappe tout le monde d'admiration.

Écrivez-moi, aimez-nous, et assurez madame Berthelot de nos sentiments les plus affectueux. Donnez-moi votre adresse à Rome; ma femme écrira à madame Berthelot.

Votre bon ami,

E. RENAN

III

A MONSIEUR RENAN

Paris, 9 octobre 1872.

Mon cher ami,

J'ai reçu ce matin votre lettre; je ne vous avais pas écrit, ne sachant où vous saisir et étant moi-même resté dans le Midi un peu plus longtemps que je n'avais cru d'abord. Madame Renan a dû avoir déjà de mes nouvelles par ma femme, dont vous avez dû trouver une lettre à Florence.

Je suis heureux de voir la vivacité de vos impressions sur l'Italie : plus j'y vais, plus je la goûte et l'admire. Notre Occident brumeux n'atteindra jamais cette hauteur dans l'art et les traditions, et les parties que nous jouons aujourd'hui, si grandes qu'elles soient, ne surpassent pas celles qui se sont jouées sur cette presqu'île bénie des dieux.

Florence aussi agissait pour l'instruction du monde et proclamait (avec justice) son idéal celui de la race humaine. Quant à Rome, la ville trois fois maudite et trois fois adorable, — qui a écrasé les civilisations antiques et primé le droit par la force autrefois, et qui a continué sa dictature sous la forme théocratique, au moyen âge, par l'écrasement de la raison et de la science, et qui, malgré tant de défaites, lutte encore et empêche la France de faire son évolution normale, — quant à Rome, je ne puis la haïr autant que nous le devrions, quand je me rappelle la grandeur de ses ruines et de ses musées.

Mais, je vous en prie, ne vous attachez pas trop obstinément à ces spectres césariens qui ont perdu la France. Si nous avons succombé, c'est parce que nous (je ne parle pas en mon nom personnel, bien entendu) avons abdiqué nos idées pour nous livrer à ces dictateurs égoïstes, qui nous ont perdus deux fois et sont prêts à nous reperdre encore. Ne croyez que la moitié de ce qu'ils vous diront. Nous sommes trop affaiblis pour être redoutés et l'intérêt évident de la Russie est aujourd'hui de s'interposer pour empêcher notre ruine complète, qui lui serait fatale à son tour. Le retour des Bonaparte serait la seule chose qui pourrait nous livrer sans défense et nous faire abandonner aux ambitions de la Prusse. La cause juste finit toujours par vaincre. Or, contre une nouvelle attaque, nous aurions la justice et la force morale et matérielle que l'on puise dans ce sentiment. Ce sont les conquêtes iniques du premier Napoléon et les prétentions iniques du troisième Napoléon qui ont soulevé les peuples contre nous.

Tout à vous.

M. BERTHELOT

IV

A MONSIEUR RENAN

24 août 1873.
Chez M. Herold, à La Pras, près La Mastre,
par Tournon (Ardèche).

Mon cher ami,

Me voici depuis quelques jours dans l'Ardèche, au milieu des montagnes. C'est un pays assez agréable en cette saison, bien que froid en hiver; petites montagnes volcaniques et calcaires, pauvres en végétation et en hommes. La race y est douce et honnête sur les pentes que j'habite; en grande partie protestante;

les souvenirs de la guerre des Cévennes y sont encore vivants. La riche alluvion du Rhône, au pied de ces montagnes, est habitée par les mêmes populations (Valence, Tournon). Quant aux plateaux stériles qui couronnent les montagnes sur une vaste étendue, c'est la résidence d'une race dure et farouche, à peine vernie de civilisation, fanatique de catholicisme, dénuée de toute instruction. Il y a là des cantons où la moindre querelle se vide à coups de couteau. Lors de la guerre de 1870, leurs gardes mobiles, descendus dans les localités que j'habite, c'est-à-dire à huit ou dix lieues de leurs villages, s'y gardaient comme en pays ennemi. Ce sont les débris de vieilles races, réfugiés et refoulés dans les régions les plus misérables, et rebelles à l'éducation. C'est là que les traditions du Vivarais placent encore des païens et le martyre d'un évêque de Viviers (Agrippanus, d'où Saint-Agrève) en 673. Aussi le Puy est-il le centre d'un pèlerinage, que je vais aller visiter ces jours-ci.

Cette race lourde et ignorante, avec ses pèlerinages et son attachement à un passé qu'elle ne comprend pas, doit-elle donc nous être fatale et nous entraîner dans l'abîme de la légitimité? C'est ce que je me demande chaque jour avec angoisse, en lisant les nouvelles incertaines que nous recevons par les journaux.

Notre destinée se joue en ce moment comme en 1870, sans que nous puissions exercer la moindre influence sur l'événement! Quand on parle de ce danger aux gens éclairés de ce pays, ils semblent ne pas le comprendre. Ils le regardent comme chimérique, tant leurs esprits sont éloignés d'une pareille conception du gouvernement de la France. Mais, en attendant, ils semblent frappés de je ne sais quelle torpeur fatidique, qui rend possible le triomphe momentané de toute entreprise. M. Hérold en est aussi inquiet que moi, bien qu'il ne puisse croire à ce succès de la légitimité. La profonde stupidité des gens de Frohsdorff est notre seule, mais réelle espérance.

Présentez mes amitiés à madame Renan et écrivez-moi ici sans tarder; j'y serai encore une semaine, mais il faut trois jours pour recevoir une lettre.

Tout à vous.

M. BERTHELOT

V

A MONSIEUR BERTHELOT.

Sèvres, 26 août 1873.

Mon cher ami,

Votre lettre m'a fait grand plaisir. Les moments sont graves, j'ai regretté de ne pouvoir deviser avec vous.

Le complot légitimiste a échoué, à ce qu'il semble; ce complot impliquait quatre actes :

1° Abdication des d'Orléans;

2° Concessions du comte de Chambord ;

3° Obtention de la majorité de l'Assemblée ;

4° Adhésion possible du pays.

Le 4° eût très probablement suivi le 3°, et le 3°, selon les meilleurs juges, n'eût pas manqué si le 1° et le 2° eussent été obtenus. Mais le 1° et le 2° font défaut, cela paraît certain.

En ce qui concerne le 1°, le vrai se trouve n'avoir pas été vraisemblable. Ce que disaient les Orléanistes (que la démarche de Frohsdorff ne changeait rien, que les Orléans étaient après ce qu'ils étaient auparavant, etc.) est bien le sentiment du duc d'Aumale et du comte de Paris. Je suis renseigné là-dessus de la manière la plus précise par le *Journal des Débats*. Une phrase tout à fait catégorique en ce sens, que le journal citait il y a quelques jours, sans nommer l'auteur, est du comte de Paris, et prise sur l'autographe même. Cuvillier-Fleury, l'intermédiaire entre le duc d'Aumale et le journal, est plus explicite encore. Il déclare nettement qu'en laissant au comte de Chambord l'exploitation exclusive du titre royal légitime et héréditaire, les princes n'ont fait que renoncer à une chose à laquelle ils ne croient pas ; que toute liberté de suivre leurs principes et de servir la France comme ils l'entendent, ils la gardent par ailleurs. C'est comme si à Rome j'étais allé me prosterner aux pieds du Saint-Père, en lui disant : « Saint-Père, je reconnais en vous le seul représentant de l'infaillibilité dans le monde » ; eût-on pu croire à une conversion de ma part? Nullement. Comme je n'admets pas qu'il y ait d'infaillibilité dans le monde, et qu'en tout cas je n'ai pas de prétention de faire concurrence à Pie IX sur ce terrain, ma phrase n'eût été qu'une politesse. Le public, qui n'a pas lu Escobar, aura peine à saisir cette subtilité.

Quant au 2°, qui est bien plus important, il n'y a pas de doute non plus. *A priori*, c'était bien probable. Il faut le matérialisme superficiel de l'école orléaniste pour n'avoir pas vu qu'un fanatique de toutes pièces ne cède rien, croyant que c'est là sa force, et qu'il remplit une mission que le ciel est obligé, dans son propre intérêt, de faire réussir.

Le complot qui nous préoccupait tant, il y a une dizaine de jours, est donc à peu près enterré. On va passer à un second exercice. Une personne judicieuse et bien informée, que j'ai rencontrée aujourd'hui venant de Versailles, me disait que les meneurs paraissent d'accord pour abandonner le comte de Chambord et prendre, à son défaut, le comte de Paris. Mais qui ne voit que les Orléans se présenteraient, à cette partie, affaiblis par la visite de Frohsdorff; que pour le coup les légitimistes purs verraient en eux les plus noirs des traîtres, et qu'une majorité ne pourrait être obtenue sur ce terrain, contre les légitimistes, les bonapartistes, les républicains coalisés?

Il est donc probable que les deux centres reviendront à leur projet d'il y a un mois (république avec Mac-Mahon pour plusieurs années); mais on dit que

Mac-Mahon s'y prête peu, ne s'envisageant que comme provisoire.

Pauvre pays! quelles tristes épreuves nous traverserons encore! Ces cures radicales tueront le malade. Que nous sommes heureux de n'avoir pas de responsabilité en ces crises redoutables! Le sort des membres de cette Assemblée sera celui des conventionnels. Quelque chose de sombre et de fatal pèsera le reste de leur vie sur eux. Faites mes meilleures amitiés à Hérold, et croyez à ma plus tendre affection. Ma femme écrit à madame Berthelot, à Royan.

E. RENAN

VI

A MONSIEUR RENAN

Aubenas, 2 septembre 1873.

Mon cher ami,

J'ai reçu votre lettre et je veux vous écrire mes impressions, d'après les conversations que j'ai ici avec des gens de toute condition.

Le retour d'Henri V est la chimère la plus grande qui ait pu passer par la tête d'intrigants politiques. Tout est possible en ce pays, sauf cela. Le paysan se soulèverait, retenez ceci, dans trente à quarante départements, parce qu'il redoute *sérieusement* (je n'examine pas s'il a raison) qu'on ne lui enlève les biens communaux, qui lui ont été acquis en 93 : vous savez comment. Sur ce chapitre il est aussi intraitable, et se souvient aussi bien de la Révolution, qu'il y a cinquante ans. C'est là ce qui rend impossible Henri V et le régime clérical.

Il faut bien distinguer les pèlerinages, les superstitions populaires — qui représentent pour toutes les pauvres gens l'art et l'idéal — de l'adhésion aux prétentions dominatrices du clergé. Il y a là le même malentendu qui fait voter le peuple pour les radicaux, et le fait applaudir aux coups d'État. J'ai pris sur le fait cette opposition entre la superstition et le cléricalisme dans toutes ces hautes montagnes du Velay. Ils vont en masse aux pèlerinages; mais il n'y en a pas un sur dix qui consente à entendre parler d'Henri V.

Il y a encore autre chose qui me frappe beaucoup : c'est l'allure générale de ces hommes. Ils se sentent citoyens et égaux à tous; ils sont polis : mais l'antique servilité du paysan a disparu; depuis le suffrage universel tout cela a bien changé. C'est encore un obstacle aux restaurations, bien que les effets n'en soient pas immédiats comme ceux de l'intérêt.

Notre avenir est certes bien obscur; cependant, je crois de plus en plus à l'impossibilité de tout autre régime que la République. Une dernière remarque, avant de clore cette lettre. Dans tout ce Midi, vallée du Rhône, Provence, Languedoc oriental, c'est la riche bourgeoisie qui est républicaine et même radicale — ici les nuances ne comptent pas — plutôt que le populaire, prêt à tout accepter, sauf Henri V et la suppression du suffrage.

Adieu, mon cher ami, écrivez-moi encore une fois à la même adresse que précédemment.

Mes respects à madame Renan. Tout à vous.

M. BERTHELOT

VII

A MONSIEUR BERTHELOT

Sèvres, 5 septembre 1873.

Mon cher ami,

Je suis ravi que votre voyage se continue agréablement, et je n'en suis pas surpris, sachant en quel pays et avec qui vous voyagez. Ici, rien de nouveau. L'intrigue légitimiste paraît de plus en plus engravée. A entendre les orléanistes, le premier acte est fini ; le second va commencer. Le second acte consistera à prendre acte des impossibilités du comte de Chambord, et à poser la maison d'Orléans comme héritière du titre tombé en déshérence par la folie du titulaire. Il est évident que cette partie n'a aucune chance de réussir. L'immense majorité des légitimistes traitera cette volte-face de trahison, et dans un mois Philippe-Égalité sera un saint auprès du comte de Paris. D'autres paraissent vouloir relever le stathoudérat du duc d'Aumale; mais il est clair que ce qui a échoué le 24 mai échouerait encore, et pour les mêmes motifs. Il se confirme de plus en plus que Mac-Mahon ne se prêtera pas à un arrangement qui ferait de lui le fondateur de la République; qu'il fixera même un terme à l'Assemblée, au bout duquel il regardera son rôle provisoire comme terminé.

J'ai dîné mardi dernier avec Picard et Schérer. Ils sont inquiets, car à mesure que les impossibilités s'élèvent contre les solutions monarchiques, le fanatisme de l'Assemblée redouble. Ce fanatisme n'abdiquera pas pacifiquement. Une surprise est possible. Picard et Schérer sont bien d'accord sur ce point que, si le comte de Chambord fait la moindre concession, la Chambre le proclamera, sans se soucier des conséquences. Ils ne voient pas autant que nous l'impossibilité des concessions. Le danger vient de Rome : Rome tient tellement à la restauration légitimiste, qu'elle conseillera peut-être quelque concession dans la forme, sauf à tout retirer ensuite.

Sur la question du drapeau, en particulier, Rome ne comprend pas l'obstination du comte de Chambord. Cela lui paraît indifférent. Mais il paraît qu'autant ce dernier est dévoué à la papauté, en ce qui est de la religion, autant il en est indépendant pour la politique. C'est bien là un point de tradition capétienne; mais, malheureusement, c'est le seul. Il est indubitable que le règne d'Henri V serait le règne du fanatisme et de l'ineptie. Impossible de s'y prêter, ni directement, ni indirectement, quels que soient les dangers de la République, et quelque chance qu'il y ait que la République ramène le prince impérial dans quelques années.

Revenez bientôt et croyez à toute notre amitié.

E. RENAN

VIII

A MONSIEUR BERTHELOT

Venise, 8 septembre 1874.

Mon cher ami,

Je vous suppose de retour de Stockholm et en bonne santé. Pour nous, notre petit voyage de vacances se continue fort agréablement. La Suisse m'a fait grand plaisir. Depuis la Norvège, je n'avais pas vu quelque chose d'aussi grandiose, ni d'aussi frais. Quelle verdure! quelles eaux! Ces lacs au fond de profondes vallées sont sûrement une des plus belles choses de notre planète. Malheureusement les hôtels, les pensions, gâtent bien tout cela. Dans vingt-cinq ans, la région alpestre de la Suisse ne sera qu'un vaste hôtel garni, où tous les oisifs de l'Europe viendront pendant l'été prendre leur alvéole. La société qui résulte de ces rapprochements fortuits est tout à fait insipide, et la nature souffre beaucoup d'être profanée par tant de badauds.

La vallée du haut Tessin, les lacs de Lugano et de Côme nous ont plu infiniment; mais ce n'est pas un séjour d'été, il y fait trop chaud. L'endroit sur lequel nous avons jeté notre dévolu pour aller passer deux mois d'été, le jour où nous renoncerions à Sèvres, est un village sur le lac de Brienz, au pied des grandes cascades de l'Oberland. Il y a là quelques chalets où l'on serait bien, ce nous semble. Nous vous ferons nos confidences à ce sujet, plus tard.

En Italie, nous n'avons jusqu'ici vu de nouveau que Mantoue, où nous avons failli être malades de chaleur. Mais nous avons été bien récompensés de notre peine. Mantoue est d'un intérêt capital en esthétique. C'est la décadence de l'école de Raphaël, mais décadence pleine de charme encore. Jules Romain y règne en souverain, et parfois, soutenu par le Primatice, il égale le Vatican; puis le manque de génie se fait sentir; la recherche du nouveau aboutit à l'absurde. Tel qu'il est, le palais du Té est une pièce essentielle de l'histoire de l'art. Voir à un jour de distance, comme nous l'avons fait, cette œuvre singulière et la grande salle du palais ducal à Venise, est la chose la plus instructive qui se puisse concevoir.

Ici, nous nous reposons beaucoup; nous connaissons tout; nous revoyons tout à loisir et en flânant. Nous avons trouvé, arrivés un jour avant nous, Schérer, Hébrard et Ch. Edmond, et nous avons passé avec eux quatre journées fort agréables. Ils sont partis ce matin pour Florence et Rome. Ils auront chaud. Ici, au contraire, il fait la température d'un bel été.

Nous ne partirons pas avant lundi ou mardi de la semaine prochaine. Écrivez-moi donc ici, pour que je sache comment vous allez, et aussi comment vont les choses. Je serai à Paris vers le 23; j'irai tout de suite, après mon retour, vous voir, avec Noémi, à Barbison. Ma femme ira, à travers le Midi, à Arcachon, chercher Ary.

En Italie, la situation est celle que je vous ai souvent dépeinte; on est cependant plus préoccupé que je ne le croyais des mouvements internationalistes de la Romagne et de diverses provinces. La situation est moins bonne qu'il y a deux ans, et, si le roi venait à mourir, l'Italie courrait des dangers. Bientôt, hélas! nous pourrons dire à presque toutes les nations : *Et tu vulneratus es sicut et nos.* Ma femme envoie ses plus vives amitiés à madame Berthelot.

Votre bon ami,

E. RENAN

IX

A MONSIEUR BERTHELOT

Houlgate-Benzeval, Calvados, 27 juillet 1875.

Mon cher ami,

Nous voici installés et satisfaits de notre installation. Samedi et dimanche, j'ai encore pas mal souffert du genou. Depuis hier matin, le changement de temps y aidant, ou faisant tout, je vais beaucoup mieux. Nous avons eu aujourd'hui une journée délicieuse, et j'ai pu faire deux bonnes promenades au soleil. Tâchez de venir : il y a de bien bons endroits pour se promener, s'asseoir et causer. Les environs sont charmants.

J'ai repris un vieux travail, mes *Dialogues philosophiques*, que je fis en 1870 à Versailles. Cela m'amuse beaucoup à relire et à retoucher. Mais Dieu sait quand cela sera bon à publier. Quelle atonie, et qu'une nation finirait vite, si elle restait longtemps en cet état! Et dire que toutes les issues sont plus tristes encore! J'ai passé la journée de samedi soir et dimanche matin à Trouville, où j'ai vu beaucoup de Russes, très mystérieux, très officiels, mais déclarant nettement qu'un président tel que G... ne serait pas reconnu et qu'on laisserait alors la Prusse faire ce qu'elle voudrait. L'avenir est horrible. Je vous ai dit que, pendant les heures de rémission de mon rhumatisme, je lisais l'*Histoire de la Révolution* de monsieur Thiers. Cela fut étrange, grandiose, inouï, mais cela ne peut s'imiter; cela ne sera arrivé qu'une fois, comme tous les faits de premier ordre et uniques, tels que les origines du christianisme, de l'islam, choses impossibles à copier.

J'ai reçu une nouvelle lettre d'Amari, qui me confirme en mes plans de Sicile. Je veux revoir encore ces belles mers et ces côtes lumineuses avant de mourir, et l'occasion est bonne. Nos meilleurs souvenirs à madame Berthelot. Croyez à notre parfaite amitié.

E. RENAN

X

A MONSIEUR RENAN

Paris, 30 juillet 1875.

Mon cher ami,

J'ai reçu votre lettre qui m'a causé un sensible plaisir : car je craignais pour vous la secousse de ce voyage... Si vous aviez été des gens plus sédentaires, je me serais arrangé pour vous rendre visite à la fin d'août. Mais, à peine installés, vous allez repartir pour la Sicile et passer, Dieu sait où, les mois de septembre et d'octobre.

Écrivez-moi toujours et souvent; car moi aussi, la tristesse et le découragement me gagnent. Depuis ma jeunesse, j'ai toujours été soutenu par l'espoir de voir la fin de cette réaction, et je n'ai pas fait comme le paysan qui s'assoit à regarder l'eau couler.

Mais je vois que le fleuve ne sera pas épuisé avant notre propre existence, et que notre effort a été soutenu si longtemps en vain. C'est la tristesse de l'Univers à qui le Christ de Jean-Paul vient annoncer qu'il n'y a pas de Dieu, ni de récompense. Ce n'est pas la récompense que nous cherchons, mais le triomphe de la justice et de la raison : nous ne le verrons pas, mais seulement celui de l'égoïsme, de la force et de l'hypocrisie,

le règne illimité.

Il y a eu des temps plus doux pour les âmes sincères. Présentez toutes mes amitiés à madame Renan. A vous de cœur.

M. BERTHELOT

XI

A MONSIEUR BERTHELOT

Houlgate, 10 août 1875.

Mon cher ami,

Quelle folle présomption était la mienne de me croire guéri ! Depuis que je vous ai écrit, j'ai encore beaucoup souffert, et, à l'heure qu'il est, bien que sentant le mal s'user et se retirer lentement, je marche mal encore. Cela me met dans une grande perplexité pour Palerme. Je me résigne très difficilement à renoncer à un engagement que j'ai pris et à un voyage auquel je tenais beaucoup. D'un autre côté, il faudrait partir d'ici dans une huitaine : je ne sais si je serai assez rétabli pour me jeter dans le tourbillon de forte activité qui précède un départ. Nous sommes donc fort incertains, comme vous voyez, de notre avenir le plus prochain.

Quant aux eaux d'Ischia, j'y renoncerai plus difficilement qu'à Palerme. Je désire avant l'hiver faire une cure énergique pour me débarrasser de ce principe rhumatismal, si faire se peut. Or, presque partout ailleurs que dans le Midi de l'Italie, la saison sera bien avancée. On me vante aussi beaucoup les *fanghi* d'Albano. Je crois que mon tempérament offre de la prise pour ces sortes de traitements, et eussent-ils quelques dangers, j'aime mieux les courir que d'accepter, à l'âge que j'ai, une diminution de vie.

Nous sommes enchantés que vous soyez bien aux Pitoisières[1]. Houlgate est aussi fort agréable, mais je n'en jouis guère. Hébrard est arrivé il y a deux jours, et ne m'a pas dit grand'chose de neuf.

J'ai à peu près achevé la revision de mes *Dialogues*. Je vais les faire imprimer en placards, et nous les relirons ensemble. Je crois que ces pages sont de nature à faire penser. Mais le temps où nous sommes est-il de ceux où l'on peut sans inconvénient exciter à ce dangereux exercice? Voilà la question. Avons-nous été victimés par le sort! Jusqu'au bout, les fautes de la génération qui nous a précédés nous poursuivront et pèseront sur nous.

Écrivez-nous bientôt; car il se pourrait que dans une huitaine nous ne fussions plus ici. Ma femme écrira à madame Berthelot avant notre départ.

Croyez à toute notre amitié.

E. RENAN

1. A Rochecorbon, près de Tours.

XII

A MONSIEUR RENAN

Rochecorbon, 13 août 1875.

Mon cher ami,

Nous sommes ici plus heureux que vous, car nous allons tous bien, sauf quelques indigestions de prunes et de pommes vertes : mais cela fait partie de la santé des enfants. Nous vous regrettons fort, car ce climat chaud vous conviendrait mieux que le bord de la mer.

J'ai déjeuné hier à Tours avec le préfet, qui est un de mes camarades de collège et qui m'a rencontré dans le chemin de fer il y a quelques jours et reconnu : car je n'avais guère de souvenance de lui. Il m'a réuni avec Trochu, dont je pense moins de mal que les Parisiens, vous le savez. Cependant l'intarissable bavardage du personnage a fait baisser mon estime rétrospective : « Quand le robinet est ouvert — comme il le disait lui-même hier à déjeuner, d'une façon assez amusante, — il faut qu'il coule. » Il vit dans la solitude, et les occasions comme la nôtre sont rares.

Dans les choses humaines, celui qui a manqué la partie, fût-elle impossible, ne retrouve plus guère d'estime ou de justice. Somme toute, le personnage est pauvre et nous aurions pu, la destinée nous aurait dû faire mieux tomber, dans notre essai d'héroïque catastrophe. J'avais cru longtemps à quelques mystères d'habileté, ou de prudence méconnue, que ses aveux d'hier ont achevé de faire évanouir. Nous ferons bien d'être humbles pendant de longues années; car le monde officiel ne nous ménage point de surprise de génie pour notre relèvement.

Mais parlons de vous. Je vois que votre santé est toujours mauvaise. Ne jouez pas avec tout cela et n'ayez pas la croyance chimérique du vulgaire que la maladie est un accident qu'on arrache comme une mauvaise herbe; ou qu'on incante comme un κακοδαίμων.

Je ne puis que vous redire ce que mon ami Lorain m'a répété à mon départ : « Vous voulez aller aux eaux des Pyrénées, je ne vous y engage point : c'est une expérience qui pourrait peut-être réussir; mais je ne suis pas de ces médecins qui font des expériences sur leurs amis; tenez-vous tranquille dans un bon pays, et attendez que la nature ait fait son œuvre et modifié vos tissus altérés. Le reste, c'est du hasard thérapeutique. »

Présentez à madame Renan mes respects et croyez-moi

Tout à vous.

M. BERTHELOT

XIII

A MONSIEUR RENAN

Rochecorbon, 31 août 1875.

Cher ami,

Me voici un peu en retard avec vous, et cela d'autant plus que vous vous êtes éloigné chaque jour davantage. De notre côté, nous avons fait ces jours-ci une petite excursion à Amboise et à Chenonceaux et nous avons visité Tours, qui a quelques vieux monuments. Mais ce pays a été dévasté successivement par les guerres religieuses et par la Révolution. La haine excitée par la longue domination cléricale, qui a régné dans cette région depuis les Mérovingiens, cette haine a dû être bien vive et bien profonde, à en juger par l'intensité des dévastations. Non contents de démolir la basilique de Saint-Martin, les révolutionnaires, sur son emplacement, ont fait passer une grande rue, pour en rendre la restauration impossible.

Dans les campagnes même, la population est douce, peu active, mais peu amie des prêtres. Bref, nous assistons à une volte-face étrange : le catholicisme, si longtemps soutenu par le paysan, a perdu cet appui, après celui des populations urbaines : il n'a plus pour lui qu'une bourgeoisie égoïste et abaissée, qui croit perpétuer sa domination en s'associant aux puissances du passé.

J'ai causé ici avec bien des gens de toute classe et de toute condition, et je commence à croire que nous touchons au terme de cette longue réaction de trente ans. A moins d'un accident extérieur, malheureusement toujours imminent (la Russie m'inquiète beaucoup, comme appoint d'une autre partie du joueur qui nous vise toujours), ou d'un accident intérieur peu probable, les élections prochaines, sénatoriales aussi bien que législatives, seront libérales et anticléricales, de l'avis même des gens officiels d'ici. L'Assemblée commet la faute si souvent renouvelée des ajournements d'élections, qui ont toujours tourné contre leurs auteurs (avril-mai 1848; septembre 1870, etc.); plus elle attendra, plus ses membres perdront leur chance de réélection.

En attendant je vous suis de la pensée dans votre voyage, auquel je regrette de n'avoir pu m'associer. J'ai vu aujourd'hui dans les journaux l'annonce de votre arrivée à Palerme et de l'ouverture du congrès. Dites-moi vos impressions, en quelque lieu que vous rejoigne cette lettre, qui ne vous trouvera plus sans doute en Sicile.

J'espère que votre santé se trouvera bien de ce climat chaud et que vous nous reviendrez en bon état, ainsi que madame Renan, à qui je vous prie de présenter mes amitiés et mes respects.

Tout à vous.

M. BERTHELOT

XIV

A MONSIEUR BERTHELOT

Ischia, 18 septembre 1875.

Mon cher ami,

Pardonnez-moi d'avoir tant tardé à vous écrire. Voici la première heure de repos que je trouve dans ce voyage endiablé. D'une part, Borighi nous a entraînés dans une course vertigineuse à travers la Sicile; de l'autre, une camorra, ennemie de mon repos, a organisé partout sur mes pas des ovations de toutes les heures, auxquelles il était impossible de se soustraire. Nous sommes éreintés. Je ne crois pas que depuis Empédocle, ce Newton doublé de Cagliostro, un savant ait fait de telles entrées dans les villes de Sicile. Je ne rends des points qu'à Garibaldi. Maintenant que nous avons dormi quelques heures dans un séjour des plus tranquilles, ce voyage nous apparaît comme un rêve insensé. Il faut savoir que pendant des années j'ai défrayé les prédicateurs de Sicile et que, d'ordinaire, le sermon finissait par le cri : *Evviva il Renan!* par ceux qui n'avaient pas bien compris et par les malins, qui tiraient de ce qu'avait dit le curé une conséquence tout opposée à la sienne; si bien que tous, même les curés, voulaient me voir, comme un mythe à la réalité duquel on croit à peine. Vous savez que je ne suis pas de ceux qui trouvent que :

Pulchrum est digito monstrari et dicier : hic est.

Mais il y avait dans tout cela tant de naïveté que je m'y suis prêté de bonne grâce.

Vous ne pouvez vous figurer les bizarres combinaisons qu'a produites sur cette terre singulière le mélange de toutes les races; ce qui domine, c'est la passion, le prosélytisme ardent. Or, il est incontestable que le catholicisme romain est fini dans ce pays. A Selinonte, dans un désert, des barques pleines de gens venus de dix à quinze lieues à la ronde, assiégeaient notre navire au cri de : *Viva la scienza!* Ce cri était le mot d'ordre dans tous les villages. Le clergé qui, à quelques exceptions près, est très fanatique, s'y prêtait avec bonne grâce et était très poli pour moi. Après la Hongrie, ce pays est sans contredit celui qui est le plus près de rompre ses vieux liens et d'entrer dans la voie de la réforme religieuse.

Nous avons vu à Palerme, à Montréal, à Cefalu, les chefs-d'œuvre de l'art arabe, byzantin, normand, combinaison unique au monde et charmante; à Ségeste, à Sélinonte, à Agrigente, à Syracuse, à Taormina, d'admirables restes grecs et romains. Certes, tout cela ne fait que relever Athènes, et prouve de plus en plus que les Athéniens ont inventé la perfection de l'exécution, ces délicatesses infinies, dont l'art grec avant eux, pas plus que l'art égyptien, ne se souciait.

Mais l'impression est partout vive et forte, et dans quelques endroits la nature est d'une ravissante beauté, plus analogue à la Syrie qu'à la Grèce et à l'Italie.

Ici, nous sommes nichés dans un endroit charmant, au milieu des vignes et des figuiers, à mi-côte du mont Épomée. Que je voudrais vous y voir! Paysage charmant, mer admirable; à l'horizon Terracine et Gaète; température délicieuse, ni chaud, ni froid. Quant à ma santé, je ne peux m'en plaindre, puisqu'elle ne m'a pas privé un jour de suivre l'expédition la plus épuisante qui fut jamais. Presque seul je n'ai pas dételé avant la fin. Et pourtant le pied droit n'est pas encore dans son état normal; il a de la raideur, une sensibilité exagérée aux changements de température. Demain, je commence les bains avec prudence, les douches aux jambes avec vigueur. J'espère; en tout cas, je suis content d'une expérience qui m'a montré que ma source de force n'est pas diminuée. Si vous n'êtes pas bien, venez ici. Nous y serons jusque vers le 6 ou le 8 octobre. Puis nous irons faire à Rome une bonne *ottobrata*. Croyez à toute notre amitié.

E. RENAN

XV

A MONSIEUR BERTHELOT

Ischia.

Mon cher ami,

Excusez-moi de si peu vous écrire. On me tiraille ici pas mal; on m'exploite et, suivant ma bienheureuse habitude, je laisse faire. Cela ne m'empêche pas cependant de jouir vivement de ce dernier voyage que je fais à l'île de Circé. Nous arriverons le 29.

J'ai maintenant, sans les avoir cherchées, les données les plus exactes sur l'état de ce pays. Il y aura des crises violentes, mais qui n'ébranleront pas l'édifice du royaume d'Italie, au moins de sitôt. Naples et Rome sont les deux grandes difficultés; mais le nord de l'Italie, avec son armée sérieuse, reconquerra au besoin le sud. Nous causerons de tout cela dans trois semaines.

Croyez à ma vive amitié.

E. RENAN

XVI

A MONSIEUR RENAN

28 août 1876.

Mon cher ami,

Je ne sais si je pourrai venir à notre réunion de samedi [1] : je suis un peu fatigué et obligé de quitter

---

1. Projets relatifs à la constitution des universités.

Paris l'après-midi. Je crois d'ailleurs que nos réunions touchent à leur terme, tant par la nécessité de donner une réponse presque immédiate au ministre, que par l'épuisement des questions sur lesquelles la majorité d'entre nous a des opinions communes.

Nous nous sommes réunis dans l'intention d'échanger nos idées par la conversation, et de constater ce qu'elles ont de commun, pour en faire part à qui de droit. Aujourd'hui cet échange tend de plus en plus à se transformer en une discussion sur les mérites d'un système complet et *a priori*. Son auteur, que j'aime et j'estime infiniment, voudrait faire adopter le système par la réunion, comme l'expression de nos convictions, qu'il s'efforce de déterminer par le raisonnement. Or, je crois la plupart d'entre nous peu disposés à entrer dans cette voie ; chacun ayant des opinions acquises par une longue expérience des matières, et qu'il est peu enclin à modifier à la suite d'un raisonnement *a priori*. Je pense, sauf opinion contraire de la majorité, qu'il conviendrait de consacrer la séance de samedi à résumer les principes communs auxquels nous nous sommes arrêtés, tels que :

1° Constitution de certains groupes de facultés en universités, avec conservation des autres facultés comme unités isolées et d'ordre moindre, ne délivrant pas les grades supérieurs ;

2° Constitution de ces universités à l'état de personnes civiles mixtes, aptes à recevoir des donations et à faire emploi de leurs propres recettes de toute nature, sous la surveillance de l'État et de la Cour des comptes;

3° Institution des docteurs autorisés à faire des cours dans les locaux de l'Université régionale. Les règles relatives à l'institution des professeurs titulaires ou agrégés seraient à déterminer par des règlements propres à chaque faculté, et même à chaque université;

4° Attribution des inscriptions et des examens à l'Université régionale; avec cette clause que, pour les inscriptions à des cours non publics, il sera fait attribution au professeur d'une portion du produit à déterminer, et qui ne saurait être inférieure à la moitié; même règle pour les professeurs qui font les examens.

Je voudrais que vous fussiez chargé de rédiger ces propositions collectives de notre réunion, pour les remettre dès lundi à M. Waddington, comme il en a témoigné le désir.

Quant aux autres points qui restent à examiner entre nous, ils me paraissent donner lieu à une division beaucoup plus grande des opinions; rien ne nous empêche de poursuivre cet examen la semaine prochaine afin de dégager ce qu'il peut y avoir de commun et accepté de tous. Mais je pense qu'il conviendrait d'arrêter, dès à présent, non le système complet que nous proposerions — car nous n'avons, je crois, aucun système commun, — mais les principes généraux sur lesquels nous sommes d'accord, et au delà desquels je crains que l'accord ne se poursuive pas. Je vous serais obligé de donner connaissance de cette lettre à la réunion.

Votre tout dévoué,

M. BERTHELOT

XVII

A MONSIEUR BERTHELOT

Casamicciola, 6 août 1877.

Mon cher ami,

Nous voici installés, et fort agréablement. J'ai trouvé ce vieux volcan plus vert, plus frais que jamais. La chaleur du milieu du jour est forte; le reste du temps est délicieux. Le voyage de mer a été rude; encore un principe auquel il faut que je renonce. La Méditerranée en été peut être fort agitée. De grosses lames du sud-ouest, sans vent appréciable, nous prenant de flanc, nous ont fort secoués. Ma femme a un peu souffert; Noémi seule a été inébranlable; elle est née fille de mer; elle pleure à chaudes larmes le *Saïd* et le plaisir qu'elle a eu.

Aujourd'hui j'ai pris mon premier bain; j'ingurgite consciencieusement des eaux de toutes sortes de dosage. En tout cas, je suis très bien; cette gymnastique des voyages du midi est ce qu'il me faut. Noémi va prendre des bains de mer. On les conseille également à Ary. Ces bains sont ici dans certaines baies tellement chauds (en creusant le sable un demi-mètre, on a l'eau de mer à 30 degrés) que nous allons essayer.

Ma femme prendra aussi des bains des sources les plus douces. Noémi va à merveille ; elle s'éveille comme je l'avais pensé. Figurez-vous que c'est Henriette, Henriette ressuscitée, avec sa timide pudeur et ses doux abandons. Elle me disait bien, la pauvre fille, dans ses derniers jours : « Cette petite-là me remplacera ». Jugez de ma joie !

Je pense que Houlgate vous est aussi bienfaisant qu'à nous ce beau rivage. Le Drochon est aussi une fort jolie chose. Si cela ne va pas, venez ici, mais ne venez pas par mer. Nous sommes dans un hôtel rustique, où la place surabonde. Il faut se fortifier pour la lutte de la vie, telle que le siècle et notre pays l'ont faite. Plus je vois à distance ce qui se passe dans notre malheureuse France, plus je suis navré. Il me semble que la défaite de cette partie stupide du 16 mai est plus certaine que jamais. Mais l'avenir m'inquiète. J'ai peu de foi. La désolante fausse manœuvre que les classes conservatrices ont faite en donnant dans ce panneau est leur fin. Or, on ne change pas de classe conservatrice et on ne vit pas sans une telle classe. Les éléments qui ont fait la France, la dynastie capétienne, la noblesse, le clergé, la haute bourgeoisie vont n'avoir qu'un but, détruire leur œuvre. Or, une nation ne résiste pas à une semblable lutte en ses entrailles. On va revoir 1791 et 1792, la partie traditionnelle et conservatrice émigrant (à l'intérieur, à l'extérieur, n'importe), exaspérant la France nouvelle, appelant et provoquant la persécution. La persécution viendra; nous aurons 1793, et, comme l'Europe n'est plus d'humeur à laisser nos démocrates se battre, ce sera *Finis Franciæ*. On a détruit les conditions mêmes d'existence de ce peuple; mais tout cela viendra lentement, tandis que la partie d'Albert de Broglie, c'est la fin dans un an.

Les enfants viennent de prendre un bain de mer excellent. Écrivez-nous, dites toute mon admiration à madame Berthelot et croyez-moi votre meilleur ami.

E. RENAN

XVIII

A MONSIEUR RENAN

Beuzeval-sur-Dives, 11 août 1877.

Mon cher ami,

Je viens de recevoir votre lettre, qui nous a tous fort réjouis; car je vois que vous vous portez bien, ainsi que madame Renan et vos enfants, malgré les incidents maritimes. Tantôt je voudrais être avec vous à Ischia, toutes les fois qu'il pleut, ce qui est fréquent à Beuzeval. Tantôt je voudrais que vous fussiez avec nous à Beuzeval, toutes les fois qu'il y fait un soleil brillant et un ciel bleu, à travers cette merveilleuse verdure, comme au moment où je vous écris. Si vous avez les étuves et la vapeur d'eau minéralisée, nous avons la mer avec son eau, parfois calme comme un lac, où l'on s'ébat dans une onde tiède, tantôt déferlant en grosses lames, qui vous secouent et vous renversent sur le sable, comme ce matin. C'est en somme une bonne hygiène pour nous tous; les enfants vivent dans le sable et l'eau, comme de petits tritons : sans cesse occupés, soit à bâtir des châteaux de sable, image de ceux qu'ils élèveront plus sérieusement en apparence dans leur âge mûr; soit à pêcher des poissons microscopiques, dont ils font faire de prétendues fritures à la cuisine. Mais tout est affaire d'opinion et d'illusion. Celles-là leur plaisent beaucoup. René surtout est dans un état de joie continue. L'épanouissement de ces caractères d'enfants, et bientôt de jeunes gens et de jeunes filles, est un spectacle plein d'attraits pour des parents : ce sont les fleurs de la vie. Verrons-nous les fruits? Nous causons souvent de vous avec les Bréal, qui sont venus ici, mais à qui ce climat ne convient pas beaucoup. Madame Bréal est surtout bien frêle et bien fatiguée.

J'ai eu hier la visite de Ch. Dollfus, resté toujours le même philosophe amateur et sympathique. Malgré sa ferme volonté de s'isoler en Suisse, il n'a pu résister jusqu'au bout à l'attraction de Paris : il y est ramené par les nécessités de l'éducation de ses enfants et il s'y installe à demeure. Nous le verrons cet hiver.

La situation ici est toujours incertaine pour le prochain avenir et plus encore pour celui qui suivra. Je ne sais si nous avons encore la vigueur nécessaire pour faire la Convention que vous rêvez : elle aboutirait d'ailleurs bien vite au despotisme. L'état présent y conduit aussi. A moins que nous n'échappions à tous ces maux par la faiblesse même de notre tempérament présent, comme ces gens affaiblis qui résistent mieux à l'influence d'une atmosphère méphitique que les hommes vigoureux, ayant déjà pris l'accoutumance de ne respirer qu'à moitié.

Adieu, mon cher ami, embrassez pour nous vos enfants ; dites toute notre affection à madame Renan.

Tout à vous.

M. BERTHELOT

XVIII bis

MONSIEUR BERTHELOT

La Cava, 5 septembre 1877.

Mon cher ami,

Sempre bene. Le mois d'août a été exceptionnellement chaud cette année en ces parages. On est mort de chaleur à Rome et à Naples. A Ischia, grâce à la hauteur où nous étions, c'était très vivable, et le soir délicieux. Ma cure, que j'ai faite très énergique, n'en a été que mieux. Les médecins italiens ont raison. Il faut prendre ces bains par les mois très chauds. Ary, à qui j'ai fait faire une forte demi-cure, s'en est extrêmement bien trouvé. Il a pu pendant tout son séjour se livrer aux exercices les plus violents, aux plus fortes courses à cheval, sans autre résultat qu'un grand bien-être. Noémi a pris tous les jours son bain de mer et s'en est très bien trouvée aussi.

Avant-hier nous n'avons passé que quelques heures torrides à Naples. Dès le soir nous sommes venus coucher ici, où la température est très douce. Je ne sais si vous connaissez la Cava. C'est une haute vallée dans l'embranchement de l'Apennin, qui fait la presqu'île de Sorrente. C'est vraiment charmant, quoique sans pluie depuis cinq mois.

Aujourd'hui nous allons à Salerne, demain soir nous coucherons à Amalfi. Notre retour à Paris est toujours pour les premiers jours d'octobre.

Vu d'ici le spectacle de ce qui se passe dans notre malheureux pays est encore plus triste. Vous ne sauriez croire le mépris et la pitié que cela inspire. Pour l'étranger, c'est une seconde Commune, en un sens moins excusable que la première. Il est incontestable que, depuis quelques années, le monde a fait un grand progrès politique; les procédés inouïs des préfets de M. de Fourtou et des magistrats de M. de Broglie paraissent des procédés de Peaux-Rouges, devenus par surprise maîtres de la politique de pays civilisés. Jamais, même en 1871, je n'avais parcouru l'étranger avec le sentiment d'une pareille humiliation pour mon pays. Le public ici croit au triomphe du parti républicain; mais le gouvernement est inquiet, et (d'accord avec l'Allemagne?) prend de grandes précautions. Plus que jamais je crois que la réussite de cette folle entreprise, si elle était possible, amènerait vite la guerre. Oh! les misérables!

Écrivez-moi à Naples, hôtel de Genève. Nous y serons jusque vers le 13.

Croyez tous à toutes nos amitiés.

E. RENAN

XIX

A MONSIEUR BERTHELOT

Constance, 18 août 1878.

Cher ami,

Tous très bien et jusqu'ici tous très contents du voyage. Voilà l'abrégé de nos huit ou dix premières journées. Les Vosges m'ont fait le plus grand plaisir, quoique le temps nous ait peu favorisés. Les environs de Gérardmer sont tout ce qu'il y a de plus frais, de plus doux et de plus reposant. La traversée du Ballon d'Alsace nous a fait beaucoup de plaisir aussi. Bâle a de curieuses choses, et sûrement, pour qui voudrait aborder par le vif l'étude de notre société européenne, ce serait là un des points où il serait intéressant de pousser des coups de sonde. Démocratie absolue succédant à une république aristocratique, souci exclusif du peuple, sacrifice complet des classes riches et éclairées, dont la vie devient chaque jour plus impossible, édilité digne d'une bourgade, grande propreté cependant et grand ordre pour l'instruction primaire, musées, où de vrais trésors se mêlent sans discernement au grotesque et à l'apocryphe. Cela vit cependant, car cela n'est pas seul au monde, et reçoit du dehors une atmosphère mieux préparée. Mais cela seul régnant, ce serait l'abaissement de l'humanité d'un cran, et quand on pense qu'il y a trois cent cinquante ans, cette ville jouait par sa bourgeoisie un rôle de premier ordre dans l'œuvre de la Renaissance et de la Réforme!...

Oh! la ravissante chose que le lac de Constance, et qu'on a tort de préférer à cette nature charmante, parfaite en ses détails, des chaos, des crises comme la Suisse! Nous faisons de délicieuses promenades en bateau, et ayant trouvé une très jolie chambre sur le lac même, dans le vieux couvent des dominicains transformé en hôtel, nous y prolongerons notre séjour. Voilà deux jours que nous y sommes et nous y resterons demain encore. Après-demain, nous irons par le lac à Bregenz. Là nous déciderons quelle voie nous suivrons pour atteindre Inspruck. Ce n'est pas facile; les lignes du chemin de fer du Tyrol et du Vorarlberg sont encore très imcomplètes.

La route par lE'ngaddine est interminable, et nous craignons un peu le froid de ces très hautes altitudes; ce n'est pas ce que nous cherchons. Enfin nous verrons; écrivez-nous, en tout cas, poste restante à Inspruck. Écrivez-nous tout de suite. Nous ne savons rien. Nous n'avons pas lu un journal depuis huit jours. Donnez-nous surtout de vos nouvelles, de celles de madame Berthelot, de toute votre famille, et croyez tous à notre plus vive amitié.

E. RENAN

XX

A MONSIEUR RENAN

Sèvres, 21 août 1878.

Mon cher ami,

Votre lettre a été la bienvenue au milieu d'un sombre jour de brouillard, tel que nous n'en avions pas eu encore cette année. La saison tourne au pluvieux permanent, à mon grand désespoir : hier j'ai étouffé toute la journée, le rhumatisme s'étant porté sur la poitrine. J'espère, mais avec doute, que vous avez un autre temps. En tout cas, vous en aurez un autre dans l'Italie supérieure. Je vous envie sans pouvoir vous imiter.

Le musée de Bâle est étonnant surtout pour la peinture. Quant à la ville et à son état présent, c'est la conséquence d'un trop petit centre, où chacun voit de près et critique avec étroitesse l'action collective. Nos grandes organisations échappent et échapperont toujours, je l'espère, à cette diminution morale, parce que la distance est trop grande entre l'électeur et le fruit de son argent. Et puis il y a et il y aura toujours une fierté nationale, qui n'existe plus aujourd'hui dans les États trop petits, parce qu'ils n'ont pas d'espérance de pouvoir jamais faire comme Florence : « Une œuvre plus belle que celle d'aucun autre État. »

Il faut aujourd'hui trop d'argent pour cela. En un mot, ils me font l'effet de ces montres minuscules logées dans un bijou, mais trop petites pour que l'on ait pu y placer les organes de précision des grandes.

Ici rien de nouveau. Les ministres multiplient leurs discours, afin d'échapper au remaniement immédiat du ministère, chacun voulant se faire regarder par l'opinion comme indispensable.

Mais la durée assignée par le Destin à leur existence ministérielle est trop courte pour qu'ils puissent entreprendre des actions véritables. En attendant l'on vit, et c'est beaucoup. Mes enfants sont en train de se disperser : André est à Trouville, Hélène et Camille vont partir pour la Touraine. Bon gré mal gré, mon travail fini ou non, la fatigue va m'obliger aussi à prendre quelque repos. Mais je voudrais bien que ce fût par un temps meilleur. Embrassez Ary et Noémi, serrez la main à madame Renan et croyez-moi toujours tout à vous.

M. BERTHELOT

XXI

A MONSIEUR BERTHELOT

Florence, 10 septembre 1878.

Mon cher ami,

Il faut que l'on se possède bien peu en voyage pour que je sois si fortement en retard avec vous. De Constance à Venise nous avons été dans un mouvement perpétuel, et à Venise nous avons eu de fortes chaleurs, qui chaque soir nous mettaient dans un état de prostration physique fort agréable, mais peu favorable à l'activité. Le Tyrol nous a enchantés; c'est bien plus calme et plus reposant que la Suisse, plus frais même, surtout plus agréable pour le promeneur et pour l'étranger.

Innspruck a le plus singulier monument que j'aie jamais vu, le tombeau de Maximilien, collection incroyable de géants en bronze, vrais crétins intermédiaires entre l'homme et la bête, représentant les ancêtres vrais ou mythiques de la maison d'Autriche. Le lac de Garde est admirable; c'est le plus beau des lacs italo-alpins. Ce trou dans un entassement d'énormes montagnes est quelque chose de tout à fait frappant. Virgile a raison; c'est bien une mer.

Nous avons fait à Venise des voyages à Torcello, à Chioggia, qui nous ont montré la lagune sous ses plus beaux aspects. C'est un des spectacles dont je ne me lasse jamais ; la nature, avec la collaboration de l'homme, a vraiment préparé là une de ses grandes séductions.

Quant aux hommes, je les vois devenir partout plus étroits, plus égoïstes, plus jaloux. Le principe des nations, le seul admissible pourtant, amènera des rivalités pires encore que le principe des dynasties. Tout ce que j'ai vu de l'Autriche allemande me l'a montrée plus *deutsche* encore que l'Allemagne du Nord. Le peuple tyrolien garde sa fidélité à la maison d'Autriche; il y aurait là, en cas d'annexion, de nouveaux André Hoffer. Mais la bourgeoisie autrichienne qui parle allemand convolera avec plaisir à l'empire allemand; à condition, bien entendu, que cela ne tarde pas trop : *Omnia semper habent,* comme dit l'Ecclésiaste. Le patriotisme entendu à la façon d'aujourd'hui est une mode qui en a pour cinquante ans. Dans un siècle, quand il aura ensanglanté l'Europe, on ne le comprendra pas plus que nous ne comprenons l'esprit purement dynastique du xvii° et du xviii° siècle. Tout est vanité, excepté la science : l'art même commence à me paraître un peu vide. Mes impressions d'il y a vingt-cinq ans me paraissent empreintes de quelque enfantillage. Au point de vue où nous sommes, aucun tableau ne peut plus rien nous apprendre. Enfin cela a vécu et cela suffit.

Que ferons-nous après la fin du congrès? Ma foi, nous n'en savons rien. Ce qu'il y a de sûr, c'est que nous serons à Paris vers le 10 octobre. Le voyage fait beaucoup de bien à ma femme et à Noémi. Notre pauvre Ary s'en trouve très bien aussi. Pour moi, ces fortes fatigues au grand soleil sont mon remède souverain. Nos meilleurs souvenirs à madame Berthelot. Croyez à ma vive amitié.

E. RENAN

XXII

A MONSIEUR RENAN

2 décembre 1878, Antibes.

Mon cher ami,

Voici bien des jours que j'ai quitté Paris, et je n'ai pu écrire encore aucune lettre, ni à vous ni à d'autres parents ou amis. J'ai visité les doubles facultés de Lyon, Marseille, Montpellier, divers établissements accessoires et le jardin Thuret, où nous sommes depuis quelques jours; j'ai dû rédiger de suite et à mesure une douzaine de rapports : ce qui m'a pris tout le temps disponible, je parle du temps pour écrire, car nous avons vu en passant Fourvières, cet étonnant prodige de la puissance des superstitions humaines; Orange, que je revois avec admiration après vingt ans; Arles et Montmajour, où l'on retrouve à la fois l'empreinte des Romains et les œuvres pures et simples, mais sans solidité, de la vieille architecture romane (Montmajour, chapelle des Alyscamps, puis à Marseille, la vieille Major); Notre-Dame de la Garde, plus achevée que Fourvières et également dominée par la statue dorée de la Déesse du catholicisme moderne; qu'auraient dit les anciens catholiques, s'ils avaient vu cette figure dominante partout substituée à la Croix? Nîmes et ses vieux monuments, que nous avons visités malgré la pluie : la fontaine est surtout d'un effet prodigieux : elle a dû être l'objet d'un culte depuis des milliers d'années. Si l'on plongeait en scaphandre au fond du gouffre bleu, on y trouverait sans doute bien des offrandes, depuis l'âge de pierre, jusqu'à celui des Volkes Arécomikes et des Romains.

Montpellier n'a pas de monuments; mais j'y ai revu avec plaisir cette vieille et originale figure de M. Martens, au milieu de son Jardin des plantes, qui remonte au XVe siècle, et où l'on avait à l'origine figuré les montagnes par une arête de trois mètres de haut, sur laquelle on disposait les plantes pyrénéennes au nord ou au midi, chacune dans son altitude. Martens est encore plein de vigueur et de zèle scientifique, malgré ses soixante-dix ans, et en avance d'esprit sur nos botanistes parisiens, attardés dans le culte des préjugés officiels. J'ai été surpris de voir, sous ce rapport, que la province commence à devancer Paris. Ses savants sont moins réactionnaires, plus ouverts aux nouveautés, chose étrange!

L'une des physionomies les plus singulières que j'aie rencontrées est celle de M. Naudin, notre confrère, qui dirige ici le jardin Thuret. Absolument sourd, il s'est concentré en lui-même et a atteint une élévation et une ouverture d'esprit étonnantes. Il pense et sent toutes choses comme nous ; mais il faut causer avec lui par écrit, sur une ardoise qu'il a dans sa poche. J'aurais encore bien des choses à vous dire, mais ce sera pour une autre fois. Je vous embrasse ainsi que madame Renan et vos enfants.

Tout à vous.

M. BERTHELOT

XXIII

A MONSIEUR BERTHELOT

Paris, 4 décembre 1878.

Mon cher ami,

Votre lettre nous a remplis de joie ; je vois que vous allez bien, puisque vous goûtez si vivement ce beau Midi provençal, qui n'a rien à envier aux plus classiques régions du monde. Jouissez, et pourtant ne nous laissez pas trop longtemps privés de vous. Nous avons besoin de vous : j'ai à peu près fini mon discours de réception, mais je ne veux pas le lire sans vous l'avoir communiqué. Mézières veut aussi vous soumettre ce qu'il doit dire de Bernard. Or, il serait bon pour diverses raisons que j'entre le plus tôt possible dans cette compagnie, qui va faire une

amère sottise, le 26 de ce mois, en nommant
M. d'Audiffret-Pasquier. Nous voudrions que l'élection suivante soit un peu moins ridicule.

Nous allons assez bien; mais l'obligation où nous sommes de déménager nous met dans un terrible embarras. Nous ne trouvons rien, à la lettre; nos quartiers sont bourrés à un point dont on ne peut se faire une idée, et cependant nous ne voulons pas les quitter. Cela nous rend extrêmement malheureux.

Nous sortons de dîner chez la princesse Mathilde, que nous avons trouvée verte et allègre autant que jamais. Taine y était fort content de son nouveau titre, et jugeait des affaires présentes avec plus de calme qu'autrefois. Tout va passablement; mais il est clair que la grande lutte inévitable entre la monarchie et la république avance à grands pas. Le gouvernement allemand s'affole et provoquera la crise. Il est hors de doute que l'exemple de la France est une propagande tacite de la plus grande efficacité. Il y aura sûrement contre elle une ligue de royautés. Dans la question ainsi posée, il n'y a pas à hésiter. Attendre sans nulle provocation. Dans cette attitude, nous serons très forts. Mais il faut nous attendre à une violente attaque. Tous les renseignements que l'on a sur l'état intérieur de l'Allemagne sont très graves. Si ce pays ne nous fait pas la guerre et si nous ne la lui faisons pas, sa dislocation est écrite dans un temps donné.

Tristes nouvelles de Flaubert. Il est ruiné, par

suite de sa déplorable confiance en je ne sais quel cousin normand.

Il y a à l'Instruction publique une mollesse, un décousu, un désarroi déplorables; ceci soit dit entre nous. Rarement les choses ont été plus mal, au moins dans l'ordre des faits que je connais le mieux. Je crois que nous ne verrons pas les abus diminuer; mais après tout on vivra, à moins de grosses fautes, et après tout ce que nous avons vu, nous n'avons pas le droit d'être bien difficiles! Pauvre boiteuse machine! c'est encore étonnant qu'elle ne marche pas plus mal.

Nos meilleurs compliments à madame Berthelot; croyez à notre vive amitié.

E. RENAN

XXIV

A MONSIEUR RENAN

Menton, pension Camous, 8 décembre 1878.

Mon cher ami,

J'ai reçu votre lettre et vos nouvelles hier. Me voici à Menton pour quelques jours, si toutefois mes nerfs me permettent d'y rester, car ils sont terriblement agacés par ce merveilleux climat : ce qui me désole. La mer est si bleue, le ciel si brillant, les montagnes si pittoresques! mais avec tout cela je ne dors plus. Déjà à Nice cette excitation commençait; si elle ne cesse pas, il faudra partir :

Medio de fonte leporum
Surgit amari aliquid quod in ipsis floribus angat.

Je ne puis souffrir surtout cette odeur d'eucalyptus dont on a infecté ces campagnes. J'ai vu en Provence bien des choses étonnantes, sans parler du climat. La vieille Cagne sur son arête de rochers, avec un château génois à escalier intérieur à jour pour couronnement. La vieille Vence, plus extraordinaire encore. On y distingue nettement trois enceintes; d'abord la romaine, avec ses larges pierres taillées à facettes, comme au palais Pitti. Une tour est encore entière : çà et là dans les murs des maisons sont encastrés des débris d'inscriptions.

Mais l'enceinte romaine a servi de murs à toute une rangée de maisons qui s'y sont adossées et creusées. Au moyen âge, on a construit en avant un second rempart crénelé; puis ce rempart lui-même a fourni les façades à une seconde ligne de maisons, qui se sont surélevées au-dessus, en comblant les vides des créneaux, demeurés partout visibles.

Au pied de ces maisons, Louis XIV a construit son boulevard et son troisième rempart, qui a joué un rôle dans les sièges de 1704 et 1747. La ville même est vieille et sale : sauf quelques maisons du XIIIe siècle, avec leur double ogive de fenêtre, et quelques-unes du xvi°, presque tout remonte au xvii°. C'est donc ainsi dans la boue et la saleté que l'on vivait dans les capitales de la Provence : nous assistons à la vie journalière de madame de Sévigné et de ses contemporains. Aujourd'hui cela s'appellerait vivre dans l'ordure.

Nice même n'a rien d'antique, mais nous avons visité Cimiès, où se trouvent un amphithéâtre, des bains romains en ruines, et une curieuse abbaye toute restaurée, mais qui a des traditions. Il y a là un cimetière conservé, tout en marbre avec de longues lignes de tombeaux, où les riches catholiques recherchent leur sépulture : devant, un monument unique, je crois, dans son genre, un chérubin remplaçant le Christ sur la croix, avec ses ailes, conformément à une vision de saint François. Il y a là une déviation du type traditionnel, toute mystique et hétérodoxe.

Vous voyez que nous utilisons notre temps ici : répondez-moi sans délai.

Tout à vous.

M. BERTHELOT

Je voudrais vous parler aussi d'Eza, que j'ai visité en détail, avec la ruine de sa forteresse sarrasine sur son rocher sauvage. C'est une ville fortifiée du temps du royaume d'Arles, conservée tout entière.

XXV

A MONSIEUR BERTHELOT

Paris, 17 décembre 1878.

Mon cher ami,

Il paraît que votre Midi est cette année bien maussade. C'est mal à lui. Ma foi, si vous n'allez pas bien, revenez. Ces ébranlements nerveux qui nous atteignent parfois sont choses si capricieuses! et puis nous avons tous grand désir de vous voir!

Tous vos amis vous désirent beaucoup. J'ai remis mon discours à Mézières, et nous attendons votre arrivée avec impatience.

Je suis bien aise que vous ayez été à Vence et à Cagne; ce sont en effet deux points très intéressants. Je vous recommande aussi Albenga. A Lyon, n'oubliez pas l'église d'Ainai, si vous ne l'avez déjà vue. Faites-vous montrer le musée épigraphique par M. Allmer, récemment nommé conservateur, et qui nous doit un peu sa nomination. Dites-lui aussi de vous conduire à l'endroit de l'autel de Lyon et de l'amphithéâtre.

Ce pauvre ministère de la rue de Grenelle ne va guère. Ils ont bien besoin que vous les conseilliez un peu; je dis qu'ils en ont besoin, mais ce besoin ils ne le sentent pas assez. Tout cela est bien superficiel et présomptueux, et quant à la tête de ce pauvre ***, c'est une vraie marmelade. Tout s'y brouille. Le proverbe populaire qu'il y a un dieu pour les ivrognes me ferait croire qu'il y a aussi un dieu pour l'humanité, à voir que si mal conduite elle ne se rompe pas tout à fait le cou.

A bientôt; revenez-nous fort joyeux. Nous n'allons pas mal. Croyez, ainsi que madame Berthelot, à notre vive amitié.

E. RENAN

XXVI

A MONSIEUR BERTHELOT

Casamicciola, île d'Ischia, hôtel Bellevue.
17 août 1879.

Mon cher ami,

Nous voici réinstallés dans notre maison d'Ischia, même terrasse, même appartement, et nous nous y trouvons on ne peut mieux. Les chaleurs sont très fortes à Naples; mais ici la température est extrêmement agréable : fort soleil, mais brise exquise; soirées et matinées délicieuses, je prends mes bains consciencieusement, tout en croyant plus à cet air et à ce puissant soleil. Je vais très bien, du reste, depuis Turin; décidément mon grand remède est le séjour dans le bassin immédiat de la Méditerranée.

Nous sommes venus toujours par terre, en commençant par la Savoie et notre ami Taine.

Il a un établissement rustique vraiment charmant sur le bord du lac d'Annecy. On ne peut voir un plus beau pays; verdure exquise du sol, arbres superbes, eaux limpides et fraîches s'échappant de toutes parts. Seulement, peut-être aussi notre ami s'y acoquine un peu trop. Il est conseiller municipal, lié avec la gentry du pays, et il y tient sérieusement. Cela le rend incapable de bien juger les grandes choses du passé, qui ont été faites bien plus par enthousiasme et par passion que par raison. Il m'a lu des parties de ses *Jacobins*. Presque tout est vrai en détail; mais c'est le quart de la vérité. Il montre que tout cela a été triste, horrible et honteux; il faudrait montrer en même temps que cela a été grandiose, héroïque, sublime. Ah! quelle histoire, pour qui saurait la faire, qui la commencerait à vingt-cinq ans, et serait à la fois critique, artiste et philosophe. Il faudrait ne rien dissimuler, montrer l'absurde et le ridicule à côté de l'admirable, que le tableau fût semblable à la réalité; et on serait sûr d'avoir fait l'œuvre la plus frappante qui fut jamais.

A Roujoux, chez les Buloz-Pailleron, nous avons fait connaissance avec le lac du Bourget, supérieur en un sens à celui d'Annecy. Définitivement cette Savoie est une merveille, le pays peut-être qui repose et rafraîchit le plus.

Nous avons ensuite coupé notre longue route en trois étapes. Inutile de vous dire que nous avons eu grandement chaud en chemin de fer. Nous avons cependant passé quelques bonnes heures à Rome avec des amis. Ici, je me repose et je travaille, dans la tranquillité la plus absolue. Si les journaux de Naples ne m'avaient rendu le mauvais service de donner mon adresse, ce qui m'attire chaque jour des ballots de lettres que je ne lis pas, ma retraite serait parfaite.

Je fais, pour occuper mes heures de travail, des scènes philosophiques, des dialogues que je groupe autour d'Arnauld de Villeneuve et de l'invention de l'eau-de-vie. Je vous lirai cela à mon arrivée.

A distance, comme de près, l'article 7 de Ferry me paraît une faute énorme. Je ne vois que deux alternatives également fâcheuses. Victoire de Ferry, aboutissant à l'impuissance du gouvernement et à l'exaspération des catholiques; ou défaite de Ferry et victoire des Jésuites, hypothèse non moins désolante. Tâchez donc, puisque vous avez qualité, de corriger par votre réflexion ces empressements bien intentionnés, mais pleins d'étourderie.

Nos souvenirs affectueux à madame Berthelot; croyez à notre vive amitié.

E. RENAN

XXVII

A MONSIEUR RENAN

26 août 1879.

Mon cher ami,

Je suis bien aise de vous savoir à Ischia en bonne santé, et je n'ai d'autre regret que de ne pouvoir jouir avec vous de ce beau climat.

Je vais m'ébranler à mon tour dans quelques jours. J'ai fini mon livre [1], livré les dernières pages manuscrites (errata et additions) hier; je compte donner les derniers bons à tirer à la fin de la semaine et je regarde, non sans quelque mélancolie, ce grand travail de seize ans terminé : voilà six ans, tout compte fait, que la rédaction seule m'en préoccupe et que je n'ai point donné de longues pensées à autre chose. J'ai veillé sur mon œuvre et la voici livrée aux *disputationes*.

De quel côté me tourner, quelle entreprise nouvelle aborder? Depuis le livre de la *Synthèse* jusqu'à la *Mécanique chimique*, il s'est écoulé vingt ans. Je ne dois pas espérer en retrouver vingt autres, surtout d'activité et de force intellectuelle, pour le travail du laboratoire et celui du cabinet. Maintenant il va falloir regarder le terme de la vie, élever ses enfants,

---

1. *Essai de Mécanique chimique.*

les établir, et puis s'en aller; peut-être avant d'avoir tracé son dernier sillon !

Ici tout dort, mais on sent comme un frémissement contenu dans l'opinion et dans les esprits. La grande lutte du cléricalisme et, disons le mot, du catholicisme, est commencée. Peut-être l'escarmouche de l'article VII a-t-elle été mal conduite. Mais la lutte était fatale et je crois qu'elle était nécessaire pour attribuer à la République son vrai caractère moderne et de libre pensée vis-à-vis de l'intérieur, comme de l'extérieur. Bien des gens s'effraient et s'imaginent que l'accident de l'article VII forme le fond du débat. Je crois que c'est une erreur, et le parti clérical est bien du même avis, comme le montre sa résistance désespérée contre l'établissement de la République en 1848-1851 et depuis 1871. Maintenant il est clair que la campagne doit être menée avec prudence et réflexion et qu'il y aura bien des fautes commises, bien des retours offensifs de l'ennemi. Mais je crois qu'un sûr instinct guide le parti républicain dans l'engagement même du combat. Il s'agit en effet d'arrêter la décadence imminente de l'esprit français et d'empêcher la destruction de notre unité morale. Si nous avons assez d'énergie et de prudence nous vaincrons. Présentez mes respects à madame Renan et croyez-moi

Tout à vous.

M. BERTHELOT

XXVIII.

A MONSIEUR BERTHELOT

Casamicciola, 12 septembre 1879.

Voilà notre paradis d'Ischia qui va se clore. Nous partons après-demain matin, non sans regrets. Temps toujours délicieux; pas encore une goutte de pluie, mais grand rafraîchissement, par suite d'orages qui ont passé sur notre tête et sont allés crever sur Gaëte et l'embouchure du Vulturne. Ce soir, Capri et le cap Sorrente égalaient au coucher du soleil, par leur lumière splendide, les plus beaux aspects de la Grèce. Enfin nous sommes contents. Je vais bien, je crois; l'air et l'exercice sûrement me font du bien; les bains aussi, j'imagine.

Ne travaillez pas trop : la fin de tout est chose fiévreuse; il faut s'en garer. Il vaudrait mieux paraître un mois plus tard et ne pas vous mal disposer pour l'hiver.

Nous allons user une douzaine de jours à Naples, Castellamare, Sorrente, Capri. Puis nous nous acheminerons vers le nord. Nous serons à Paris le 14, au matin.

J'ai fini ma suite de *Caliban*, que j'intitule l'*Eau de Jouvence*, pour ne pas l'appeler l'Eau de vie. J'y ai fondu la légende d'Arnauld de Villeneuve. Cela m'a servi de cadre à diverses suggestions philosophiques.

Je vous le lirai, à mon arrivée. En tout cas cela m'a fort amusé à faire.

Ary va extrêmement bien, il peint beaucoup et je suis content de lui. La petite Noémi est toujours très bonne et prend très gentiment toutes nos petites manies; le voyage aussi la développe beaucoup. Ma femme a été un peu éprouvée par les fortes chaleurs; maintenant elle est très bien. Quel joli pays! vous ne pouvez pas vous figurer combien c'est riant, aimable, animé!

Il fait des miracles, jusqu'à me faire lever tous les jours à six heures du matin, pour travailler sur notre terrasse. Nous craignons parfois de ne pas nous plaire autant à Castellamare, à Sorrente, etc. Enfin il faut se partager.

Assurez madame Berthelot de nos sentiments les plus affectueux et croyez, cher ami, à toutes mes tendresses.

E. RENAN

Écrivez-nous à Naples, hôtel de Rome, ces jours-ci. Puis adressez-nous à Venise, hôtel Victoria.

XXIX

A MONSIEUR RENAN

26 septembre 1879.

Mon cher ami,

Je trouve votre lettre, en arrivant d'un petit voyage aux Pyrénées que j'ai fait avec André. J'avais aussi besoin de revoir un peu de lumière, après cette année d'obscurité et d'humidité.

Ici tout me paraît se préparer pour une lutte intérieure violente entre le cléricalisme et la République. C'était inévitable, du moment où l'on voulait remonter le courant que nous avons descendu depuis 1858 : le procédé suivant lequel la lutte a été engagée peut être plus ou moins critiqué; mais la lutte même était dans la nature des choses et j'en regarde l'issue, qui ne sera réglée ni en un jour, ni en un an, comme devant décider de la destinée de la France. Les choses ne me paraissent pas s'annoncer sous de trop mauvais auspices, malgré bien des doutes.

Votre tout affectionné,

M. BERTHELOT

XXX

A MONSIEUR BERTHELOT

Naples, 28 septembre 1879.

Cher ami,

Voilà notre voyage qui s'approche de son terme. Tout s'est passé à souhait. Ischia jusqu'au bout nous a paru charmant. Sorrente en son genre égale Ischia. Tout cela nous a bien reposés. Ary est extrêmement bien et très heureux, surtout depuis que ses amis Paléologue sont en ces parages. Noémi est toujours très bonne. Ma femme est au mieux depuis la fin des grandes chaleurs et moi je marche très bien.

J'ai travaillé beaucoup : mon *Eau de Jouvence* fera, je crois, réfléchir le nombre de plus en plus réduit de personnes qui se plaît à cet exercice. Je l'appelle comme cela, car il n'y a pas moyen de l'intituler l'*Eau de vie*, le mot étant devenu bas. J'ai, en outre, fait la moitié d'un nouvel article de *Souvenirs d'enfance*, que j'espère terminer à Venise. Enfin j'enverrai aux *Débats* un petit radotage sur la fête de Pompéi.

Oui, cette langue de terre de Sorrente est vraiment une merveille; je croyais Amalfi bien supérieur, j'hésite maintenant.

Demain nous gagnons le Nord à toute vapeur. Nous ne nous arrêterons qu'à Venise. Écrivez-nous dans cette ville, *hôtel Victoria*. Notre retour est toujours fixé au 14 octobre, au matin.

Ici, le progrès est médiocre. Toujours un nombre d'hommes aimables et distingués, égal au moins à celui des autres pays; mais la plus pauvre machine publique du monde : démoralisation complète du peuple et de la petite bourgeoisie, vol organisé, brigandage violent et assassinat à l'ordre du jour. Le royaume, au milieu de tout cela, s'impose comme une nécessité, et il survivra, même à une banqueroute. Quant à cette dernière, je n'imagine pas comment on pourra l'éviter. Mais le monde fera peut-être banqueroute auparavant. Comme Taine sera désolé ce jour-là!

Au nom du ciel, poussez vos amis à la paix à tout prix. Nous serions absolument seuls. Ici même on serait malveillant pour nous. Sachons atteindre dix ans de paix encore, et le système de Bismarck est perdu en Allemagne. Mais dans la guerre ils retrouveraient tous leurs avantages.

Faites nos meilleurs compliments à madame Berthelot; croyez à ma vive amitié.

E. RENAN

XXXI

A MONSIEUR BERTHELOT

Londres, 5 avril 1880.
Thomas' Hotel, Berkeley square.

Mon cher ami,

Voilà déjà le tiers passé de cette assez rude épreuve, et tout va bien, sauf quelques légers accrocs. Vendredi dernier j'ai cru que mon éternel ennemi du genou droit allait se réveiller; puis cela s'est assoupi, et à l'heure présente, je suis remis sur pied. Ce climat doux et mou au fond, je crois, m'irait assez bien.

Il est impossible de trouver plus de sympathie, plus de complaisances délicates que je n'en trouve ici. La société éclairée de ce pays est la plus charmante qui se puisse imaginer, car le progrès ici se fait par les classes supérieures, presque toutes libérales; les masses dorment tout à fait, et les deux grands établissements séculaires, politique et religieux, ne sont pas en cause. Cela donne aux parties supérieures de la société une merveilleuse liberté; un peu l'état de notre xviii° siècle. Dès qu'on est *sir*, on peut ici soutenir les paradoxes les plus énormes, sans que personne en soit surpris.

Londres nous a d'abord fait l'effet d'un grand village admirablement propre et bien tenu. Puis quand nous avons vu toute la nouvelle ville du côté de Kensington, presque aussi grande à elle seule que Paris, nous avons été frappés d'admiration. C'est l'idéal d'une ville opulente. Certains endroits aux environs du parc Monceau peuvent seuls en donner une idée. Nous avons vu le British Museum, Westminster, Lambeth, le Musée de Kensington.

Nous avons vu surtout Shakespeare. On a monté très bien dans un petit théâtre le *Marchand de Venise*, avec un excellent Shylock. Quelle merveille! Nous avons été ravis; j'y suis allé au plus fort de mon rhumatisme, et cela m'a guéri.

Demain, je commence mes conférences. Je trouve ici une entente des choses religieuses si conforme à la mienne, quoiqu'un peu en deçà, que ma tâche, je crois, sera facile.

La victoire des libéraux est un immense événement et tout à fait imprévu. C'est la masse électorale qui a fait à sa tête et bien fait. On est très blessé de l'attitude du gouvernement français, ou plutôt des journaux républicains gouvernementaux, qui ont fait des vœux pour les conservateurs. On a trop identifié chez nous le parti libéral avec M. Gladstone, qui n'a plus d'avenir.

Au fond le parti libéral désire la réussite de la République française, très sincèrement. Quant aux mesures prétendues anti-jésuitiques, tout le monde ici est désolé. On y voit un manquement aux principes et un triomphe futur pour ce que nous aimons le moins. La faute est énorme. Présentez mes respects à madame Berthelot, et croyez à ma vive amitié.

E. RENAN

XXXII

A MONSIEUR RENAN

Paris, 6 avril 1880.

Mon cher ami,

Je reçois votre lettre et je suis bien heureux des nouvelles qu'elle nous donne, encore que médiocrement satisfaisantes : car le *Temps* nous avait annoncé hier soir que vous étiez au lit, malade de votre genou. J'espère que cela n'a rien eu de grave et que madame Renan n'aura pas à vous soigner : car ce serait terrible, là-bas, dans un hôtel et avec une suite de conférences en perspective.

Ménagez-vous, surtout comme dîners et veilles. Je sais que les soirées et la conversation ont pour nous tous bien des attraits, pour vous surtout qui y excellez. Cette société anglaise a aussi bien des charmes. Cependant il y a aussi quelque chose qui ne m'y plaît pas : car les hommes ne s'y livrent pas avec autant d'abandon et de familiarité qu'en France. On sent toujours le tendu, le parti pris, et j'ajouterai l'absence de concordance intime entre les manières de sentir. Aussi les jugements des Anglais sur la France me paraissent-ils devoir être consultés avec soin, plutôt que suivis exactement; ils ont quelque chose de cette critique empressée et chagrine que nous sommes toujours prêts à faire de nos voisins et de nos collègues. Ils courent comme nous la grande course de la civilisation, et ils sont prêts à nous blâmer de tout ce que nous faisons dans des termes différents d'eux : tant à cause de la diversité d'esprit des deux nations, que de leur situation politique, religieuse, extérieure et intérieure, si différente.

La lutte où nous sommes engagés aujourd'hui était inévitable. C'est le retour offensif de l'esprit moderne en France, après une compression qui a commencé dès 1849, et qui s'est appuyée sur l'alliance intime de l'esprit bourgeois et de l'esprit clérical. Ce n'est que depuis les dernières années et surtout la chute de l'Empire que ce retour a eu lieu, sans cesse combattu et réprimé. Aujourd'hui et pour bien des années encore, c'est la guerre, — mal engagée sans doute dans la forme, quoiqu'au fond les Jésuites soient bien le nœud de la coalition antilibérale et antirépublicaine.

Les Anglais en parlent à l'aise; ils n'ont pas cette lutte et ils ont les avantages de la libre société du xviiie siècle comme vous le dites. Mais cela durera-t-il toujours? Alors nous les verrions bien autrement durs, brutaux, illibéraux, comme dans leurs affaires politiques intérieures où ils respectent minutieusement la légalité, jusqu'au jour où, se sentant réellement menacés, ils massacrent et foulent tout aux pieds. Ne nous laissons donc pas trop aller à leur opinion, tout en en tenant grand compte.

A mon avis, la campagne actuelle réussira, si elle peut être conduite sans trop brusquer les choses et sans violence matérielle et populaire : ce que je ne saurais garantir. En tout cas, la lutte est entamée depuis trente-cinq ans et c'est une nouvelle phase où les rôles sont renversés, mais où la surprise des gens qui nous ont persécutés sournoisement depuis si longtemps et leur indignation factice ressemblent à celles du voleur surpris par le volé et qui se retourne audacieusement et cherche à ameuter contre celui qu'il dépouillait.

Reposez-vous, aimez-nous, écrivez-nous et couchez-vous de bonne heure. Mes respects à madame Renan.

Tout à vous.

M. BERTHELOT.

XXXIII

A MONSIEUR BERTHELOT

Oxford, 11 avril 1880.

Oh! la curieuse ville, mon cher ami! Il faut que vous voyiez cela. C'est la plus étrange relique du passé, le type du mort vivant. Chacun de ces collèges est un vrai paradis terrestre, mais un paradis désert. On dirait que la vie s'en est allée ailleurs; mais le paradis est resté planté, brossé, sarclé pour des gens qui ne l'habitent plus. Résultat mince en somme, éducation purement humaniste et cléricale donnée à une jeunesse dorée qui assiste à l'office en surplis; absence presque totale d'esprit scientifique. Tel collège dispose par an de plus d'un million; mais les fellows ont réussi à prouver que la bonne conservation du gazon, qui leur incombait par la charte de fondation, était inconciliable avec la présence des élèves. Il n'y a pas un seul élève, en effet; les gazons sont d'une fraîcheur admirable et les fellows mangent le revenu, en chassant aux quatre coins de l'Angleterre; un seul travaille, c'est Max Müller, notre hôte très aimable.

Enfin nous sommes enchantés de notre journée, même d'un sermon et d'un interminable office du soir, auquel nous avons dû assister. Demain nous achèverons la visite des collèges; et mardi nous retournerons à Londres. Mon rhumatisme au genou a passé avec une promptitude qui m'a surpris. Mes conférences réussissent très bien. Je trouve ici beaucoup de sympathie; car c'est de beaucoup le pays où les questions religieuses sont prises le plus au sérieux, et on aime le sentiment que j'y porte.

Notre plan est toujours d'être à Paris dimanche soir 18. Une chose cependant pourrait retarder notre départ. Notre ami Grant Duff est encore en Écosse pour son élection; s'il est de retour vers la fin de la semaine, peut-être irons-nous passer un jour avec lui à Twickenham. Alors nous n'arriverons que mardi. Mais mercredi certainement, je ferai mon cours au Collège de France. J'espère vous y serrer la main.

Le mouvement des dernières élections est plus compliqué qu'on ne le croyait d'abord. A entendre les torys, c'est le commencement de la fin du monde, l'avènement des nouvelles couches sociales. On ne comprend pas l'attitude de Gambetta et de la *République française*. Si la République a ici quelques amis, c'est parmi les libéraux, pas un seul ailleurs. J'ai vu sir Charles Dilke, le républicain de l'Angleterre (il n'y en a pas deux) : curieux type à demi français. Quant aux masses, leur loyalisme religieux et politique est à peine attaqué.

Nos meilleurs souvenirs à madame Berthelot, croyez à ma meilleure amitié.

E. RENAN

XXXIV

A MONSIEUR BERTHELOT

Mercredi soir.

Cher ami,

Taine et Flaubert, avec qui je viens de dîner, viendront samedi, à trois heures. Je veux leur lire mon *Caliban*. Venez aussi, si vous pouvez.

Votre bon ami,

E. RENAN

XXXV

A MONSIEUR BERTHELOT

Plombières, 12 août 1880.

Mon cher ami,

Nous voici installés pas trop mal, et je crois que le traitement va me faire du bien. Le pays est charmant, frais et vert à ravir ; partout des sources d'une parfaite limpidité. Est-ce bien ce qu'il faut pour des rhumatisants ? J'hésite à me prononcer encore : sûrement Caro et Janet devraient venir ici pour y voir l'évidence de leurs rapprochements providentiels ; car si le remède des rhumatismes est à Plombières, il faut avouer que la Providence y a mis aussi tout ce qu'il faut pour les gagner. Le pays est comme une vaste éponge gorgée d'eau, il ne fait pas de chaleur et il pleut à torrents. Mais la fontaine Pauline, la fontaine du Renard peuvent compter entre les plus jolis endroits où l'on puisse s'asseoir. Demain ou après-demain je vais essayer de l'étuve romaine, qui, je crois, va me faire fondre pas mal.

Je me suis mis à relire mon *Eau de Jouvence*, qui m'a assez plu; je vais la donner. Seulement j'y ai trouvé un blanc à remplir, pour lequel j'avais à vous questionner. Sur quoi opéraient les vieux chimistes arabes pour obtenir l'esprit-de-vin? Conçoit-on ce qui mena les premiers distillateurs à l'alcool? Quelle était la forme des premiers alambics? Il n'est pas nécessaire que ce soit d'une précision scientifique; c'est du décor en mon affaire; encore faut-il que ce ne soit pas trop absurde. Envoyez-moi une douzaine de lignes là-dessus, le plus tôt que vous pourrez.

Notre plan est de rester ici jusque vers le 28. Puis nous gagnerons Lausanne, pour ensuite passer les monts. Tâchez de venir nous rejoindre à Lausanne. Il me semble que d'Annecy à Thonon la route est facile. A Thonon, vous êtes vis-à-vis de Lausanne.

Reposez-vous bien et jouissez de votre beau lac. Faites nos compliments à Taine et à Perrot, quand vous les verrez. Mille affectueux compliments à tous les vôtres. Croyez à ma vieille amitié.

E. RENAN

XXXVI

A MONSIEUR BERTHELOT

Plombières, 18 août 1880.

Mon cher ami,

Peste soit de votre congrès de Brieg, qui coïncide si mal avec notre itinéraire. C'est donc vers le 29, le 30, le 31, que nous eussions été à Lausanne; c'est évidemment trop tôt pour que vous puissiez faire d'une pierre deux coups, et faire le même voyage à dix ou douze jours d'intervalle est peu possible. Mais après votre congrès, ne pourriez-vous pas passer le Simplon, et venir nous rejoindre sur les lacs, ou à Milan? Nous serons à Milan jusqu'au 16 ou au 17 septembre. De là, nous irons à Vérone; puis nous passerons une huitaine à Venise, puis à Ravenne, si possible est, puis retour par la Savoie. Nous voulons absolument être le 10 octobre à Paris. Tâchez de venir nous joindre à Milan, ce serait à ravir. Nous vous montrerons, grâce à certaines facilités que nous avons, la lagune et Torcello, comme on ne peut les voir dans les conditions ordinaires.

A moins que vous ne nous disiez qu'il vous est possible de venir à Lausanne vers le 29, le 30, ou le 31, nous n'irons pas à Lausanne. Nous avons plus d'avantage à aiguiller d'ici sur Bâle, d'où nous aurons le choix entre le Saint-Gothard et le Splügen. Mais certes si vous pouvez nous joindre à Lausanne, nous irons. Le plaisir de nous rencontrer l'emporte pour nous sur toute autre considération. Mais tâchez plutôt de venir à Milan.

Nous allons bien, malgré le temps qui est médiocre. Les étuves me font beaucoup de bien, et les douches ont à la lettre ravivé Noémi. Le *Temps* m'a singulièrement jeté à l'eau, en annonçant mon essai pour mardi. Je ne serai sûrement pas prêt pour cette date-là.

Merci pour votre note; amitiés à tous. Venez à Milan, et croyez à ma toute unique amitié.

E. RENAN

XXXVII

A MONSIEUR BERTHELOT

Talloires, 12 août 1881.

Nous voici installés, cher ami, et bien installés selon nos goûts. Pays charmant, lac et ciel adorables. Nous nous reposons jusqu'ici, nous en avions besoin. Ce mois de juillet m'avait fort éprouvé. Je vais bien, je crois. Au repos, à ma table, ou assis dans la prairie sur le bord du lac, je suis dans un état de bien-être parfait; mais la locomotion m'est désagréable, au moins dans la journée. Je crois bien que l'altitude est une des causes de cet état, qui du reste n'a rien, je crois, que de satisfaisant. Pauvre lourde machine que nous traînons! Enfin nous avons fait l'essentiel de notre tâche : ne nous plaignons pas.

Taine est bien fatigué. Il ne peut travailler, et son livre a cessé de lui plaire. Il voudrait passer à un autre exercice, et il sent qu'il faut finir. Perrot est très bien, très actif. Nous allons fréquemment dîner à Menthon ; le retour à pied le soir n'est pas au-dessus de mes forces. Ary a un bateau ; il rame et peint toute la journée. Noémi a un piano et nous fait de la musique. Enfin si j'avais de bonnes jambes pour grimper sur ces beaux sommets qui sont là, au-dessus de nos têtes, ce serait la perfection. Mais quand a-t-on la perfection?

Je travaille beaucoup. En ce climat et dans ces conditions, je pourrais travailler presque indéfiniment. J'achève mon *Ecclésiaste*, qui m'amuse beaucoup. Mon interminable Index m'assomme, mais ce sera fait; je ne suis pas homme à m'arrêter à la toiture, après avoir fait les gros murs.

J'attends avec impatience le résultat du 21. C'est capital, il ne faut pas jouer avec la situation. Si on rate cette expérience, nous verrons la plus effroyable réaction qu'aura vue la France depuis le xvie siècle. Les journaux sont de mauvais critériums, et la période électorale n'est pas le moment par lequel il faut juger d'un pays. Attendons; mais je suis inquiet. Combien peu de sagesse! L'instinct du pays est à beaucoup d'égards juste, conforme au nôtre; mais quelle méconnaissance complète de l'état du monde, des conditions des sociétés humaines, de la moyenne que comporte le pays pris dans son ensemble! Gambetta me paraît tout à fait faire fausse route. Non, le radicalisme ne sera jamais la majorité d'une assemblée; mais à combien de fautes on pourra se laisser entraîner par faiblesse et complaisance pour lui! *Caveant patres conscripti.*

Nos plus affectueux sentiments à madame Berthelot. Croyez à ma vive amitié.

E. RENAN

XXXVIII

A MONSIEUR RENAN

Rochecorbon, 16 août 1881.

Mon cher ami,

Je vois par votre lettre que vous êtes mieux en somme, puisque vous allez le soir de Menthon à Talloires : c'est un commencement et j'espère que votre cœur se remettra tout à fait dans le calme de la demi-montagne.

Ici aussi nous sommes bien tranquilles et presque engourdis : le pays est doux et plat. J'aime mieux votre séjour, mais on ne peut tout avoir. Peu de société d'ailleurs, sauf celle de Taschereau et de monsieur Fournier, que je vois de temps à autre et qui médit du temps présent, par regret de son ambassade. C'est une terrible chose que d'attacher sa vie à une fonction qu'il ne dépend pas de soi d'exercer. En somme, c'est un homme d'esprit et de goût.

Quant à la marche des choses en France, je crains qu'elle ne tourne un peu à l'aigre et au désir de faire quand même quelque chose d'agréable au peuple : il y a toujours du Cléon dans le démocrate, et les derniers discours de Gambetta ne sont pas ceux d'un homme sage et prudent. Mais qui pourrait garder sa popularité, c'est-à-dire sa force, en parlant raison au peuple? pas plus qu'on ne gardait sa faveur autrefois, en parlant raison au roi ou à l'empereur?

Malgré tout, je ne vois là que des épines et des ronces, mais rien de bien grave; d'ici quelque temps au moins. Le char est trop fortement lancé sur la pente et trop lourd pour reculer. Je ne vois pas le point d'appui d'une réaction. Le peuple est enivré du vin nouveau de son suffrage : nous voyons ici, dans les campagnes les plus paisibles du monde, le socialisme égalitaire, avec la jalousie du riche et du bourgeois, s'infiltrer de couche en couche, jusqu'au cœur du dernier paysan. Je ne comprends pas comment on pourrait leur ôter le pouvoir, — et je ne le désire pas, malgré tous les inconvénients, — à moins de catastrophes extérieures épouvantables. Or rien n'en annonce aujourd'hui l'approche. Quelques embarras en Afrique, voilà tout. Aussi je crois que nous allons continuer notre route comme devant, sans beaucoup de grandeur, en appuyant de plus en plus sur l'abaissement de la bourgeoisie et sur le nivellement général; sur l'élimination progressive du catholicisme, qui causera quelques embarras, sans plus, au moins actuellement. C'est encore une phase de notre évolution, dont nous ne sortirons que par les perturbations venues du dehors. Vous voyez que, sans être fort enthousiaste, je suis moins pessimiste que vous. Cela ira peut-être aussi longtemps que nous, peut-être beaucoup plus.

M. BERTHELOT

XXXIX

A MONSIEUR BERTHELOT

Talloires, 2 septembre 1881.

Mon cher ami,

Il pleut beaucoup; tout va bien tout de même. Je me retrouve à peu près tel que je me retrouve dans mes bons moments, mangeant peu, n'aimant pas à marcher, mais capable de travailler presque indéfiniment. J'ai fini mon *Ecclésiaste*, que j'ai lu à nos amis et qui les a fort amusés. Mes rythmes leur ont paru réussis. Mon Index avance lentement; poussé à ce degré d'analyse, c'est colossal : cela fera presque un volume. Je vais maintenant me mettre à la dernière partie de mes *Souvenirs*; j'espère que ce sera fini avant mon retour.

L'état déplorable de l'opinion en Italie nous a fait quelquefois hésiter à passer les monts. Nous irons tout de même, nous avons pris trop d'engagements, surtout à Venise et à Rome. Où d'ailleurs trouver un soleil d'octobre qui vaille celui de la campagne de Rome? Or, revenir d'ici directement à Paris à la fin de septembre nous paraît un peu court.

Je me confirme dans mon plan de voyage d'Orient pour l'année prochaine, de février à juillet. Je veux revoir Jérusalem et le Liban, je veux esquisser là, sur place, mon *Histoire du peuple juif*, comme j'ai fait pour ma *Vie de Jésus*. Cela sera bon pour Ary; comme santé, cela sera bon pour tout le monde. Et puis c'est une récompense que je me crois autorisé à me donner. J'ai bien travaillé en ces derniers temps; j'ai fini mes *Origines*. Il faut encourager le travail consciencieux.

Le résultat d'ensemble des élections ne me paraît pas mauvais. L'échec relatif de Gambetta est un immense bonheur pour lui et pour le pays. Jamais plan ne fut plus incohérent; vouloir fonder sur Belleville quelque chose de stable, jouer un rôle à la façon de premier consul dans un temps qui demande avant tout un développement régulier, sans personnalités saillantes. Je lui suppose assez d'esprit pour comprendre cela. Il peut rendre de grands services, mais s'il sait se renfermer dans les cadres ordinaires, à la manière de Ferry. Pour moi, il m'est très sympathique; mais je redouterais de voir cette faconde gasconne chargée des affaires du pays, au delà de la mesure très restreinte qui, à l'heure présente, convient aux individualités, même les plus distinguées.

Nous resterons ici jusque vers le 20 septembre; alors nous partirons pour Venise, où nous resterons une huitaine, puis nous irons à Rome. Écrivez-moi ici encore ; présentez nos compliments affectueux à madame Berthelot, et croyez à ma vive amitié.

E. RENAN

Ah! si vous vouliez voir Venise avec nous, voilà qui serait exquis.

XL

A MONSIEUR RENAN

Rochecorbon, 5 septembre 1881.

Mon cher ami,

Vous n'êtes pas favorisé par la pluie : *Deus nobis haec otia fecit*. Nous aussi nous sommes tous enfermés par l'inclémence du ciel. J'ai même été fort souffrant d'accidents rhumatismaux, qui commencent à diminuer. Cependant on nous dit qu'il pleut moins en Touraine qu'ailleurs. « Jugez du peu », comme disent les Marseillais. J'en ai profité pour avancer mon livre sur la poudre. C'est un ouvrage entièrement nouveau et non une nouvelle édition.

En réalité, les choses durent toujours plus qu'on

ne le croit et il ne faut pas les brusquer : c'est une vérité qui me paraît oubliée en ce moment des deux côtés, en France par Gambetta et en Italie.

En ce moment les Italiens poursuivent toutes sortes de choses contradictoires, entre lesquelles ils pensent pouvoir manœuvrer avec des subtilités et qui les écraseront un beau jour. Ils veulent l'alliance de l'Allemagne et de l'Autriche : mais celle-ci ne leur veut que du mal et de la faiblesse... l'Italie perdra ses alliés occidentaux dont elle n'a rien à craindre, si ce n'est quelque froissement d'amour-propre, et elle gagne deux alliés peu sûrs, qui ne songent qu'à l'exploiter et qui la détestent. A l'intérieur, même contradiction : le roi veut se rapprocher du pape, qui ne rêve que sa ruine et qui touche au but de ses désirs, l'appui de l'empire germanique. Or le premier emploi qu'il fera de cet appui sera contre l'Italie. Et c'est en ce moment même que les agitateurs italiens menacent la dynastie, à cause de la loi des garanties!

Je ne trouve guère plus sage notre Gambetta... Cette campagne électorale semble l'avoir affolé. Le rôle qu'il voulait prendre exigeait l'appui du parti conservateur et il est allé chercher son fondement sur Belleville, c'est-à-dire sur l'anarchie et sur la haine de toute supériorité. La bête qu'il a déchaînée a commencé par le dévorer, suivant la loi de l'histoire. Plus je vais, plus je retrouve les analogues de nos aventures à Athènes et surtout à Syracuse. Gambetta ne voudra pas du rôle de Ferry : je crois sa force brisée et je ne pense pas qu'il ait la prudence nécessaire pour la rétablir. Mais il sera assez fort pour empêcher tout autre de prendre position d'influence. Ceci nous pronostique un hiver agité. Mais il n'y a, à mon avis, rien de sérieux à craindre, tant que l'on ne déchaînera pas l'émeute dans la rue; vous savez que c'est là depuis longtemps mon critérium. Ce jour-là nous aurions une réaction militaire... Enfin nous allons voir cet hiver.

Tout à vous.

M. BERTHELOT

XLI

A MONSIEUR BERTHELOT

Albano, 20 octobre 1881.

Mon cher ami,

Ce joli, peut-être dernier voyage, en cette belle terre d'Italie m'a en somme fait beaucoup de bien et de plaisir. Une ou deux fois la répétition pour la dixième fois de ce décor toujours le même m'a un peu impatienté; puis j'ai retrouvé mon charme et tous ces petits bibelots rangés dans le même ordre ont recommencé à me faire plaisir. Les monts Albains sont vraiment délicieux. Oh! les beaux arbres! quelle exquise fraîcheur! Le lac Némi est bien la plus étonnante féerie qu'il y ait au monde. Comme notre race est ici chez elle, et comme ces vieux Latins, dont nous parlons la langue, étaient en effet près de nous.

On a fort exagéré l'état d'exaspération des esprits en Italie. Et d'abord tout ce qu'on dit d'une excitation populaire, de désagréments auxquels les voyageurs pourraient être sujets, n'est plus vrai, si tant est que cela l'ait été. Les hommes sensés évitent de parler de la question; d'autres, plus susceptibles, témoignent d'un mécontentement, font des récriminations qui n'ont au fond rien de très sérieux. Cela n'aura pas de conséquence. Naturellement nous n'aurons jamais l'Italie avec nous; mais l'affaire de Tunis n'a rien changé à l'affaire. L'Italie ne sera jamais avec personne, elle trahira toujours, jusqu'au moment où, délivrée de ses politiciens et de ses journalistes, elle se résignera à être un État de second ordre, très heureux à sa manière.

Toute cette affaire de Tunisie serait finie de ce côté, sans les prétendues révélations des intransigeants. Je n'ai pas besoin de vous dire l'effet que cela a produit ici. Ces calomnies étaient juste ce que disaient les Italiens. Quel triomphe! « vous voyez bien que nous avions raison ». Cela est ennuyeux à entendre; mais cela est sans conséquence. Quand l'occupation sera faite et Tunis assimilée à l'Algérie, tout cela sera vite oublié.

Cela sera vite oublié, surtout parce que ce pauvre monde, tournant toujours, amène sans cesse des questions nouvelles, qui font oublier les vieilles haines. La question de la papauté va passer ici bientôt à l'état aigu, et alors toutes les questions méditerranéennes seront oubliées. Pourvu qu'au moins on ne fasse de notre côté aucune maladresse. La papauté est sur le point de faire la plus grande faute qu'elle ait jamais commise, quitter Rome. Qu'on la laisse faire. Le gouvernement italien essayera de la retenir; mais il n'y pourrait réussir qu'en lui faisant des concessions impossibles. Une crise des plus singulières va s'ouvrir. La France ne doit rien faire, rien absolument, ne rien répondre dans un sens quelconque aux démarches papales. Tout ce qu'elle ferait tournerait contre elle. En laissant la papauté à elle-même, elle se perdra infailliblement.

Nous serons à Paris le 1er novembre, comme je vous l'avais déjà dit. A bientôt donc; nous allons tous bien; compliments à tous et nos respects à madame Berthelot, à qui ma femme envoie ses amitiés.

Tout à vous.

E. RENAN

XLII

A MONSIEUR BERTHELOT

Hyères, 8 mars 1884.

Mon cher ami,

Je m'applaudis de la résolution que nous avons prise. Je vais beaucoup mieux, j'ai bien fait deux kilomètres hier; le bras gauche seul est encore un peu réfractaire; mais il finira par céder. Le temps est vraiment délicieux; quel adorable climat! notre installation est bonne, et nous sommes entourés des attentions les plus délicates par quelques personnes de connaissance qui nous avoisinent. La villa de madame Delaroche serait un séjour délicieux au milieu des bois de pins. Mais le lieu est bien désert; nous irons cependant y passer un jour ou deux, en emportant nos provisions. Puis nous irons probablement faire une promenade du côté de Saint-Tropez, de Saint-Raphaël et de Cannes. Le 27 reste toujours la date extrême où nous arriverons. J'espère vous ramener alors un ami moins avarié que celui qui vous a dit adieu l'autre jour, et bien radoubé pour une nouvelle campagne.

Si vous n'étiez pas bien, vous pourriez venir pour quelques jours. L'impression de ce climat est étonnamment vive et forte. Les coupés-salons sont l'idéal de l'aménagement en voyage, pourvu qu'on soit maître de son compartiment. Nous n'étions que nous deux et ç'a été parfait.

Croyez bien que nous pensons et parlons souvent de vous. Comptez sur nous pour le 31; nous tenons à être de cette bonne et heureuse journée. Assurez madame Berthelot et toute la famille de nos sentiments les plus affectueux. Aimez toujours le meilleur de vos amis.

E. RENAN

XLIII

A MONSIEUR RENAN

Paris, 11 mars 1884.

Je vous envie beaucoup, mon cher ami, votre ciel bleu, votre chaleur, votre repos complet : ce sont là des biens inconnus à Paris. Vous savez que j'ai toujours été partisan de l'hygiène et du traitement par l'activité des maux dont nous sommes hélas! assaillis. Il faut pourtant varier celle-ci et je regrette bien vivement de ne pouvoir me détendre un peu avec vous dans le Midi. Nous aurions fait de jolies promenades dans ces *pinete* et sur ces rivages. B... s'en va à Taïti ; c'est un regret de ne pouvoir s'envoler aussi loin, vers le paradis terrestre rêvé par Colomb et qui était bien là-bas; plus loin, il est vrai, qu'il ne le croyait. Verrons-nous jamais le nôtre? Pourrons-nous jamais nous asseoir définitivement au bord du chemin, pour regarder défiler l'humanité agitée? je crains que ce ne soit pas dans notre destinée. Présentez toutes mes amitiés à madame Renan.

Tout à vous.

M. BERTHELOT

XLIV

A MONSIEUR BERTHELOT

Saint-Raphaël, 21 mars 1884.

Mon cher ami,

Voilà notre petite pérégrination qui touche à son terme. L'effet a été bon. Pour la marche, je suis à peu près dans mon état normal, ce qui n'est pas beaucoup dire. Le reste va mieux également; c'est l'exercice surtout qui me fait du bien, ou plutôt l'interdiction que je m'impose de m'asseoir à une table durant tout le cours de la journée.

Jeudi, à onze heures à peu près, nous serons au Collège de France. Nous déjeunerons en famille; tâchez d'y être avec nous.

A bientôt donc, cher ami. Faites nos meilleurs compliments à tous les vôtres : c'est une grande joie pour moi de vous bientôt embrasser.

E. RENAN

XLV

A MONSIEUR RENAN
Au Collège de France, Paris.

Rome, 3 avril 1885.

Mon cher ami,

Je suis à Rome depuis une semaine et je n'y ai pas trouvé le repos moral que je me promettais de ce voyage. Non que je n'aie été accueilli pour le mieux. Mais ce sont les nouvelles venues de France qui ont empoisonné mon plaisir. Les nouvelles du Tonkin d'abord; c'étaient là des incidents malheureusement prévus, à cause de la témérité avec laquelle toute cette affaire a été entreprise et conduite : vous savez mon sentiment là-dessus. Mais la mauvaise fortune se soutient et se répare avec de la fermeté et du sang-froid. Ce qui m'effraie et ce qui produit partout à l'étranger le plus déplorable effet, c'est l'affolement de l'opinion à la moindre crise, et l'ardeur des haines et des compétitions personnelles, empressées à profiter de tout malheur public. Ferry avait fini, grâce à sa ténacité et à son esprit de suite, par faire quelque figure dans le monde et on le regrette de tous côtés, malgré ses défauts et son manque de profondeur. Maintenant, avec cette démocratie frivole et prompte à s'emporter, sans vue du lendemain, personne ne fera plus aucun fond sur nous.

Je ne sais si je ne suis pas trop pessimiste : vous savez que je n'ai cessé de l'être que pendant une courte période, après le 16 mai. Mais je crois que l'émeute n'est pas loin et la dictature après. Mais quelle basse dictature! Il n'y a plus ni race ni homme qui ait gardé quelque prestige. Nos derniers jours seront, je le crains, plus tristes encore que ceux de notre jeunesse. J'avais pensé un moment, en apprenant ces choses, à accourir à Paris : car je n'aime pas être au loin dans ces jours de crise. Mais il n'y a aucun péril actuel et immédiat et j'aurais eu l'air d'arriver pour une prétention et une curée que j'ai en horreur. Je serai toujours assez tôt revenu dans une douzaine de jours pour causer avec vous et vous embrasser. Présentez mes respects et mes amitiés à madame Renan.

M. BERTHELOT

XLVI

A MONSIEUR BERTHELOT

(Rosmapamon, près Perros-Guirec, Côtes-du-Nord),
6 juillet 1885.

Nous voici, cher ami, installés fort à notre guise. Ma femme a fait un vrai miracle d'activité. Rien ou presque rien ne manque à notre établissement. Cet établissement, sans être parfait, est bien à peu près ce que nous cherchions. Le jardin et les bois environnants sont charmants; la maison est petite, *parva sed apta mihi*; nous trouverons moyen que nos amis n'y soient pas trop mal. Venez donc le plus tôt que vous pourrez. Il faut profiter ici des mois de juillet et d'août, mois durant lesquels il ne pleut pas beaucoup plus que dans le reste de la France du Nord.

Croyez à ma meilleure amitié.

E. RENAN

XLVII

A MONSIEUR RENAN

9 Juillet 1885.

Merci de votre bon souvenir, mon cher ami. Je suis bien aise de vous voir là-bas, loin du brouhaha de Paris et de son agacement perpétuel.

Ici nous terminons la session politique sous une chape de plomb, qui prévient toute agitation violente : c'est la crainte d'émouvoir l'électeur. *Initium sapentiæ timor domini.* Chacun veut le flatter, mais sans trop l'exciter, parce qu'on redoute les mouvements désordonnés de cet animal indocile. L'aigreur n'en est pas moins au fond, l'aigreur de tous contre tous. C'est un pauvre état intellectuel et politique.

A bientôt, cher ami.

Tout à vous.

M. BERTHELOT

XLVIII

A MONSIEUR BERTHELOT

Rosmapamon, près Perros, 5 août 1885.

Oh! la bonne nouvelle que nous a portée la lettre de madame Lyon! dans quelques jours nous vous aurons, et nous vous montrerons nos rochers. Vous savez que vous pouvez prendre votre place à Bellevue. Écrivez-nous ou télégraphiez-nous (le télégraphe va à Perros, près d'ici) et tâchez que ce soit le plus tôt possible. Vous allez nous faire une bien vive joie à tous.

E. RENAN

Présentez nos plus affectueux compliments à madame Berthelot et à toute votre famille.

XLIX

A MONSIEUR BERTHELOT

Rosmapamon, près Perros, 9 août 1885.

Cher ami,

Il y a une coïncidence dont je dois vous prévenir; quoique selon moi elle ne doive nullement retarder votre départ. Le 18, selon toutes les apparences, je devrai aller à Quimper, pour tenir la promesse que j'ai faite à nos petits Bretons d'y aller pour le dîner qui doit y avoir lieu cette année. Luzel, Breton tout à fait exquis et, ce qui est rare, d'un grand bon sens, se fait une fête de nous montrer par ses côtés sérieux et intéressants Quimper et toute cette côte; puis avec Luzel nous verrions tout le Finistère, y compris Morlaix, Saint-Pol-de-Léon, etc. Enfin, de manière ou d'autre, je vous assure que vous ne vous ennuierez pas. Ne remettez donc pas votre voyage. Je vous assure que vous ne vous repentirez pas d'avoir vu le Finistère avec Luzel.

Venez donc quand vous voudrez absolument. Il y aura toujours à Lannion quelqu'un pour vous recevoir, et à Rosmapamon des amis plus ou moins au complet pour vous faire fête. Venez, ne remettez pas.

Votre très affectionné,

E. RENAN

L

A MONSIEUR RENAN

9 septembre 1885.

Voici déjà dix jours, mon cher ami, que je vous ai quittés et que je suis rentré au gîte. Le temps n'a pas été brillant depuis : la Bretagne a épuisé la provision du soleil de cette année pour tout le monde. Enfin nous en avons joui en commun, et il y a bien longtemps que nous n'avions vécu ensemble pendant tant de jours. J'espère renouveler ce voyage et retrouver Ernest et Euphrosyne [1] grandis et toujours plus agissants.

Ici Olivier [2] nous fait bien défaut. La maison où nous sommes quatre seulement, avec Camille et René,

---

1. Les petits-enfants de M. Renan.
2. Mon petit-fils.

nous semble bien vide et silencieuse. D'autant qu'elle ne se remplira plus cette année, Georges et Hélène devant rentrer directement chez eux à Paris.

J'ai retrouvé le traintrain des petites besognes ordinaires; diminué toutefois, en raison des vacances et de l'absence de Paris. Les ministres courent la France, avec des visées électorales. Mais, je ne sais si c'est la solitude de Bellevue qui réagit sur moi, je ne trouve pas un vif mouvement de l'opinion dans ces nouvelles élections; au moins jusqu'à présent. Peut-être cela va-t-il s'échauffer vers la fin. Ferry s'est battu les flancs pour aller à Lyon et à Bordeaux; mais il n'a eu qu'un succès d'estime. Paris est plein d'obscurité. Et puis il y a les affaires d'Espagne, le principal intérêt du jour. L'Allemagne semble comprendre l'énorme sottise qu'elle a faite et se disposer à reculer. Du moins les journaux le disent. Mais elle met tant de duplicité dans ses manières d'agir, que le dernier mot ne semble pas dit. Elle veut d'abord gagner du temps : mais cette occupation des Carolines pourrait faire partie d'un plan colonial d'ensemble et connexe avec l'occupation de la Nouvelle-Guinée. En outre Bismarck éprouve un gros échec, à moins qu'il ne réussisse à donner le change au sentiment populaire des Espagnols, tout en gardant sa prise, ou du moins la meilleure part. Il y aura encore là des péripéties et nous devons prendre garde aux contre-coups.

Et vous, mon ami, comment supportez-vous ces

retours de pluie et de mauvais temps, qui doivent vous tenir renfermé? Madame Renan n'est-elle pas aussi fatiguée de cette pluie? Quant à M. Psichari, il a dû renoncer aux bains de mer. Noémi va-t-elle un peu mieux? Ses douleurs l'ont-elle quittée? Nous nous préoccupons tous ici de votre santé, en attendant que nous vous voyions vous-même, d'ici une quinzaine, je l'espère.

Tout à vous.

M. BERTHELOT

LI

A MONSIEUR BERTHELOT

Rosmapamon, près Perros, 24 septembre 1885.

Cher ami,

Nous continuons tous à aller bien; l'année est des plus belles, et à part les petites inconstances inévitables, le temps nous a remarquablement favorisés. Avant-hier j'ai éprouvé quelques douleurs névralgiques au poignet gauche; c'est à peu près passé. C'est néanmoins un avertissement. Nous avons fixé notre départ au jeudi 8 octobre. Nous serons à Paris le vendredi, vers cinq heures du matin.

Ce qui se passe m'attriste beaucoup. Décidément, vu l'état de la province, le scrutin de liste a été une très mauvaise idée. La désorganisation du parti républicain en ces parages est complète. Pour les Côtes-du-Nord, il n'y aura pas, ce semble, de liste républicaine. Dans le Finistère, ce brave Hémon espère l'emporter; je crains qu'il ne se fasse illusion. Je crains qu'on ne voie l'Ouest tout entier massé en une opposition, qui serait de très mauvais augure pour l'avenir. L'abstention du gouvernement est absolue, conformément à son programme. Cela est très bien en principe; mais en fait cela n'est nullement en harmonie avec l'état politique de ces pays, qui ont besoin d'être dirigés, et, qui, sans le savoir, ni le vouloir, sèment en ce moment la guerre civile pour l'avenir. Et quand je vois ailleurs ce débordement d'inanités ou d'idées superficielles, je ne suis pas moins attristé. Je doute qu'il émerge de tout cela assez de raison pour éviter les fautes capitales, celles pour lesquelles il n'y a pas de pardon.

Que nous sommes heureux d'avoir dans nos travaux un refuge à ces funestes heures! Je suis content du résultat de mon été. Mon Histoire d'Israël est très avancée. Les parties essentielles sont presque faites, et l'unité du livre est, je crois, bien établie. Le Judaïsme est une religion qui s'est formée de huit cents à cinq cents ans avant Jésus-Christ. J'espère avoir réussi à montrer la marche de cette singulière formation. Les deux mois que j'aurai à Paris, jusqu'à l'ouverture de nos cours, me suffiront, j'espère, pour faire tenir l'ouvrage entier sur ses pieds; quoique une année me soit nécessaire encore pour l'amener tout à fait à fin.

Faites nos compliments les plus affectueux à madame Berthelot et croyez à ma vieille et bonne amitié.

E. RENAN

LII

A MONSIEUR BERTHELOT

Hôtel Byron, Villeneuve (Vaud), 24 avril 1886.

Très cher ami,

Nos petites vacances se continuent à notre pleine satisfaction. Le pays est charmant, et, depuis aujourd'hui, le temps est tout à fait chaud. Je vais bien et je crois que ce séjour en plein air compensera un peu ma vie claquemurée de l'hiver. Ma femme est très contente et ne regrette qu'une chose, c'est la brièveté de ce court temps de repos.

Nos journées sont ici très douces et très calmes. Les journaux nous arrivent à peine, et nous le regrettons peu. Nous faisons des promenades en voiture, à travers ces belles prairies où la vie pullule à cœur joie. Bex et les Avants surtout nous ont plu. Tout ce fond du lac est comme un vaste hôtel, où une énorme colonie anglaise vient chercher le soleil et la nature souriante. L'hôtel où nous sommes, par sa position isolée, est un peu plus à l'abri que les autres de cet encombrement. Du reste le lac est si beau et le printemps si rayonnant que la vermine humaine se laisse facilement oublier.

E. RENAN

LIII

A MONSIEUR RENAN

18 juillet 1886.

Mon cher ami,

Vous avez suivi sans doute les incidents Boulanger : c'est une popularité qui arrive à floraison ; nous sommes si sevrés depuis quelque temps que l'on s'accroche à tout. C'est le troisième ministre de la guerre qui recommence ce rôle, malheureusement trop indiqué. Il est plus jeune, plus étourdi que les deux précédents. Son prédécesseur a déjà réussi à faire tomber le parti opportuniste : celui-ci menace d'aller plus loin. Pourvu qu'il ne nous attire pas ensuite l'étranger. La situation intérieure s'accuse de plus en plus vers Fructidor à l'intérieur ; mais l'extérieur est bien différent. Nous allons vers d'étranges aventures et nous ne sommes peut-être pas au bout de nos malheurs

Tout à vous.

M. BERTHELOT

Présentez toutes mes amitiés à madame Renan et embrassez vos petits-enfants. L'inconscience de cet âge est ravissante! S'ils avaient déjà nos soucis sans notre philosophie, comment se résigneraient-ils? Ils ont au moins devant eux un quart de la vie de bonheur! Ce n'est pas du lycée que je parle, mais de l'inconscience.

En attendant, vous suivez le peuple hébreu et je travaille, d'un côté, à la physiologie végétale, et de l'autre, à l'histoire des alchimistes et des astrologues. Ils étaient bien aussi forts et sensés que nos suggestionnistes!

M. BERTHELOT

LIV

A MONSIEUR RENAN

12 juillet 1888.

Mon cher ami,

Je suis comme vous fort découragé par la bassesse d'esprit et la médiocrité de vue des éléments directeurs de cette nation. Ce ne sont que jalousies, envies démocratiques et calculs d'intérêt privés ou collectifs, ligués contre l'intérêt général. Nous allons vers un grand abaissement moral et intellectuel de la France; et, je le crains aussi, du monde entier, qui dérivera du même côté. Les catastrophes générales sont toujours menaçantes; mais elles peuvent être évitées, soit par la prudence, soit par la bassesse des aplatissements. Nous verrons de tristes choses à cet égard, à moins que l'Europe ne nous pousse à bout, ce qui ne m'est pas prouvé.

Mais il y aura des affronts, à l'occasion du centenaire de 1789. Si la guerre est évitée, nous aurons la crise intérieure, avec des finances qui risquent de s'effondrer et la servilité du candidat vis-à-vis de l'électeur ignorant et envieux. Peut-être une réaction, qui ne sera pas animée d'un meilleur esprit. Bref les crises qui ont attristé notre jeunesse vont reparaître, plus graves, plus profondes et plus désastreuses; car le ressort moral de cette nation s'affaiblit de plus en plus. Peut-être serons-nous morts avant : cela vaudrait mieux. Mais notre destinée a été de vivre toujours en désespérant et de lutter : continuons : *Donec summa dies.....*

Présentez mes respects à madame Renan.

Votre tout affectionné,

M. BERTHELOT

LV

A MONSIEUR BERTHELOT

Rosmapamon, 30 juillet 1887.

Très cher ami,

Vous voilà libre de vos nombreux devoirs. Ne viendrez-vous pas bientôt nous voir? Le temps est superbe et cela ne dure pas longtemps en Bretagne.

Vous devez avoir besoin de repos, de *farniente*. Vous en trouverez ici à profusion. Madame Berthelot, mademoiselle Camille, vos jeunes gens seront aussi heureux, nous l'espérons, de revoir nos rochers. Venez tous, venez le plus tôt possible.

Nous sommes fort éprouvés. Les petits ont la coqueluche tous les trois, malgré les précautions que nous avons prises pour séparer le tout petit. C'est ce dernier qui nous a le plus inquiétés. Nous croyons maintenant que le plus fort du mal est passé. Cependant les quintes continuent; la mère et la grand'mère sont très fatiguées. Que cela ne retarde pas votre venue.

A notre âge, ces contagions, je crois, ne sont pas à craindre, et nous aurons tant de plaisir à vous voir, que ce sera pour toute la maison comme la levée d'un voile noir.

Ma santé va bien, mon travail très bien. *Israël* paraîtra le 15 octobre. Ces grandioses histoires m'ont soutenu et une fois encore ravi. Je vous donnerai le tout à lire en épreuves. Venez, et croyez-moi

Votre parfait ami,

E. RENAN

LVI

A MONSIEUR BERTHELOT

Rosmapamon, près Perros-Guirec,
9 juillet 1888.

Cher ami,

Nous allons assez bien, quoique le temps soit maussade. La santé de tous est fort bonne. Je travaille beaucoup. Venez nous voir le plus tôt possible avec madame Berthelot et tout sera pour le mieux.

Je jouis beaucoup de cette nature verte et fraîche. Mais l'état du monde m'afflige profondément. Tout ce que nous avons aimé, ce à quoi nous avons consacré notre vie, me paraît menacé. Le rapprochement des empereurs d'Allemagne et de Russie, joint à ce que l'on croit voir des tendances mystiques et exaltées de Guillaume II, me semble à l'orient un nuage sombre. Et vis-à-vis de cela notre incurable étourderie, notre désorganisation, nos illusions, me remplissent de crainte. Mais nous sommes vieux. La juste mesure de vie nous a été octroyée; nous avons eu nos cinq actes; nous serions injustes si nous protestions trop fort. Ce n'est pas une mauvaise condition, ni même sans douceur, d'agir comme un *moriturus*.

Présentez nos respects à madame Berthelot et croyez, cher ami, à ma vieille et inaltérable amitié.

E. RENAN

LVII

A MONSIEUR RENAN

Talloires, 6 août 1888.

Mon cher ami,

Nous avons fait dans la Drôme, à partir de Saint-Jean-en-Royans, quelques courses dans des gorges admirables, malgré la contrariété réitérée de la pluie. J'ai été au Villard de Lans faire entre autres une visite, pour répondre à une invitation fort pressante que l'on m'y avait faite il y a trente-neuf ans, lors de mon premier et unique voyage dans cette région. Mais hélas! l'invitant était mort, son fils aussi, qui m'avait promené dans la montagne autrefois. Quant à la dame, qui m'avait récrit plusieurs fois vers 1860, elle a soixante-quinze ans et elle avait oublié son ancien visiteur. J'avais prévu ces accidents et nous sommes revenus avec notre voiture à l'heure prévue; heure que le souvenir de l'ancienne invitation, s'il avait subsisté, n'aurait pas modifiée d'ailleurs.

Les gorges du Dauphiné sont plus sauvages, mais aussi plus brutales et moins poétiques que cette région de Talloires, avec son doux lac et ses sommets à courbe dentelée et à ombres graduées. On dormirait ici plus volontiers son dernier sommeil.

Taine va très bien, ainsi que tous les siens. Il commence à revenir à des idées plus raisonnables, je veux dire plus analogues aux nôtres, sur les effets du régime civil né de la Révolution et de l'Empire. Ce n'est pas son idéal; mais il le comprend mieux, par suite de l'étude économique des faits à laquelle il se livre en ce moment. Il n'est pas moins inquiet que nous du résultat — je ne dis pas final, il n'y en a en rien — mais prochain de l'évolution de la France. Mais rien ne sert de lutter contre la destinée et nous sommes surtout des observateurs et des philosophes, prêts seulement dans l'occasion à ramer un moment dans la galère commune.

Tous mes respects à madame Renan. A bientôt.
Votre affectionné,

M. BERTHELOT

LVIII

A MONSIEUR BERTHELOT

Rosmapamon, 9 août 1888.

Cher ami,

Que j'en veux à ces mille soucis qui vous empêchent de venir! Le temps est superbe. Venez vous rafraîchir un peu la tête. Nous vous installerons de manière à ce que vous puissiez travailler tant que vous voudrez.

Je fais, comme intermédiaire à mes épreuves, un petit bilan philosophique, comme il est bon d'en faire de temps en temps.

Nous suivons avec anxiété les accès de cette fièvre dangereuse qui mine Paris. Le moment viendra sûrement où il faudra couper cet état, sous peine de mort. Ce moment est-il venu? Vous le savez mieux que nous. Triste temps que le nôtre! pourvu du moins que cela ne retarde pas votre venue.

Votre bon ami,

E. RENAN

LIX

A MONSIEUR RENAN

10 août 1888.

Mon cher ami,

Le temps s'écoule et je demeure irrésolu...

C'est une vive contrariété pour moi de n'avoir pu aller causer avec vous, sur votre grève bretonne et dans votre petit vallon verdoyant. Je n'aurais eu d'ailleurs rien de bien encourageant à vous dire. Tout s'alourdit dans le monde politique; nous allons non à la guerre extérieure, mais à l'impuissance et à l'isolement croissant, sans compensation pour nos lourdes charges militaires.

A l'intérieur, les choses s'aigrissent : cette crise ouvrière et pénible est de mauvais augure. Elle se compliquera cet hiver d'une grande cherté des subsistances et je ne sais si le gouvernement pourra s'en tirer sans des mesures violentes, qui précipiteront d'autre part la réaction. Nous arrivons en tout à une impasse, sans avoir l'élan et la foi qui emportent les obstacles. Nous n'avons peut-être rien vu d'aussi triste depuis 1849.

Enfin, il faut toujours répéter le mot des anciens : *Persta et obdura*. Il est vrai que notre jeunesse est passée et que les tristesses qui ont pesé sur elle et que nous avons soulevées, reviennent assaillir notre vieillesse et notre énergie fatiguée. Décidément nous n'aurons pas eu une belle part dans la vie des hommes de ce siècle. Puissent nos enfants être plus heureux !

Adieu, je vous embrasse, en attendant notre réunion dans quelques semaines.

M. BERTHELOT

LX

A MONSIEUR BERTHELOT

Rosmapamon, 3 octobre 1888.

Donc cette pauvre année se passera sans que vous soyez venu voir nos rochers. Nous le regrettons vivement. Il y a encore dans notre petite vallée d'assez belles heures. Nous partons d'ici, le samedi 20, le dimanche 21 nous serons à Paris. L'assemblée du Collège pourra avoir lieu le 4 novembre. J'ai beaucoup travaillé : mon second volume d'*Israël* est presque fini; il pourra paraître dans un mois. J'ai fait en outre une sorte de petit bilan philosophique, comme il est bon d'en faire de temps en temps avec soi-même; nous en causerons. Je crains que cette bienheureuse trêve des mois d'été ne soit suivie de terribles orages. Si l'organisme intérieur avait une conscience plus ferme et plus claire, il y aurait sûrement à tirer parti des fautes que nos ennemis commettent à l'extérieur. Ces voyages de Vienne et de Rome me paraissent tout ce qu'il y a de plus inconsidéré. Je doute que la tête qui a conçu tout cela soit très saine. Nous verrons d'étranges choses. Conjurez vos amis d'être unis et de se faire des concessions. Le boulangisme est un terrible danger. Ces pays-ci peuvent compter entre les moins pris, et néanmoins il suffirait d'un coup assez léger pour déterminer une précipitation instantanée. Ce serait la plus horrible aventure qu'on aurait vue depuis des siècles.

Croyez à ma bien vive amitié.

E. RENAN

LXI

A MONSIEUR BERTHELOT

Rosmapamon, 7 juillet 1889.

Cher ami,

L'effet de ces premiers jours de plein air a été excellent pour tout le monde. Votre vieil ami en particulier, s'en trouve parfaitement bien. Me voilà tel que je suis depuis des années, dans mes bons moments. Ma capacité de travail, surtout, est plus grande qu'elle n'a jamais été, et je fais mes deux petits kilomètres par jour! Venez le plus tôt que vous pourrez; le temps est délicieux. Vous savez quelle joie vous nous ferez.

Mon troisième volume d'*Israël* avance bien. Comme parenthèse, je donne à la *Revue des Deux Mondes* une sorte d'examen de conscience ou de bilan philosophique, que je fis l'an dernier ici. Je voudrais que vous le lussiez et que vous revoyiez les parties scientifiques, pour me dire s'il n'y a pas de choses techniques trop arriérées. J'ai prié la *Revue* de vous envoyer les placards, dès qu'ils seront corrigés; vous les recevrez dans quelques jours.

Le calme est absolu dans ces pauvres vieux pays; on ne se doute pas des périls que court notre chère patrie. Rien ne serait plus facile que de tirer de ces braves gens des élections modérées. Mais le gouvernement seul le pourrait. A défaut du gouvernement, qui a ici encore son prestige, les coteries cléricales et légitimistes l'emporteront encore probablement. Et pourtant l'année est superbe, chose dont le gouvernement établi bénéficie toujours. On a trop livré les choses humaines à la fausseté et à la simplicité d'esprit. Les habiles en profiteront et s'appuieront sur la sottise des masses, qui ne nous veulent aucun mal, pour nous juguler. Enfin espérons encore. Si on peut éviter que toutes ces maladies se coagulent en une seule, le boulangisme, nous sommes sauvés encore cette fois.

Présentez nos meilleurs compliments à madame Berthelot. Croyez à ma vive amitié.

E. RENAN

LXII

A MONSIEUR BERTHELOT

Perros-Guirec, 1ᵉʳ août 1890.

Très cher ami,

Les lettres de madame Berthelot à ma femme m'apprennent que vous traversez bien cette saison d'été, en donnant cours à votre grande et pleine activité. Mon mois de juillet a été très bon pour le travail, médiocre pour la santé. J'ai à peine pu sortir de ma chambre, par incapacité de marcher. Maintenant cela va un peu mieux. En tout cas, le grand repos dont je jouis ici m'est bon d'une façon générale. Je me sens fort; je ferai mon quatrième volume. Vers décembre prochain, il sera achevé; seulement il me faudra deux ans pour le publier, avec le soin que j'y mets. Mon troisième volume paraîtra sûrement en octobre prochain; mon travail personnel est presque achevé.

Quelle joie pour nous de songer qu'avant un mois,

nous aurons le plaisir de vous voir. Nos bois cette année sont singulièrement frais et verts.

Je crains qu'on ne se fasse de grandes illusions dans l'affaire des Universités, et qu'on ne compromette des idées saines et acquises pour des avantages bien douteux. Tâchez de modérer nos amis, qui, sur ce point, me paraissent un peu grisés.

Notre idée de centres provinciaux était tout autre ; ce n'était pas un *a priori* devançant les faits accomplis. Je suis bien aise que la question ne soit pas venue à la dernière session du Conseil supérieur. Nous aurons peut-être à défendre le Collège contre des idées dangereuses, qui compromettraient son indépendance. Surveillez tout cela pour que nous ne soyons pas surpris.

Croyez à ma vieille amitié.

E. RENAN

LXIII

A MONSIEUR BERTHELOT

Cap-Martin, près Menton, 14 novembre 1891.

Nous voilà installés, cher ami, assez bien, quoique non sans épreuves au début. L'hôtel n'était pas encore ouvert ; le directeur nous avait écrit deux fois ; ses deux communications supposaient l'hôtel ouvert. La sincérité britannique était sauve cependant : il m'a fait remarquer qu'il n'avait pas dit que l'hôtel était ouvert. Enfin tout est bien qui finit bien. Le site est si beau que nous sommes restés. Nous avons l'avantage d'être seuls, au prix d'un peu de désordre.

Le temps est superbe et l'endroit merveilleux. Nous avons passé la journée dans les bois de pins, près de la mer. Nous nous sommes crus en Syrie. La ressemblance est frappante. Cela m'a rendu le souvenir de vieilles sensations d'il y a trente ans. Je crois que ce petit supplément de vacances nous fera du bien à tous les deux.

Ne viendrez-vous pas nous voir? Comme je vous le disais, l'hôtel fait sa toilette; ce sera, disent-ils, fini dans six ou huit jours. On est fort bien, du reste, et on se passe sans trop de regret de la clientèle anglaise.

Venez, nous ferons des promenades en voiture aux environs. Nous sommes venus tout d'une traite, vingt-deux heures sans descendre. Mais quel incomparable pays depuis Marseille! Antibes m'a fait plus de plaisir que jamais. Venez.

Croyez à ma vive amitié,

E. RENAN

LXIV

A MONSIEUR RENAN

Au Cap-Martin, près Menton (Alpes-Maritimes).

Mon cher ami,

J'ai reçu votre lettre et je suis heureux de votre bonheur; je jouis de votre jouissance de ce beau climat. Mais je ne puis malheureusement le faire autrement qu'en esprit; car j'ai été ressaisi par la grande machine et il faut que j'en suive de nouveau les cercles et les mouvements. Je n'aurai de liberté que quand je serai couché sous la terre, dans l'éternel repos. Peut-être auparavant, dans quelques années, l'opinion qu'il faut se débarrasser des vieux ayant fait du chemin, nous condamnera-t-on à l'inaction forcée. Ce sera peut-être un grand service à nous rendre et nous pourrons jouir une dernière heure de la vie, si nos forces et notre santé le permettent encore. Quant à présent, je suis plus que jamais dans les besognes actives — les unes personnelles, ce sont les plus amusantes — les autres collectives, il faut bien tâcher d'améliorer les choses humaines. Je serai dupe jusqu'au bout de ce désir du progrès, que vous reléguez si sagement parmi les illusions. En attendant, jouissez du soleil et de la lumière : *Carpe diem*, et revenez-nous rajeuni et gai et bien portant. Nous vous désirons avec nous, mais nous ne vous regrettons pas là-bas. Toutes mes amitiés à madame Renan.

Votre tout affectionné,

M. BERTHELOT

LXV

A MONSIEUR BERTHELOT

Paris, 26 avril 1892.

Très cher ami [1],

Le climat de la Hollande m'a toujours paru aigre. Il me donna, lors de l'inauguration du monument de Spinoza, une des attaques de rhumatisme les plus enragées que j'aie eues. Je ne m'étonne donc pas que, par ce vilain printemps, il vous ait éprouvé.

Mon état est toujours le même; depuis trois mois pas une trace d'amélioration, ni non plus, il faut le dire, d'aggravation. C'est bien ce que Potain m'avait dit. Heureusement que, depuis des années, je ne regarde ce qui m'est donné que comme une grâce, un surplus de faveur. J'espère publier mes deux volumes qui complètent l'Histoire d'Israël. J'ai relu une partie de mes épreuves à Marlotte. Je n'en suis pas mécontent. Un bon correcteur pourrait sans moi publier tout cela; quoique, à vrai dire, si du purgatoire j'assistais à ce travail de correction fait par un autre, j'aurais, je crois, plus d'une impatience.

1. Cette lettre a été dictée à Ary Renan par son père.

Enfin on va toujours. Je suis porté à croire que, dans quelques jours, je reprendrai le train de ma vie ordinaire.

Nos vacances de Pâques n'ont pas été brillantes; nous avons eu presque de la neige à Marlotte; ce que voyant, nous sommes immédiatement montés en chemin de fer. Je l'ai regretté, car les promenades en forêt me faisaient beaucoup de bien.

Ne parlons pas des anarchistes, c'est trop triste. Ce que je crains c'est que le peuple de Paris, quoique desservi au premier chef par ces folies, ne voie dans ces forcenés des victimes du gouvernement et peut-être des *ante-signani*. Les deux tendances commencent à se faire jour. D'après le journal que je lisais tout à l'heure, dans une arrestation la foule a été contre les agents. Dans une autre bagarre, elle a failli écharper les anarchistes. Pauvre bonhomme Démos, que de sottises encore on lui fera faire!

Croyez à ma meilleure amitié,

E. RENAN

LXVI

A MONSIEUR RENAN

Amsterdam, 27 avril 1892.

Mon cher ami,

Mon voyage, commencé comme le vôtre sous d'heureux auspices, n'a pas tardé à se gâter : il a même tourné beaucoup plus mal pour moi. Après avoir admiré les merveilleuses constructions et peintures de Bruges, par une température glaciale, puis Anvers et les chefs-d'œuvre de Rubens et de l'école flamande; après avoir vu à Dordrecht la statue d'Ary Scheffer, élevée par ses compatriotes, nous avons passé, par un temps toujours froid, à Rotterdam, à la Haye : nouveaux musées et résidence, rappelant les anciennes traditions. A Leyde, je tenais à voir les musées d'archéologie et bibliothèques, y compris ce papyrus alchimique égyptien, dont je me suis tant occupé, et les manuscrits arabes de la Bibliothèque, qui m'ont été montrés et ont été mis à ma disposition avec beaucoup d'obligeance : je les ferai venir après mon retour à Paris. Mais là le mauvais temps m'a achevé et j'ai été pris d'une maladie qui m'a définitivement mis au lit à Amsterdam... La philosophie de tout cela, c'est que nous avons l'un et l'autre, mon ami, passé l'âge des voyages. Tâchons de vivre à Paris dans le moins mauvais état de santé possible, et de continuer jusqu'à la fin à être de notre mieux utiles à la science et aux autres.

Tout à vous.

M. BERTHELOT

LXVII

A MONSIEUR RENAN

Collège de France, Paris.

8 mai 1892, une heure, Amsterdam.

Mon cher ami,

Je viens de traverser une crise bien douloureuse et bien fastidieuse par sa durée. La maladie m'a saisi, il y a vendredi quinze jours, et c'est à peine si elle commence à s'atténuer depuis deux jours. Je vais profiter de ce répit pour partir mardi... Au moins, une fois rendus ici, nous tâcherons de nous joindre de temps en temps et de mettre en commun notre trésor de souffrances et de philosophie! Il ne faudra pas moins de cette association pour nous faire prendre patience. La fin de la vie humaine est triste, non seulement par son terme inévitable, que l'on doit envisager avec sérénité, mais surtout par le départ successif de tous ceux qui nous ont aimé, et qui se sont associés à nos pensées et à nos sentiments. Elle l'est encore par ce lot de douleurs, qui accompagne la destruction lente de notre organisme : on ne peut mourir tout d'un coup; mais c'est un escalier dont on descend peu à peu les marches pénibles : *via dolorosa*.

Consolons-nous du moins, en montrant aux nouveaux venus l'indulgence et la bonté que nous n'avons pas toujours rencontrées dans notre jeunesse. Laissons à leur souvenir une image aimable qui puisse plus tard les soutenir aussi et les engager à aimer les autres, quand leur tour sera venu.

A bientôt, mon cher ami.

M. BERTHELOT

LXVIII

A MONSIEUR BERTHELOT [1]

Perros-Guirec (Côtes-du-Nord), 20 juillet 1892.

Que nous avons bien fait, cher ami, de fixer quand nous étions jeunes et entiers, notre philosophie de la vie ! Qu'on serait tard pour penser à ces graves choses, au milieu des menaces de la fin et de la crainte d'un déménagement possible. Pour moi, j'ai mes idées arrêtées à cet égard par des entretiens de tous les jours, qui n'ont rien de nouveau pour moi. Finir n'est rien : j'ai à peu près rempli le cadre de ma vie, et, bien que j'eusse encore bon usage à faire de quelques années, je suis prêt à partir. Ce qui est cruel, c'est la tristesse que l'on cause, c'est le bouleversement que l'on cause dans des vies chères. Voilà où une εὐθανασία raisonnable, guidée par une saine philosophie, aurait beaucoup à faire.

1. Dernière lettre de l'écriture de Renan.

J'envisage absolument comme vous mon état physiologique général. Le médecin de Lannion, homme fort sérieux, connaît des cas analogues au mien durant dix-huit mois. La lutte sera par après. Arrivera que pourra. J'utiliserai les retailles de la vie, si j'en ai. Je travaille en ce moment à corriger les épreuves de mon quatrième et de mon cinquième volumes d'*Israël*. Je voudrais bien revoir tout cela. D'un autre côté, si un autre donne les bons à tirer, j'aurai bien quelques impatiences au fond du purgatoire; la plupart des améliorations que j'avais voulu faire, personne cependant, hors l'Éternel et moi, n'en aura connaissance. La volonté de Dieu soit faite. *In utrumque paratus.*

L'acte le plus important de notre vie, c'est notre mort. Cet acte, nous le faisons en général dans de détestables circonstances. Notre école, dont l'essence est de n'avoir besoin de se faire aucune illusion, a, je crois, pour cette grande heure, des avantages tout particuliers.

Nous n'avons pas encore eu ici le vrai passage de l'été (comprenant août et septembre). Je compte un peu sur ce changement. Les altérations de ma personne sont encore assez superficielles. J'ai vu quelquefois se faire en moi des modifications aussi fortes que celles qui me rendraient à une bonne santé. En tout cas, je suis content d'être dans ce bon air. Et puis, quelle joie de songer à ces bons amis, qui sont la moitié de notre vie, dans lesquels nous vivons plus qu'en nous-mêmes! Nous causerons de tout cela; car en tout cas je ne crois pas que l'hypothèse d'une fin prochaine soit encore à poser. Croyez, cher ami, en mon inaltérable amitié.

E. RENAN

LXIX

A MONSIEUR RENAN

A Perros-Guirec (Côtes-du-Nord).

Bellevue, 23 juillet 1892.

Mon cher ami,

J'ai reçu votre bonne lettre et j'ai vu avec plaisir que vous avez assez de santé pour m'écrire; je ne dis pas pour vous souvenir de nous, car nous nous souviendrons l'un de l'autre jusqu'à la dernière heure. En attendant, si vous avez quelque répit, *carpe diem*: jouissez du temps et du soleil.

En tout cas, tâchons de nous défendre contre les grands maux de l'humanité, la maladie, la douleur et la mort. Vivons, résistons, ayons la volonté d'agir et d'être utiles aux hommes et tout le reste nous sera indifférent.

Ma femme se recommande à votre souvenir et à celui de madame Renan.

Tout à vous.

M. BERTHELOT

LXX

A MONSIEUR RENAN

Perros-Guirec (Côtes-du-Nord).

25 août 1892.

Mon cher ami,

Nous vieillissons l'un et l'autre; car si je souffre moins que vous, je n'en ai pas moins des avertissements sourds, qui m'enlèvent une partie de ma sécurité. Vous savez d'ailleurs que j'ai toujours eu une nature inquiète. Mais il faut aller jusqu'au bout et tenir courageusement le pari de la vie. C'est ce que vous faites, en poursuivant courageusement à travers vos douleurs votre œuvre, le travail de votre vie. Le mot de Vespasien, je crois, *laboremus*, et sa volonté de mourir debout sont notre devoir à tous. En attendant résistons à la souffrance : c'est encore le procédé le plus sûr que nous ayons pour la diminuer et pour nous maintenir et nous conserver à notre tâche et à l'affection des nôtres.

Je regrette bien de ne pas être auprès de vous pour causer un peu et nous remonter l'un l'autre : névralgies et gênes ne sont pas maladies mortelles et nous irons encore quelques années la main dans la main.

Toutes nos affections aux vôtres.

A vous,

M. BERTHELOT

Consolons-nous en voyant grandir nos petits-enfants : c'est la seule survivance que nous puissions connaître de science certaine.

LXXI

A MONSIEUR BERTHELOT

Perros-Guirec, mercredi.

Mon cher ami [1],

Mal étrange en vérité : depuis sept mois, pas une amélioration, pas une aggravation. Les améliorations jusqu'ici n'ont guère été qu'apparentes, quoique je me croie plus près d'une guérison possible que par le passé : pendant ce temps, grand affaiblissement; état déplorable des voies nutritives. Je vous ai dit ma philosophie à cet égard : oh! qu'on mourrait bien plus tranquillement, si l'on était seul; si on ne laissait pas après soi des êtres aimés.

Ce qui me paraît le plus probable, c'est que dans un mois, à la fin du beau temps en Bretagne, je serai non pas rétabli, mais assez bien pour continuer la vie de convalescent. Rentrer à Paris dans de telles conditions serait, je crois, bien mauvais. Nous songeons à un séjour dans le Midi, soit dans le Midi pyrénéen, Pau, Biarritz; soit dans le Midi provençal. Donnez-

---

[1]. Dernière lettre dictée à Ary Renan. Renan revint quelques jours après mourir à Paris.

nous quelques conseils à cet égard. Que pensez-vous de Pau en particulier? Il est bien entendu que si, dans un mois, au lieu d'être mieux j'étais plus mal, nous n'irions pas dans le Midi. Dès qu'on est en danger de mort, il faut être chez soi. C'est seulement dans le cas d'un état intermédiaire relativement satisfaisant, que nous nous posons la question. Ce triste état ne m'a pas tout à fait empêché de travailler. Il y avait dans mon quatrième volume une hésitation qui aurait rendu la publication difficile sans mes conseils directs : c'est la situation réciproque d'Esdras et de Néhémie, un des problèmes historiques les plus singuliers. Je crois être à peu près arrivé à réduire ce chapitre au clair. Il pourra vraiment s'appeler « Benoni » *filius doloris mei*. Oui, j'ai passé de tristes jours; moins tristes ils eussent été si vous aviez été là près de moi. Ma femme et mes enfants ont été pour moi d'une bonté extrême et qui m'a consolé. J'espère que ma prochaine lettre vous apprendra que le mieux se continue.

Croyez en tout cas à ma bien sincère amitié.

E. RENAN

FIN

www.ingramcontent.com/pod-product-compliance
Lightning Source LLC
Chambersburg PA
CBHW071403230426
43669CB00010B/1430